Kuno Schedler

Ansätze einer wirkungsorientierten Verwaltungsführung

Dr. Kuno Schedler

Ansätze einer wirkungsorientierten Verwaltungsführung

Von der Idee des New Public Managements (NPM)
zum konkreten Gestaltungsmodell: Fallbeispiel Schweiz

Verlag Paul Haupt Bern · Stuttgart · Wien

1. Auflage: 1995

Die Deutsche Bibliothek – CIP-Einheitsaufnahme

Schedler, Kuno:
Ansätze einer wirkungsorientierten Verwaltungsführung :
von der Idee des New Public Managements (NPM)
zum konkreten Gestaltungsmodell: Fallbeispiel Schweiz /
Kuno Schedler. – 2. Aufl. –
Bern ; Stuttgart ; Wien : Haupt, 1996
ISBN 3-258-05308-1

Alle Rechte vorbehalten
Copyright © 1996 by Paul Haupt Berne
Jede Art der Vervielfältigung ohne Genehmigung des Verlages ist unzulässig
Umschlaggestaltung: Nicholas Mühlberg, Basel
Dieses Papier ist umweltverträglich, weil chlorfrei hergestellt
Printed in Switzerland

Die bedeutenden Probleme, mit denen wir konfrontiert werden, können nicht auf dem gedanklichen Niveau gelöst werden, auf dem wir waren, als wir sie schufen

Albert Einstein

Inhaltsverzeichnis

I. GRUNDLAGEN DER WIRKUNGSORIENTIERTEN VERWALTUNGSFÜHRUNG _____ 1

1. Einführung 2
   1.1. Notwendigkeit für eine wirkungsorientierte Verwaltungsführung 4
   1.2. Die Verwaltung als Teil des politischen Systems 6
   1.3. Kulturelle Veränderungen mit der wirkungsorientierten Verwaltungsführung 8
   1.4. Internationale Entwicklungen 9
   1.5. Wirkungsorientierte Verwaltungsführung in der Schweiz 13
      1.5.1. Vorläufer der wirkungsorientierten Verwaltungsführung 15
      1.5.2. Ziele der wirkungsorientierten Verwaltungsführung 18

2. Verwandte Ansätze und Konzepte 20
   2.1. Qualitätsmanagement 21
      2.1.1. Notwendigkeit des Qualitätsmanagements 22
      2.1.2. Teilaufgaben des Qualitätsmanagements 24
         2.1.2.1. Qualitätsplanung 25
         2.1.2.2. Qualitätslenkung 27
         2.1.2.3. Qualitätssicherung 28
         2.1.2.4. Qualitätsförderung 29
         2.1.2.5. Führen der Qualität 31
      2.1.3. Dimensionen der Qualität in der wirkungsorientierten Verwaltungsführung 34
   2.2. Kundenorientierung 36
   2.3. Prinzipien der Äquivalenz und Kongruenz 39
   2.4. Das Konzept der Schlanken Verwaltung (Lean Administration) 40

I

	2.5.	Vertrauen in die Kraft guten Managements (Managerialismus) 42
3.	Zusammenfassung des Kapitels I 45	

II. WIRKUNGEN DES VERWALTUNGSHANDELNS 47

1. Der Produktionsprozess im politisch-administrativen System 48
2. Der Planungsprozess 49
   - 2.1. Bedürfnisse 50
   - 2.2. Ziele 51
   - 2.3. Produkte 53
     - 2.3.1. Eigenschaften eines Produktes 55
     - 2.3.2. Obligatorische und freiwillige (kommerzielle) Produkte 58
     - 2.3.3. Produktdefinition als Vorgang 60
     - 2.3.4. Gruppierung von Produkten 63
   - 2.4. Mittelplan 64
3. Die Produktion 65
4. Der Leistungsprozess 67
5. Leistungsmessung 70
   - 5.1. Leistungsindikatoren 72
   - 5.2. Messgrössen der Effizienz 76
     - 5.2.1. Effizienz der eingesetzten Mittel 76
     - 5.2.2. Wirksamkeit der erstellten Produkte 77
     - 5.2.3. Wirksamkeit der eingesetzten Mittel 79
   - 5.3. Kennzahlen der Effektivität 80
     - 5.3.1. Kosten-Effektivität 80
     - 5.3.2. Kontrakterfüllung 81
     - 5.3.3. Zielerreichung 83
     - 5.3.4. Zweckerfüllung 84
   - 5.4. Angemessenheit 85

5.5. Abgrenzung von Indikatoren und Standards.................. 89

6. Zusammenfassung des Kapitels II 90

III. STRUKTUREN DER WIRKUNGSORIENTIERTEN VERWALTUNGSFÜHRUNG 91

1. Wirkungsorientierte Organisationsformen 92
   1.1. Dezentralisierung 93
   1.2. Trennung von Leistungsfinanzierer, Leistungskäufer und Leistungserbringer.. 98

2. Die neue Struktur 100
   2.1. Die neue Struktur in einem Gemeinwesen mit Parlament.. 100
      2.1.1. Die Ebene der Leistungsfinanzierer.................... 102
         2.1.1.1. Bürger...103
         2.1.1.2. Parlament..104
      2.1.2. Die Ebene der Leistungskäufer............................ 106
         2.1.2.1. Regierung 107
         2.1.2.2. Zentraler Steuerungsdienst/Controllingdienst........108
         2.1.2.2.1. Aufgaben 109
         2.1.2.2.2. Funktionen 111
         2.1.2.2.3. Organisatorische Eingliederung des Steuerungsdienstes..................114
         2.1.2.3. Departemente..................................115
         2.1.2.4. Departementsdienste 117
      2.1.3. Die Ebene der Leistungserbringer....................... 118
         2.1.3.1. Verwaltungseinheiten......................119
         2.1.3.2. Andere Anbieter 119
   2.2. Das City Manager - Modell: Ein Ansatz für kleinere Schweizer Gemeinden? 121

3. Zusammenfassung des Kapitels IV............................. 126

IV. STEUERUNGSELEMENTE DER WIRKUNGSORIENTIERTEN VERWALTUNGSFÜHRUNG 127

1. Leistungsvereinbarungen.. 130

1.1. Produktbudget - der politische Auftrag 135
1.2. Departementsauftrag - der Beschaffungsauftrag 138
1.3. Kontrakt - der Produktionsauftrag 139
1.4. Abweichungen von Leistungsvereinbarungen 143
    1.4.1. Änderung der geforderten Leistungspalette 143
    1.4.2. Nicht- oder Schlechterfüllung der Vereinbarung 144
1.5. Uneinigkeit im Vereinbarungsprozess 144
1.6. Notwendige Qualifikationen für das Vereinbarungsmanagement 146

2. **Finanzielle Steuerung** **147**
    2.1. Globalbudgetierung 148
        2.1.1. Varianten der Globalbudgetierung 150
        2.1.2. Umfang der Globalbudgetierung 151
        2.1.3. Ebenen der Globalbudgetierung 152
        2.1.4. Reservebildung bei Verwaltungseinheiten 153
    2.2. Behandlung von obligatorischen und kommerziellen Produkten im Budget 153
        2.2.1. Preisberechnung der obligatorischen Produkte 153
        2.2.2. Berechnung der Kontraktsumme 154
        2.2.3. Behandlung von kommerziellen Produkten 155

3. **Ausbau des Rechnungswesens zu einem Management-Informationssystem** **156**
    3.1. Kostenrechnung 157
    3.2. Leistungsrechnung 159
    3.3. Wirkungsrechnung 161
    3.4. Nutzenrechnung 162
    3.5. Kennzahlen der Finanzlage 163
    3.6. Die Veränderung des "Neuen Rechnungsmodells" 164
        3.6.1. Abschreibungen 164
        3.6.2. Betriebe des Gemeinwesens 165
        3.6.3. Konsolidierung 166

4.	Berichtswesen	168
	4.1. Aufbau und Ablauf	169
	4.2. Verdichtung der Informationen	170
	4.3. Rolle der Technik	171
5.	Zusammenfassung des Kapitels IV	172

V. WIRKUNGSPRÜFUNG 173

1.	Zur Notwendigkeit der Reform	174
2.	Ordnungs- und Rechtmässigkeitsprüfung	175
3.	Geschäftsführungsprüfung	176
4.	Wirkungsprüfung	177
	4.1. Prüfung der Sparsamkeit und der Wirtschaftlichkeit	177
	4.2. Wirkungsprüfung als Systemprüfung	178
	4.3. Abgrenzung zum Controlling	179
5.	Zur Unabhängigkeit der Revisionsstelle	182
6.	Zusammenfassung des Kapitels V	183

VI. WIRKUNG DURCH WETTBEWERB 185

1.	Wettbewerb und Markt	186
	1.1. Der Markt als Regulator für Effizienz und Effektivität	187
	1.2. Marktmechanismen	189
	1.2.1. Interne Leistungsverrechnung	189
	1.2.2. Betriebsvergleiche (Competitive Testing)	191
	1.2.3. Ausschreibungen (Competitive Tendering)	193
	1.2.4. Contracting Out	195
	1.2.5. Gutscheine	198

		1.3.	Benchmarking 199

       1.3. Benchmarking 199
            1.3.1. Woher kommt Benchmarking? 201
            1.3.2. Ziele des Benchmarking im öffentlichen Bereich 202
            1.3.3. Methoden des Benchmarking 203
            1.3.4. Anforderungen an die Datenlage 205
            1.3.5. Anforderungen an die Verwaltung 206
            1.3.6. Ausblick und weitere Entwicklungen 208
       1.4. Staatliche Institutionen als Marktteilnehmer 209
2. Interner Wettbewerb in der öffentlichen Verwaltung 211
       2.1. Markt bei artähnlichen Betrieben eines Gemeinwesens 212
       2.2. Markt bei artähnlichen Funktionen eines Gemeinwesens 213
       2.3. Qualitätswettbewerbe in einem Gemeinwesen 214
3. Zusammenfassung des Kapitels VI 215

VII. QUERSCHNITTS- UND KONZERNFUNKTIONEN _____ 217

1. Grundsätzliches zu Querschnittsfunktionen 218
       1.1. Koordination und Dienstleistung 218
       1.2. Obligatorische und freiwillige Produkte 219
2. Personalfunktion 221
       2.1. Personalpolitik 221
              2.1.1. Anzahl Stellen 223
              2.1.2. Öffentlich-rechtliches Dienstverhältnis 224
              2.1.3. Stellenbewirtschaftung 226
              2.1.4. Flexibilisierung der Arbeitsbedingungen 227
       2.2. Trennung von Koordination und Dienstleistung 228
3. Finanzverwaltung 231
       3.1. Dezentrale Datenerfassung 231
              3.1.1. Finanzbuchhaltung 231
              3.1.2. Kosten- und Leistungsrechnung 232

	3.2.	Die Finanzverwaltung als "Inhouse-Bank"............... 232
		3.2.1. Kreditverwaltung und Kontoführung............... 233
		3.2.2. Verrechnung interner Leistungen: Eine Clearingaufgabe 234
		3.2.3. Tresorerie 235
		3.2.4. Interne Kredite 235
4.	Verwaltungsliegenschaften 236
5.	Zusammenfassung des Kapitels VII 237

VIII. EINFÜHRUNGSSTRATEGIEN — 239

1. Zur Veränderung des komplexen Systems öffentliche Verwaltung 240

2. Kriterien für Innovationsstrategien 241
   2.1. Strategie-Portfolio 242
   2.2. Einführungsstrategie in den Niederlanden 244

3. Take-off Strategien in der Schweiz 246
   3.1. Aus betriebswirtschaftlicher Sicht 246
   3.2. Aus rechtlicher Sicht 247

4. Lernen aus den Erfahrungen 250
   4.1. Warum bisherige Reformprojekte scheiterten 250
   4.2. Erfolgsindikatoren 253
   4.3. Risikomanagement im Projekt 255

5. Zusammenfassung des Kapitels VIII und Schlussbetrachtungen 259

ANHANG — 261

1. Inhalte der jährlichen Bürgerbefragung in Christchurch, Neuseeland 261

2.	Checkliste für die Prüfung eines Kontrakts		269
	2.1.	Rahmenkontrakt	269
	2.2.	Jahreskontrakt	271
3.	Arbeitsblätter		272
	3.1.	Produktgruppen-Blatt	272
	3.2.	Indikatoren-Blatt	273
	3.3.	Produktdarstellung in Christchurch	274
	3.4.	Kennzahlen zum Produktionsprozess: Beispiel Sicherheit	275

VERZEICHNISSE 277

Abkürzungsverzeichnis 279

Stichwortverzeichnis 281

Literaturverzeichnis 287

VORWORT

Zum Inhalt

Das vorliegende Buch entstand aus dem Bedürfnis heraus, der Idee der wirkungsorientierten Verwaltungsführung in der Schweiz zum Durchbruch zu verhelfen, indem eine Grundlage für Diskussionen von Wissenschaftern und Praktikern geschaffen wird. In etlichen Vorträgen und Seminarien konnte ich feststellen, dass sowohl Praktiker als auch Forscher *den Grundsätzen positiv*, der konkreten Umsetzung aber mit einer gewissen Skepsis gegenüberstehen. Eine Ursache mag die schweizerische Eigenart sein, alles Neue mit Vorsicht zu geniessen. Oft wurden auch Bedenken geäussert, ob sich alle Akteure im politischen System an die Spielregeln halten werden - und dies sowohl von Politikern, Beamten, Verbandsleuten als auch von Medienvertretern. Bestimmt liegt ein Grund aber auch darin, dass die schweizerischen Beispiele zu einzelnen Elementen der wirkungsorientierten Verwaltungsführung, die sich überall finden lassen, nicht als solche erkannt werden, die Entwicklung daher als ungewiss gilt. Dies heisst, dass sich die Praxis auf ein nicht unerhebliches Risiko einlässt, wenn sie mit wirkungsorientierter Verwaltungsführung experimentiert. Die Beispiele verschiedener Verwaltungen der Schweiz zeigen, dass es einiges an Überzeugungskraft braucht, um das Risiko einzugehen. Trotzdem haben sich Politiker und Verwaltungsmitarbeiter in den Kantonen Luzern, Bern, Zürich, Wallis und Solothurn, im Bund und den Städten Bern, Luzern und Winterthur bis heute recht intensiv mit der Frage befasst und Pilotprojekte lanciert, die zu interessanten Erkenntnissen führen werden. Viele andere werden folgen, wie häufige Anfragen beim IFF-HSG bestätigen. Dieses Risiko auf sich zu nehmen ist nicht unbedingt typisch schweizerische Eigenart. Das wohl neueste an der neuen Verwaltungsführung ist deshalb die Bereitschaft von Politik und Verwaltung, sich auf unbekanntes Territorium zu begeben und damit bewusst Fehler in Kauf zu nehmen, um daraus zu *lernen*.

Dank

Das vorliegende Modell orientiert sich zu einem grossen Teil an ausländischen Vorbildern. Seine konkrete Umsetzung wurde jedoch erst durch den Kontakt zur schweizerischen Praxis möglich, für den ich besonders den Projektleitungen einiger führender Projekte in der Schweiz danke:

Vorwort

- Projekt "Wirkungsorientierte Verwaltung" des Kantons Luzern
- Projekt "Neue Stadtverwaltung Bern" der Stadt Bern
- Projekt "Neue Verwaltungsführung 2000" des Kantons Bern

Meinem Lehrer und Vorbild, Regierungsrat Prof. Dr. *Ernst Buschor*, gilt besonderer Dank für die wertvollen Anregungen und Hinweise zum Modell. Er war es, der den Gedanken der wirkungsorientierten Verwaltungsführung in die Schweiz trug. Dem vorliegenden Buch wird noch in diesem Jahr ein Begleitband folgen, der von den Herren *Peter Hablützel, Theo Haldemann, Karl Schwaar* und mir herausgegeben wird. Er enthält etwa 30 Beiträge namhafter Exponenten verschiedener Sparten und Interessengruppen, die sich aus ihrer Sicht mit dem Thema befassen. Damit entsteht ein umfassendes Werk über die Entwicklung des New Public Management in der Schweiz, das mit - durchaus auch kritischen - Ansichten weiterer Autoren bereichert wird. Es ist nicht auszuschliessen, dass weitere Bände folgen werden.

Für die Durchsicht des Manuskripts danke ich einer Gruppe von Experten aus der Verwaltungs- und Beratungspraxis, die trotz zeitlichen Drucks die notwendige Energie aufbrachten und mit Kritik und ausführlichen, wertvollen Anregungen zum Gelingen dieser Publikation beitrugen: Dr. *Thomas Bichsel*, Dr. *Urs Bolz*, *Hans-Peter Egli*, *Peter Grünenfelder*, *Theo Haldemann*, dem *Paul Haupt Verlag*, Dr. *Carlo Imboden*, Dr. *Bruno Müller*, Dr. *Karl Schwaar* und *Peter Tschanz*. Für die interne Unterstützung und Mitarbeit danke ich besonders meinen Mitarbeitern *Karin Wittmer* und *Jürg Felix*. Ausserdem gebührt mein Dank Herrn Dr. *Luca Stäger*, der mit mir die Arbeit am Berner Modell begonnen und damit eine wertvolle Basis für das Buch gelegt hat.

Kein Buch entsteht ohne privaten Rückhalt, sowohl bei Freunden, als auch in der Familie. Mein Dank gilt daher all jenen, die meine physische und/oder geistige Abwesenheit entschuldigten und noch immer da sind, vor allem Annette.

St. Gallen, im Mai 1995

Kuno Schedler

I. Grundlagen der Wirkungsorientierten Verwaltungsführung

I. Grundlagen der wirkungsorientierten Verwaltungsführung

1. EINFÜHRUNG

Der öffentliche Sektor der Schweiz leidet immer stärker unter einer erdrückenden Belastung durch steigende Defizite, die nur zum Teil konjunkturell bedingt sind. Trotz grosser Sparanstrengungen zeigen die Voranschläge für das Jahr 1995 noch keine wesentlichen Erholungserscheinungen:[1]

- Den konsolidierten Gesamtausgaben der **Kantone** von 54 Mia. Franken stehen konsolidierte Gesamteinnahmen von 49 Mia. Franken gegenüber, was wiederum Finanzierungsfehlbeträge von gegen 5 Mia. Franken bedeutet;
- Nur gerade drei Kantone weisen eine befriedigende Selbstfinanzierung von wenigstens 60 % aus; vier Kantone[2] haben einen *negativen Selbstfinanzierungsgrad*, das heisst, sie finanzieren einen Teil ihres Konsums über fremde Mittel;
- Die Finanzrechnung des **Bundes** weist ein Defizit von 6,5 Mia. Franken aus, wobei echten Sparbemühungen nur wenig Hoffnung entgegengebracht wird;
- Die Verschuldung der öffentlichen Haushalte beträgt 1993 mit 149 Mia. Franken 43,1 % des Brutto-Inlandprodukts.[3]

Dieser negativen Entwicklung der öffentlichen Finanzen gilt es mit Vehemenz entgegenzutreten; seit 1992 wäre die Schweiz aufgrund der Defizite der öffentlichen Hand *nicht mehr Maastricht-fähig*. Die Strategie der linearen Kürzungen vermag in diesem Zusammenhang zwar kurzfristig einige Erleichterung zu bringen, kann sich aber auf längere Frist kontraproduktiv auswirken. Die Verwaltung lernt schnell, sich durch Umgehungsstrategien gegen den linearen Spardruck zur Wehr zu setzen. Selbst wenn die linearen Kürzungen greifen, dann ist die Gefahr gross, dass effiziente Bereiche durch sie ineffizienter werden, während bei anderen bedeutend grösseres Potential nicht ausgenützt wurde. Obwohl dieser Methode eine gewisse politische Logik nicht abgesprochen werden kann (vgl. Buschor 1993a, 4), ist der wirtschaftlich richtige Zusammenhang nicht gegeben.

---

[1] Quelle: Koordinations- und Beratungsstelle der kantonalen Finanzdirektoren für Fragen der Finanz- und Steuerpolitik, c/o Finanzdepartement des Kantons Luzern, 6002 Luzern
[2] Waadt, Bern, Solothurn, Genf
[3] Quelle: Statistisches Jahrbuch der Schweiz 1995, 385

Einführung

Auf der Suche nach Methoden zur Sicherstellung einer effizienten und effektiven Verwaltung lassen sich verschiedene Strategien anwenden:

Seit den sechziger Jahren versuchen Wissenschafter und Praktiker in den USA, die negativen Sparanreize zu eliminieren, die sich aus der Art der *Budgetierung* ergeben. Das sogenannte *"Performance Budgeting"* sollte eine neue Verknüpfung von Leistungen und Finanzen schaffen, so dass finanzielle Mittel nur dann gesprochen wurden, wenn tatsächlich Leistungen zu erstellen waren. Die Methode scheiterte damals am grossen Datenerhebungs- und -verwaltungsaufwand. Man war, wohlbemerkt, noch nicht im Zeitalter der Computertechnologie. Es folgte die Dekade des *Zero Based Budgeting*, einer Methode, von der man hoffte, ein Mittel gegen die Fortschreibungsmentalität gefunden zu haben. Sie wurde ergänzt und zum Teil abgelöst durch das *Planning, Programming and Budgeting System*, das seinerseits versuchte, die Budgets auf eine sorgfältige strategische Planung zu basieren. Bis in die ausgehenden achtziger Jahre bewegte sich die Diskussion um diese Budgetmethoden. Gleichzeitig wurden Methoden entworfen, die aufgrund umfassender Betriebsanalysen in der Lage waren, die für die Verwaltung typischen Gemeinkosten zu erfassen und zu minimieren (z.B. Gemeinkosten-Wertanalyse). Einen weiteren Schritt bildet - etwa in den frühen neunziger Jahren - die Entwicklung von Methoden zur Prozessoptimierung, die unnötige Tätigkeiten eliminieren, die Durchlaufzeiten verbessern, die Prozesse auf den Kunden ausrichten und damit die Wirksamkeit der Verwaltung steigern sollten.

Mit dem Aufkommen einer neuen liberalen Ideologie aus England und den USA - *Thatcherismus* und *Reagonomics* - erhielten die positiven Auswirkungen des Wettbewerbs vermehrte Aufmerksamkeit. Das *new public management* (Hood 1991, 3 ff) oder, wie wir es nennen, die *wirkungsorientierte Verwaltungsführung* (Buschor 1993a) machen sich diese Erkenntnisse zu Nutzen. Die Kräfte eines funktionierenden Marktes, die automatisch zu mehr Effizienz und Effektivität[4] führen, sollen auch der öffentlichen Verwaltung zum Vorteil gereichen. Diese Wiedergeburt marktwirtschaftlicher Konzepte und die wachsende Kritik an der Überbürokratisierung des Staates verstärken die Stimmen für eine rasche Einführung privatwirtschaftlicher Führungsinstrumente

---

[4] Die Begriffe Effizienz, Effektivität und Angemessenheit werden ausführlich im Kapitel II beschrieben

im öffentlichen Bereich und für eine Privatisierung einzelner staatlicher Aufgaben.

In der vorliegenden Schrift wird der neue Ansatz der Verwaltungsführung aus betriebswirtschaftlicher Sicht beleuchtet. Obwohl ähnliche Forderungen wie die hier aufgeführten auch von Vertretern des *Verwaltungsrechts* aufgestellt wurden (z.B. Fleiner-Gerster 1993, 53 ff), soll in der Folge auf eine detaillierte Darstellung der rechtlichen Gegebenheiten und Möglichkeiten *verzichtet* werden. Dafür sei auf die Aufsätze kompetenterer Autoren im Begleitband (Hablützel et al. 1995) und an anderen Stellen verwiesen. Damit wird bewusst das Risiko eingegangen, dass bestimmte rechtliche Voraussetzungen für das dargestellte Modell heute *noch nicht* bestehen, ja dass einige Forderungen den heutigen rechtlichen Grundlagen diametral *zuwiderlaufen*. Solche Ungereimtheiten auszumerzen, indem entweder das Recht oder das Modell angepasst wird, dürfte eine der wichtigen zukünftigen Aufgaben sein.

Eine der wichtigsten Funktionen der vorliegenden Schrift ist die Schaffung einer Grundlage für die wissenschaftliche Diskussion. Viele Fragen bleiben offen, weil die Entwicklung in der Schweiz noch im Gang ist. Für einige werden Antworten gefunden, noch während dieses Buch gedruckt wird. Andere werden mehr Zeit brauchen, während wieder andere als Fragestellung noch gar nicht formuliert sind. Der Leser möge dafür Verständnis haben.

1.1. *Notwendigkeit für eine wirkungsorientierte Verwaltungsführung*

Ausgangspunkt jeder Reform ist eine bestehende *unbefriedigende Situation*. Dies gilt auch für die aktuelle Verwaltungsreformdebatte. Typische Vorhaltungen, die dem heutigen System gemacht werden, sind etwa (Mäder 1995, 43 f):[5]

---

[5] Meier und Slembeck (1994, 147 ff) kritisieren dagegen Fehlverhaltensweisen im Rahmen der *politischen* Steuerung, die natürlich auch eine Auswirkung auf das politisch-administrative System und seine Steuerungsmechanismen haben: mangelnde Zielkonkretisierung, mangelnde Beachtung von Trade-Offs, Nebenwirkungen und Rückkoppelungen, Reduktive Hypothesenbildung, mangelnde Erfassung von Entwicklungen sowie mangelnde Erfolgskontrolle und Selbstreflexion.

❏ Übersteuerung (d.h. zu hohe Regelungsdichte) durch die höchste Ebene im operativen Bereich bei gleichzeitiger Untersteuerung (mangelnde Steuerungsmöglichkeiten) im strategischen Bereich;
❏ Festgefahrene Entscheidungswege und -strukturen, was die Beweglichkeit der Verwaltung erheblich einschränkt;
❏ Mangel an betriebswirtschaftlichem Führungsverständnis als Folge einer Überbetonung des Rechts im Verwaltungsalltag;[6]
❏ Misstrauenskultur und Misserfolgsvermeidung anstatt Vertrauenskultur und Erfolgssuche;
❏ Mangel an Kongruenz von Ausführungs-, Resultat- und Ressourcenkompetenzen und -verantwortung;
❏ Mangel an Flexibilität der Organisation aufgrund der hohen Arbeitsteilung und Hierarchisierung.

Die Kombination dieser Elemente führt zu bürokratischem Zentralismus, "organisierter Unverantwortlichkeit" (Banner 1991, 6 ff), *Büropathologien* (Caiden 1991, 5) oder einem "Auswuchs moderner Verwaltungsbürokratie" (Fleiner-Gerster 1993, 53), was für die Leistungsorientierung der Verwaltung verheerende Folgen gezeitigt hat.

"Die 'organisierte Unverantwortlichkeit' hat ... chaotische Auswirkungen auf die Führungskultur, das Aufgaben- und Leistungsverständnis des einzelnen Mitarbeiters sowie auf Kommunikations- und Kooperationsverhältnisse in Abteilungen und Arbeitsgruppen gezeitigt; sie hat psycho-soziale Verhältnisse, mithin eine zementierte Mentalität in der Tiefenstruktur der Verwaltung geschaffen, die als Innovationsabstinenz und institutionelles Abwehrsystem gerade bei grossflächigen Veränderungsprozessen wirksam werden." (Barthel 1994, 546)

Bei aller Kritik an der Bürokratie gilt es, ihre Errungenschaften und Vorteile nicht zu vernachlässigen. Frey (1994, 23 f) weist richtigerweise darauf hin, dass ohne die Einrichtung staatlicher Bürokratien eine Entmachtung der alten Feudalordnungen und damit die Etablierung

---

[6] Frey (1994, 31) beklagt etwa: "Normenbefolgung, schlichtes Input-Output-Denken ist vorherrschendes Muster im öffentlichen Sektor. Dieses Denkmuster ist aus der einseitigen Sicht der Juristen so tief verinnerlicht, dass dahinter alle sonstigen Fragestellungen nur noch unvollkommen wahrgenommen werden." Aus persönlicher Sicht des Autors ist allerdings anzumerken, dass viele Juristen in der Schweiz innovative Vorschläge präsentieren.

liberaler und demokratischer Verfassungsordnungen nicht möglich gewesen wäre. Sie unterstützt die Grundanliegen einer institutionenorientierten politischen Ethik (Riklin 1992, 8 ff): die Bändigung, Teilung, Beschränkung, Mässigung, Beteiligung und der Ausgleich von Macht.

Die Webersche Tradition, jede Organisation als ein formal zu steuerndes Gebilde anzusehen, stösst jedoch in der heutigen Zeit einer vermehrt dynamischen Umwelt, die auch von der öffentlichen Verwaltung immer höhere Anpassungsfähigkeit verlangt, an ihre Grenzen. *Stabilität* hat ihre Bedeutung für die Qualität der Verwaltung verloren: Inflexibilität gegenüber der Umwelt, desinteressierte und bürokratische Verhaltensweisen der Mitarbeiter, Entmenschlichung der Organisation, vor allem in den unteren Hierarchieebenen (Frey 1994, 25) wirken sich verheerend auf die Leistungsfähigkeit der Verwaltung aus. Diesen dysfunktionalen Auswirkungen der Bürokratie, die teilweise aus einer selbstverschuldeten Übergewichtung des Legalitätsprinzips entspringen, rückt die wirkungsorientierte Verwaltungsführung zu Leibe. In diesem Sinn verstandene verbesserte Wirkung muss sich letztlich im Einklang mit den *demokratischen* Anliegen unseres politischen Systems befinden.

1.2. Die Verwaltung als Teil des politischen Systems

In der vorliegenden Publikation wird das politisch-administrative System beschrieben, wobei das Schwergewicht auf dem *Zusammenspiel* zwischen Politik und Verwaltung liegt. Einige Darstellungen können dem Leser verkürzt erscheinen, weil die Optik sehr bewusst auf der Verwaltungssteuerung liegt. Dabei wird nicht vergessen, dass das politische System der Schweiz komplex, seine *Konstellation* (Meier/Slembeck 1994, 119 ff) durch Verflechtungen und Vernetzungen der Akteure geprägt ist (Buschor 1992, 208).

Wie der private Betrieb steht auch die Verwaltung in einer komplexen Umwelt, die durch verschiedene, miteinander in interaktiven Austauschprozessen stehende, Systeme geprägt ist. Bereits die ersten Ansätze des St. Galler Managementmodells haben diese Verflechtungen aufgenommen und in vier Sphären unterteilt (vgl. etwa Ulrich 1978; Malik 1981; als Rückblick Malik 1993, 148 ff):

❑ die ökologische
❑ die soziale
❑ die technologische
❑ die wirtschaftliche (ökonomische).

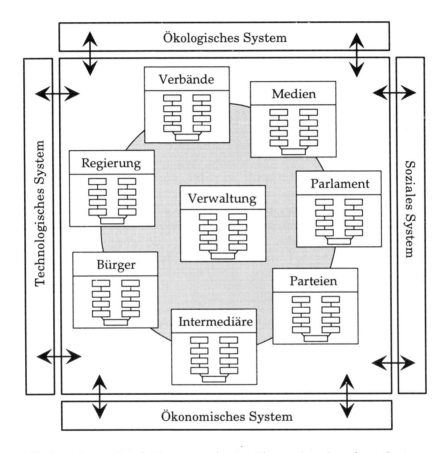

Abb. 1: *Das politische System und seine Akteure ist mit anderen Systemen vernetzt*

Aus den unterschiedlichen Entwicklungen in diesen Systemen, verbunden mit Entwicklungen der Märkte, entsteht ein Bild einer sich verändernden Umwelt, das wiederum durch die Akteure im politischen System unterschiedlich wahrgenommen wird. All diese Einflüsse wirken auf das Handeln der Verwaltung und ihrer Führung.

Wie noch zu zeigen sein wird, laufen in der Verwaltung *Produktionsprozesse* ab, die durch externe Einflüsse geprägt sind: Die Kunden der Verwaltung formulieren ihre Bedürfnisse, die Ziele stehen unter dem Einfluss der Akteure im politischen System, die Produkte werden unter Berücksichtigung verschiedenster Interessen definiert. Diese Prozesse sind jedoch nicht eine Eigenart der Verwaltung, sondern sie erfolgen *bei allen Akteuren* wiederum auf ihre spezifische Situation bezogen: Jeder der aufgezeigten Teilnehmer im System hat seine eigenen Kunden, Ziele und Produkte, und auch sie müssen regelmässig evaluiert werden, auch hier ist Wirkungsorientierung notwendig. Im Grunde liesse sich diese Betrachtung umfassend anstellen; dies zu tun, würde jedoch den Rahmen dieser Publikation sprengen.

Die Verwaltung steht heute vor der Situation, dass sie ihre betriebswirtschaftlichen und politischen *Prozesse* systematisch zu erfassen und zu verstehen beginnt. Dieser erste wichtige Schritt wird hier beschrieben, ohne die ganze Komplexität darzustellen. Weitere Schritte werden folgen müssen, so dass sich das Schwergewicht von der Prozessorientierung auf eine ausgeprägte *Marktorientierung* verlagern kann.

1.3. *Kulturelle Veränderungen mit der wirkungsorientierten Verwaltungsführung*

Die wirkungsorientierte Verwaltungsführung bliebe für die Mitarbeiter ohne Führungsfunktion eher unwirksam, löste sie nicht eine *grundlegende kulturelle Veränderung* aus. Dezentralisierung und Vergrösserung der Kompetenzen der Leistungszentren, konsequente Anwendung des *Prinzips Verantwortung* (Banner 1993, 195) und die damit zusammenhängenden grösseren Freiheiten in der Ausführung liessen z.B. die Pilotprojekte in der Stadt Nürnberg zu einem grossen Erfolg werden: Die Mitarbeiter sind motiviert, die krankheitsbedingten Ausfälle gingen schlagartig um 50 % zurück, und die Kultur veränderte sich vom bürokratischen Muff zu einer effizienten Bürgerorientierung (Frey 1994, 38).

Obwohl die meisten Beiträge über die wirkungsorientierte Verwaltungsführung, ebenso wie die ersten Bemühungen für eine Umsetzung in der Schweiz, ihr Schwergewicht auf die instrumentellen oder strukturellen Aspekte legen, darf nicht vergessen werden, dass dabei letztlich eine *Kulturrevolution* (Koetz 1994, 125) in der öffentlichen Verwaltung ausgelöst wird. Eine *zielgerichtete* Steuerung dieser Kulturentwicklung ist ausserordentlich schwierig und kaum durch Seminare nach dem Motto "heute legen wir unsere neue Kultur fest" zu lösen. Vielmehr ist die kulturelle Entwicklung eine Folge der Veränderung der Innenwelt der Verwaltung, die voraussehbar und - aufgrund der Erfahrungen im Ausland (z.B. KGSt 1992, 145) - bekannt und gewollt ist.

Als eine der wichtigsten kulturellen Entwicklung wird international die Schaffung einer *Qualitätskultur* betrachtet (vgl. unten). Der bewusste Umgang mit Kunden, eine verstärkte Sensibilität für Kosten-Leistungs- bzw. Kosten-Nutzen-Relationen in der eigenen Arbeit und die Suche nach Zielen und übergeordneten Zwecken des Handelns in der öffentlichen Verwaltung führt zu einem neuen Selbstverständnis (Gray/Dumont du Voitel o.J., 33), dem sich auch die Schweiz nicht wird entziehen können. Werden diese Elemente mit dem Gedanken des Wettbewerbs kombiniert und die interne Organsation entsprechend flexibilisiert, so wird durch die neuen Ansätze ein *kultureller Wandel* ausgelöst, der deutlich macht, dass bisherige Reformversuche nie so tief zu dringen vermochten, wie es die wirkungsorientierte Verwaltungsführung zu tun im Stande ist.

1.4. Internationale Entwicklungen

Die wirkungsorientierte Verwaltungsführung verdankt ihre aktuelle Popularität zu einem grossen Teil erfolgreichen Vorbildern im Ausland (vgl. dazu auch Haldemann 1995, 23 ff). Insbesondere der englischsprachige Raum gilt heute als fortschrittlich bezüglich neuer Methoden des Verwaltungsmanagements. Dies zeigt unter anderem die Tatsache, dass der Carl-Bertelsmann-Preis 1993, dessen Ziel es war, die am besten geführte Stadt der Welt auszuzeichnen, von Christchurch (NZ) und Phoenix (USA) *ex aequo* gewonnen wurde (Pröhl 1993, 20 f). Aber nicht nur auf lokaler Ebene, wo Reformen erfahrungsgemäss schneller greifen, sondern auch auf Bundesebene sind Reformen im Gang. Vorreiter, und für unser Verständnis erstaunlich

I. Grundlagen der wirkungsorientierten Verwaltungsführung

weit vorangeschritten, ist vor allem Neuseeland (Gilling 1994; Pallot 1994).

Die Gründe für diese rasante Entwicklung im englischsprachigen Raum liegen in verschiedenen Faktoren (Haldemann 1995, 31):

- Der finanzielle Druck, der auf den Ländern lastete, zwang die Regierungen zu Massnahmen, die unter normalen Voraussetzungen politisch kaum durchsetzbar gewesen wären;
- Das in aller Regel vorherrschende Zweiparteiensystem mit einer Regierungs- und einer starken Oppositionspartei (Konkurrenzsystem) bei gleichzeitig grosser Machtkonzentration bei der aktuellen Regierung lässt grossen Handlungsspielraum offen und ermöglicht dadurch schnellere Entscheide;
- Die grundsätzliche Stossrichtung und das Ziel einer nachhaltigen Entwicklung waren unbestritten - Regierung und Opposition waren sich lediglich im Ausmass der Umstrukturierung uneinig.
- *Neuseeland* kennt nur zwei Staatsebenen: die nationale Regierung und die Gemeinden. Die Mehrzahl der Staatsaufgaben wie Bildungswesen, Gesundheit, Transport, Kommunikation und Sozialwesen wird auf nationaler Ebene ausgeführt. Die Gemeinden stellen im wesentlichen die Infrastruktur für das tägliche Leben zur Verfügung und sind damit aus der Natur der Sache mehr dienstleistungsorientiert. Gleichzeitig ermöglicht das Fehlen der Region als politischer Einheit (*Kanton*) eine direktere Führung auf Bundesebene;
- Auf lokaler Ebene hat die Parteipolitik praktisch keine Bedeutung, d.h. die Reformen hatten keinen politischen Farbanstrich.

Die ausländischen Modelle tragen zwar verschiedene Namen, zeigen jedoch alle in die gleiche Richtung wie der schweizerische Ansatz. Die Begriffe sind somit mehrheitlich als Synonyme für dasselbe Grundmodell zu interpretieren (vgl. *Abb. 2*). Ausgangspunkt sind die neo-liberalen Ideen des *Thatcherismus* in England, die in verschiedene Initiativen einer Reform des politisch-administrativen Systems münden (Pollitt 1993). Die ersten Reformen in Grossbritannien verliefen schnell und radikal, während einiges heute rückgängig gemacht oder zumindest entschärft wird. Fast gleichzeitig wiesen die Bestrebungen der Administration Reagan ähnliche Charakterzüge auf, so dass sich das neue Gedankengut schnell im englischsprachigen Raum verbreitete. Heute wird in den USA die *National Performance Review* unter der

Leitung des Vize-Präsidenten Al Gore mit grossem Aufwand und erstaunlichen Erfolgsmeldungen als grosse Hoffnung für eine Neugestaltung der Verwaltung (*Reinventing Government*)[7] erachtet.

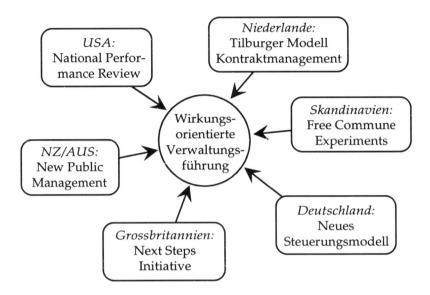

Abb. 2: Internationale Trends in der Verwaltungsführung

Aus dem neuseeländischen bzw. australischen Raum wurde von Christopher Hood (1991) der Begriff des *New Public Management* in die Verwaltungswissenschaften getragen, der auch in der Schweiz populär geworden ist, obwohl man hierzulande versucht, den englischen Begriff durch einen aussagekräftigeren zu ersetzen. In Deutschland wurde die Aufmerksamkeit von Wissenschaft und Praxis vor allem durch eine Fallstudie der KGSt (1992) über die niederländische Stadt Tilburg (*Tilburger Modell*) auf die neuen Methoden der Verwaltungsführung gelenkt. In diesem Zusammenhang wird oft auch das *Kontraktmanagement* erwähnt. Das Thema fand breite Anerkennung und wurde - nicht zuletzt durch Experten, die an der KGSt-Studie mitgewirkt hatten - rasch zum Objekt verwaltungswissenschaftlicher Diskussion erhoben. Die KGSt veröffentlichte bald danach einen Kon-

---

[7] So auch der Titel eines Bestsellers von David Osborne und Ted Gaebler (1992), der die grosse Publizität der neuen Ansätze mitbewirkte.

zeptentwurf, der als *Neues Steuerungsmodell* in vielen Verwaltungen Deutschlands als Ausgangspunkt für Reformen dient. All diese Begriffe, dies sei wiederholt, meinen im Grunde *dasselbe Modell*, auch wenn in Abhängigkeit der besonderen Problemstellungen länderspezifisch unterschiedliche Gewichtungen der Einzelelemente bestehen.

Erstaunlich wenig Beachtung finden in der Schweiz die *Free Commune Experiments* in Skandinavien (Baldersheim 1993, 27 ff) - möglicherweise liegen die Hauptprobleme der schweizerischen Gemeinden weniger auf einer Überreglementierung ihrer Organisation durch die Kantone.

Die Ausgangslage war in Deutschland durch verschiedene Schwachpunkte der Verwaltungsführung geprägt, die Reichard (1992, S. 2) auf vier Punkte zusammenfasst, und die zu einem grossen Teil auch für die Schweizer Verwaltungen Gültigkeit haben:

- Dominanz *bürokratischer Managementpraxis* mit einer Führung über hierarchische Formalstrukturen, Vorgabe detaillierter Ressourcenpläne, einer juristischen Problemlösungs-Perspektive und festen Aufgaben- und Kompetenzverteilungen;
- *Übersteuerung* im Routinebereich, *Steuerungsdefizite* im strategisch-langfristigen und innovativen Bereich des Verwaltungshandelns;
- Mitarbeiterführung auf der Basis des (althergebrachten) *Berufsbeamtentums* mit lebenslanger Anstellung und fehlenden Leistungsanreizen;
- problematisches *Führungsverhalten* der Vorgesetzten, das laut einer Studie von Klages und Hippler (1991) zu gut einem Drittel noch auf einem autokratischen Führungsstil beruht.

Damit sind die Verwaltungswissenschaften gefordert, ein umfassendes Modell einer Reform für das politisch-administrative System zu entwickeln, seine Machbarkeit zu testen, bei einem positiven Ergebnis die notwendigen Vorbereitungen für seine definitive Einführung zu treffen und bei all dem sowohl aus Sicht der Theorie als auch in permanenter Zusammenarbeit mit der Praxis modellkonforme Lösungen für die auftretenden Probleme zu finden. Dies ist kein leichtes Unterfangen, und als weitere Schwierigkeit kommt hinzu, dass viele Wissenschafter nicht daran gewöhnt sind, sich gleichsam in die Höhle des Löwen zu begeben und ihre Ideen *in* der Praxis *mit* der Praxis umzusetzen. Diese - vielleicht auch etwas amerikanische - Art des Erkenntnisgewinns dürfte jedoch im Fall des New Public Managements absolut notwendig sein, und der Wissenschafter darf sich ohne weiteres in eine Grauzone zwischen Theorie und Praxis begeben, wenn sich dabei die Gelegenheit bietet, schlauer zu werden.

1.5. Wirkungsorientierte Verwaltungsführung in der Schweiz

Die erwähnte Mischung aus theoretischem Wissen und praktischem Umsetzungsvermögen charakterisiert jenen herausragenden Verwaltungswissenschafter besonders, der den Begriff der *Wirkungsorientierten Verwaltungsführung* für die Schweiz prägte: den Zürcher Regierungsrat Ernst Buschor.

Die wirkungsorientierte Verwaltungsführung (Buschor 1993a) ist ein umfassender Ansatz zur Reorganisation der Steuerungsabläufe in der öffentlichen Verwaltung. Der Grundsatz, der über allem steht, ist eine Verlagerung der Betonung von Mitteln und Ressourcen auf eine verstärkt produkt- und wirkungsorientierte Führung. Im allgemeinen werden sechs Elemente unterschieden (*Abb. 3*):

- *Kunden- und mitarbeiterorientierte Verwaltung*: Eine vermehrte Kundenorientierung soll dazu führen, dass die Verwaltung bewusster ihre Produkte definiert und alle ihre Aktivitäten auf diese Produkte und deren Qualität ausrichtet. Letztere wird nicht mehr nur von der Verwaltung selbst, sondern von den Kunden bestimmt. Gleichzeitig wird eine grössere Mitarbeiterorientierung angestrebt.
- *Schlanke, qualitätsorientierte Verwaltung*: Was nicht direkt zur Wertvermehrung des Endproduktes beiträgt, wird nicht mehr ausgeführt. Durch *Contracting Out* oder *Outsourcing* sollen die eigenen Energien auf die wirklichen Stärken der Verwaltung konzentriert werden. Verbesserte Qualitätsmanagement-Systeme führen die Prozesse und Produkte der Verwaltung näher an die Bedürfnisse der Abnehmer der Leistungen heran.
- *Wettbewerb*: Durch die Schaffung von externen und internen Märkten wird versucht, für jeden Teilbereich der Verwaltung einen Wettbewerb zu schaffen, der für vermehrte Effizienz und Effektivität sorgen soll. Wo dies *per se* nicht möglich ist, sollen Instrumente

I. Grundlagen der wirkungsorientierten Verwaltungsführung

wie *Benchmarking, Competitive Testing* oder Ausschreibungen den Wettbewerb simulieren. Eine Aufteilung der Rollen von Leistungsfinanzierer, Leistungskäufer und Leistungserbringer, die organisatorisch jeweils über Leistungsvereinbarungen und Globalbudgets verbunden werden, soll die Verantwortlichkeit der jeweils Beteiligten vergrössern.

❏ *Wirkungskontrolle:* Die Kontrollmechanismen der öffentlichen Verwaltung sind vorwiegend auf finanzielle und personelle Mittel ausgerichtet. Im Bereich der Prüfung bewegt sich der Trend weg von der reinen Finanzprüfung zu einem umfassenden Wirkungsprüfungsansatz. Die Programmevaluation gewinnt weltweit an Bedeutung, und für beschränkte Fragestellungen werden vermehrt Leistungsevaluationen eingesetzt.

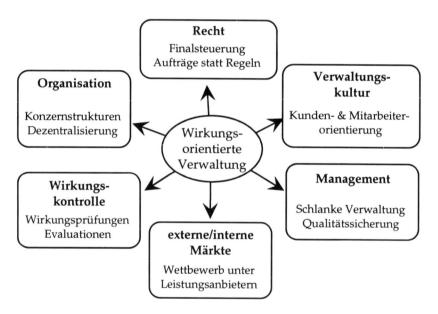

Abb. 3: *Grundlagen der wirkungsorientierten Verwaltungsführung (in Anlehnung an Buschor 1994, 25)*

❏ *Organisation:* Die zentralisierte Verwaltung der Gegenwart ist zu gross und zu träge, um noch effizient und effektiv produzieren zu können, die Entscheidungswege sind zu lang (Mitberichtsverfahren, Stellungnahmen). Daher wird versucht, durch Bildung von Konzernstrukturen mit dezentralen, autonomen Verwaltungseinheiten vermehrte Eigenständigkeit und Verantwortlichkeit an die Front zu delegieren. Dezentralisierung heisst aber immer auch ein Verlust an operativen Steuerungs- und Einflussmöglichkeiten. Dadurch wird die Bedeutung des strategischen Managements verstärkt, die Führungsaufgaben werden wichtiger.

- *Finalsteuerung:* Die Führungsinstrumente werden so verändert, dass weniger Regulierung, dafür vermehrt Ziele für das Verhalten der Verwaltungseinheiten und deren Mitarbeiter massgebend sind. Die Vorgaben beschränken sich weitgehend auf das *Was*; die Verwaltungseinheit ist frei, *wie* sie die vereinbarten Produkte erstellen oder Ziele erreichen will.

Die Methoden der wirkungsorientierten Verwaltungsführung unterscheiden sich damit wesentlich von herkömmlichen Formen der Reorganisation und/oder Effizienzsteigerung, aber auch vom traditionellen Bürokratiemodell (vgl. *Abb. 4*). Sie sind umfassend zu verstehen und betreffen nicht nur einzelne Bereiche der Verwaltung, sondern ihre Stärke ist ihre Ganzheitlichkeit.

Heutiges Bürokratiemodell		Modell der wirkungsorientierten Verwaltungsführung	
❏	Arbeitsteilung	❏	Teamwork
❏	Amtshierarchie	❏	Flache Organisation
❏	Sachbearbeiterprinzip	❏	Projektmanagement
❏	Fachqualifikation	❏	Fachgeneralist
❏	Aktenmässigkeit	❏	EDV-Netzwerke
❏	Regelsteuerung	❏	Zielvorgaben
❏	Unpersönlichkeit	❏	Normative Führung
❏	Versorgungsprinzip	❏	Leistungslohn

Abb. 4: *Merkmale der Verwaltungsmodelle nach Buschor (1995, 275)*

1.5.1. Vorläufer der wirkungsorientierten Verwaltungsführung

Die verwaltungswissenschaftliche Literatur der Nachkriegszeit ist voller Beiträge über die *Wirtschaftlichkeit* der Verwaltung, die oft als Sammelbegriff für alles ökonomisch rationale Verhalten verwendet wurde. Immanent war damit auch die Wirkungsorientierung angesprochen, wenn auch eher mit dem *Leistungsbegriff* argumentiert wurde. Ein visionäres Team von Forschern und Praktikern eröffnete 1907 in New York City ein Projekt zur Einführung vermehrter Leistungsorientierung. Obwohl die Begriffe damals noch nicht verwendet

I. Grundlagen der wirkungsorientierten Verwaltungsführung

wurden, sprach man von Leistungsmessung, Wirkungsorientierung und sogar von Leistungs- oder Produktbudgets. Die technischen Möglichkeiten erlaubten allerdings noch keinen einfachen Zugang zu den notwendigen Informationen, so dass der Versuch abgebrochen wurde.

Die *fünfziger Jahre* waren geprägt durch Diskussionen über Leistungs- bzw. Produktbudgets, wobei vor allem Probleme der Produktivität angegangen wurden. Im Grunde kam man nie über rein quantitative Input- und Leistungsdaten hinaus.

Diese Versuche wurden in den *sechziger Jahren* abgelöst durch das populäre *Planning Programming Budgeting System (PPBS)*,[8] das 1961 unter Robert McNamara im U.S. Verteidigungsministerium entwickelt und 1965 auf Anweisung des damaligen Präsidenten Johnson in allen Bundesstellen eingeführt wurde. Das neue System sollte dazu führen, dass die Verwaltung erstmals mit Effektivitätsgrössen, d.h. unter Berücksichtigung der erstellten Leistungen, ihrer langfristigen Auswirkungen und ihrer Effektivität, planen sollte (Pyhrr 1973, 140 ff). Dieses Ziel wurde jedoch nie erreicht, und das PPBS geriet zunehmend unter Beschuss, weil die Schwierigkeiten einer umfassenden Programmevaluation und die Notwendigkeit einer *policy analysis* unterschätzt wurden. Ausserdem wurde bemängelt, die Messysteme für die Effektivität seien zu banal angesichts der gewichtigen Rolle des Staates im gesellschaftlichen Gefüge. Schliesslich fehlte dem makroökonomisch-strategischen System eine Handhabe, die Pläne operativ umzusetzen, was seine Stellung zusätzlich schwächte. Am gravierendsten wirkte sich vermutlich die Tatsache aus, dass PPBS nie konsequent eingeführt und angewendet wurde, die Verwaltungssysteme damit auch nicht in Frage gestellt wurden (Jones/Pendlebury 1988, 76 ff) - es blieb in der Regel eine akademische Übung, die parallel zu den traditionellen Entscheidungsmechanismen lief.

Die operative Lücke des PPBS versuchte in den *siebziger Jahren* das *Zero Based Budgeting (ZBB)*[9] zu schliessen, indem das Schwergewicht

---

[8] Das *PPBS* ist ein Planungs- und Budgetierungssystem, das in starkem Masse auf der Kosten-Nutzen-Analyse aufbaut und damit die Entscheidungsprozesse für die Zielfindung im politisch-administrativen System stärker auf diese Überlegungen abzustellen versucht (vgl. auch Buschor 1993, 201 f).

[9] Die Methode des *ZBB* basiert auf der Planung von Programmen (Aufgabenpaketen). "Die staatliche Aufgabenerfüllung musste in Programme aufgeteilt werden, wobei jeweils für drei unterschiedliche Aufgabenerfüllungsniveaus

darauf gelegt wurde, *wie* (d.h. mit welcher Methode) ein bestimmtes Ziel am wirtschaftlichsten erreicht werden konnte. Pyhrr (1973, 153) sieht das ZBB daher als ein zum PPBS kompatibles Verfahren, das die Anliegen des PPBS sogar noch verstärkt. Aus heutiger Sicht ist das ZBB ein faszinierendes Konzept, das aber sehr aufwendig war und kaum je flächendeckend implementiert wurde. Die Leistungsgrössen waren von unterschiedlicher Aussagekraft, weil eine unabhängige Kontrolle fehlte.

In den *achtziger Jahren* waren Methoden der Effizienz- und Produktivitätssteigerung populär, die sich aber vor allem auf die Ressourcenoptimierung konzentrierten, bis der finanzielle Druck der neunziger Jahre die Regierungen zu einem neuen Anlauf für eine umfassende Reform des politisch-administrativen Systems zwang.

In der *Schweiz* wurden in den siebziger und achzig Jahren verschiedene Methoden zur Effizienzsteigerung in der öffentlichen Verwaltung angewendet, die ihre Wurzeln oft in der populären Gemeinkosten-Wertanalyse (*overhead value analysis*) hatten, ihre Wirkung aber nur teilweise entfalten konnten. Im Verlaufe dieser grossen Übungen mit klingenden Namen wie "EFFISTA", "EFFI", "OPTA" oder "Effiziente Verwaltung" wurde deutlich, dass diesen analytischen Ansätzen systembedingte Grenzen gesetzt sind. Weite Teile der Verwaltungen entwickelten sehr schnell Abwehrmechanismen, die es ihnen erlaubten, zu "überwintern", bis die Übung vorbei war, und anschliessend wie bisher fortzufahren. Ausserdem war auf politischer Ebene der Unterschied zwischen Massnahmen im allgemeinen und im speziellen deutlich erkennbar: Im allgemeinen waren sich alle einig, dass etwas geschehen muss, im speziellen aber fanden sich immer Gruppierungen, die in der Lage waren, im konkret vorliegenden Fall darzulegen, warum die allgemeine Regel hier und jetzt nicht anzuwenden sei.

Heute kann davon ausgegangen werden, dass das Rationalisierungspotential mittels *traditioneller* Methoden in den Verwaltungen

---

(höherer, gleichgrosser und tieferer Versorgungsgrad) die Ausgaben sowie die Vor- und Nachteile der Versorgungsniveaus zu umschreiben waren" (Buschor 1993, 202). Aufgrund dieser Vorgaben sollten die Entscheidungsträger in die Lage versetzt werden, die Leistungen bewusster zu planen.

I. Grundlagen der wirkungsorientierten Verwaltungsführung

der Schweiz weitgehend ausgeschöpft ist. Die anhaltende Finanzkrise verlangt daher nach neuen Methoden der Verwaltungsführung, damit Bund, Kanton und Gemeinden ihre Dienstleistungen und Aufgaben effizienter, wirkungsvoller und ökonomischer erbringen bzw. erfüllen können. Eine verheissungsvolle Perspektive eröffnet sich mit der Realisierung der wirkungsorientierten Verwaltungsführung, weil damit erstmals nicht nur ein Teilbereich, sondern das gesamte politisch-administrative System herausgefordert und hinterfragt wird.

Die Verwaltungsführung soll sich in Zukunft vom heutigen System unterscheiden. Wo heute komplizierte, bürokratische Abläufe eine effiziente Leistungserstellung erschweren, sollen *vereinfachte Regelungen zu mehr Effizienz führen*. Wo heute Detailprobleme auf höchster Ebene diskutiert werden, soll die *Führung stufengerecht* erfolgen. Wo heute Detailbudgets eine flexible Verwaltungsführung unnötig komplizieren, sollen *Globalbudgets* - verbunden mit klar definierten *Leistungsvereinbarungen* - die *Verantwortlichkeit* der Verwaltung vergrössern und damit die *Motivation* zu mehr *Effizienz* und *Effektivität* erhöhen (Neue Stadtverwaltung Bern 1994).

1.5.2. Ziele der wirkungsorientierten Verwaltungsführung

Der Staat und alles, was mit ihm in Zusammenhang gebracht wird, verliert in der Bevölkerung immer mehr an Akzeptanz. Die in der Schweiz oft beklagte Politikverdrossenheit findet ihre Entsprechung in der negativen Haltung gegenüber der Verwaltung und ihren Mitarbeitern. Geklagt wird über mangelnde Bürgernähe, zu lange Fristen in der Behandlung von Eingaben, zu hohe Gebühren; vor allem aber beherrschen Stereotypen und Vorurteile den allgemeinen Eindruck, den der durchschnittliche Einwohner von der Verwaltung hat. Untersuchungen in Deutschland und der Schweiz zeigen, dass eine erhebliche Abweichung zwischen dem Bild der Verwaltung und den persönlich gemachten Erfahrungen besteht. Wer mit Vertretern der Verwaltung näher in Kontakt kommt, stellt fest, dass ein ausgesprochener *Leistungswille*, eine *Motivation*, etwas zu verändern, und der Glaube, *etwas Gutes für die Gesellschaft zu tun*, der Motor für viele Beamte ist, sich in der Verwaltung zu engagieren. Leider ist es so, dass einige echte und viele hochgespielte schlechte Beispiele dem Ruf der Verwaltung nachhaltig schaden; dies umso mehr, als sich vereinzelt auch Politiker nicht gerade lobend über die Verwaltung äussern. Dabei ist es oft nicht der Mensch in der Verwaltung, der nicht leisten *will*, sondern das System bzw. die eingespielten Mechanismen, die ausserordentliche Leistungen tendenziell verhindern oder gar bestrafen.[10] Der amerikanische Vize-Präsident Al Gore, Leiter des ambitiösen *National Performance Review* Programms, spricht immer wieder von *"good people trapped in bad systems"*. Das heisst konsequenterweise, dass Reformen grundsätzlicher Art bei den *Systemen* ansetzen sollten.

Durch die Einführung der Prinzipen der wirkungsorientierten Verwaltungsführung sollen die folgenden Resultate erreicht werden:

- Stärkung der *strategischen Führung* auf politischer Ebene und umfassende Delegation der Aufgabenerfüllung auf die Stufe Verwaltung. Daraus resultiert ein Abbau der Übersteuerung im operativen und der Untersteuerung im strategischen Bereich.
- Umwandlung der Verwaltung als staatlicher Vollzugsapparat in ein *kunden- und leistungsorientiertes Dienstleistungsunternehmen*.
- Förderung der *Aufgaben-, Ressourcen- und Ergebnisverantwortung* auf Stufe Direktion und Amt. Daraus resultiert ein Abbau an Bürokratie, eine Vereinfachung der Entscheidungsabläufe, eine Verbesserung der Transparenz im Leistungsbereich und eine bessere Motivation der Führungskräfte. Für die Mitarbeiter sollte eine vermehrte Zuteilung ganzheitlicher Aufgaben angestrebt werden.
- Steigerung der *Effektivität* in der Verwaltung, des gezielten Mitteleinsatzes nach klaren Prioritäten und Konzentration auf die wesentlichen Aufgaben unter Einbezug *marktwirtschaftlicher Lösungen* und bewusster Suche nach mehr *Marktnähe*.
- Steigerung der *Effizienz*, indem die gegebenen Aufgaben und Qualitätsstandards möglichst kostengünstig erfüllt werden.
- Änderung der *Verwaltungskultur* zu mehr Leistungsorientierung, Risikobereitschaft und Entscheidungsfreudigkeit. Die Mitarbeiterinnen und Mitarbeiter der Verwaltung sollen ihre Aufgaben mit hoher *Motivation* und *Leistungsbereitschaft* möglichst selbständig erfüllen können.

---

10 Viele Mitarbeiter der Verwaltung erbringen selbst in diesem Umfeld ausserordentliche Leistungen. Sie gehen dabei aber oft ein recht grosses Risiko ein, da sie sich nicht an eingespielte Mechanismen und tatsächliche Vorgaben halten. Gerade dieses *Intrapreneurship* (Bitzer 1991) versucht die wirkungsorientierte Verwaltungsführung zu fördern.

❑ Entwicklung der Fähigkeit der Verwaltung, im Wettbewerb mit anderen öffentlichen und privaten Anbietern erfolgreich zu bestehen.

Die Wirkungsorientierte Verwaltungsführung hat ihre Wurzeln in verschiedenen, bereits bestehenden Ansätzen der Verwaltungswissenschaften. Viele Ideen sind nicht neu, und viele Forderungen wurden bereits vor Jahren aufgestellt. Neu ist jedoch ihre Integration in ein Gesamtkonzept, das sowohl das politische als auch das administrative System berührt. Im folgenden Kapitel werden einige verwandte Konzepte des Modells vorgestellt.

2. VERWANDTE ANSÄTZE UND KONZEPTE

Die öffentliche Verwaltung bzw. deren Teilbereiche werden heute vermehrt als unternehmungsähnliche Organisationen betrachtet, die mit (betriebs-) wirtschaftlichen Methoden zu führen seien. International hat sich eine seltene Einmütigkeit der Verwaltungswissenschaft entwickelt, die für den Ansatz der wirkungsorientierten Verwaltungsführung (*New Public Management*) spricht. Obwohl die Grundsteine in Grossbritannien gelegt wurden, ist es längst keine englische Einzellösung mehr; es hat sich internationalisiert. Das *New Public Management* ist mit vier weiteren 'Megatrends' der neueren Verwaltungsgeschichte verknüpft (Hood 1991, 3), nämlich

❑ dem Versuchen zur Beschränkung des Wachstums bzw. Reduktion der *Staatsquote* durch Einschränkung der öffentlichen Ausgaben und des Personalbestandes (Rationalisierungsstrategien);
❑ dem Drang zur *Privatisierung* bzw. Quasi-Privatisierung. Dies führt zur Auflösung traditioneller, grosser Regierungsdepartemente, die staatliche Aufgaben als Palastorganisationen wahrgenommen haben. Damit verbunden ist die Wiedergeburt des *Subsidiaritätsprinzips* in der Bereitstellung von staatlichen Dienstleistungen;
❑ der Entwicklung der *Automation*, insbesondere auch der Vormarsch moderner Informationstechnologien, in der Produktion und Verteilung öffentlicher Güter sowie deren Messung; aber auch

❑ der *Internationalisierung* der Verwaltungswissenschaften aufgrund steigenden internationalen Wettbewerbs der Länder als Wirtschaftsstandorte. Damit verbunden ist eine stärkere Betonung allgemeiner Fragen des Verwaltungsmanagements, der Politikgestaltung, der Entscheidungsmechanismen sowie der Zusammenarbeit der Regierungen bzw. Verwaltungen über die Landesgrenzen hinweg. Das traditionelle *Sonderfalldenken*, welches kaum allgemeingültige Lösungen zuliess, wird zunehmend durch Leistungsquervergleiche ersetzt.

Vor diesem Hintergrund ist das Konzept des New Public Management in seinen Elementen nicht so neu, wie es sich die Forschungs- und Beratungspraxis zuweilen wünscht. Das geordnete Zusammenspiel der Einzelteile jedoch, dem wesentliche Synergieeffekte zugesprochen werden, ist neu - insbesondere für die Schweiz.

Thompson und Jones (1994, xii) stellen diese betriebswirtschaftlichen Ansätze in den Zusammenhang der *economics of institutions and organizations*:

"The economics of institutions and organizations deals with issues of institutional design and administrative governance. It provides public managers with the tools they need to handle the complex design problems they face - problems that dwarf the simple make-or-buy decisions faced by their business counterparts. Consequently, it provides an analytical foundation for the new public management" (Thompson/Jones 1994, xii).

In den folgenden Abschnitten werden einige Ideen, Konzepte und Ansätze skizziert, die für die wirkungsorientierte Verwaltungsführung von Bedeutung sind. Die Liste ist nicht abschliessend, umfasst jedoch die wesentlichsten Ansätze: Qualitätsmanagement (auch *Total Quality Management*), Kundenorientierung, Äquivalenz- und Kongruenzprinzip, die Schlanke Verwaltung (auch *Lean Management*) und Managerialismus.

2.1. Qualitätsmanagement

Das Verständnis für Qualität hat sich in den vergangenen 50 Jahren schrittweise entwickelt. Auch in der öffentlichen Verwaltung steigt der Qualitätsdruck, und dies nicht nur in jenen Bereichen, wo sie in

Wettbewerb zu privaten Anbietern steht (KGSt 1993, 22). Wurde Qualität anfänglich nur auf den eigentlichen Herstellungsprozess bezogen, sind heute auch die *Benutzerfreundlichkeit* und die Frage nach den *Kundenbedürfnissen* in die Qualitätsdomäne integriert. Der Begriff der Qualität wird damit erweitert: Zur Recht- und Ordnungsmässigkeit gesellt sich neu die Zweckmässigkeit, die Benutzer- und Kundenorientierung. Damit wird Qualität zum integrierten Bestandteil des Managements auf allen Stufen.

Seit 1986 wird in der Wirtschaft die *ISO Norm 8402*, die das Qualitätsvokabular definiert, zur Definition von Qualität verwendet. Die ISO Normen 9000 bis 9004 sowie 10011 und 10012 befassen sich mit weiteren Qualitätsaspekten, die für die Verwaltung als Dienstleistungsunternehmen von Bedeutung sein können (Patterson 1995, 24 ff).

> *Qualität ist die Gesamtheit von Eigenschaften und Merkmalen eines Produktes oder einer Dienstleistung, die sich auf deren Eignung zur Erfüllung festgelegter oder vorausgesetzter Bedürfnisse beziehen.*
> *(nach ISO 8402)*

Traditionelle Qualitätsmerkmale wie "Made in Switzerland" sagen somit nichts über die eigentliche Qualität des Produktes aus. Sie besagen lediglich, dass das Produkt in der Schweiz hergestellt wurde, ob es aber für den Anwender oder den Konsumenten ein brauchbares Produkt darstellt, bleibt eine offene Frage. Ein ähnlicher Zusammenhang besteht zur ordnungsgemässen Leistungserbringung in der öffentlichen Verwaltung. Sie ist zwar notwendige, nicht aber hinreichende Bedingung für umfassende Qualität im öffentlichen Bereich.

2.1.1. Notwendigkeit des Qualitätsmanagements

Das *Qualitätsmanagement* wird in zukünftigen Verwaltungsstrukturen eine grosse Bedeutung einnehmen - unabhängig von der allfälligen Einführung eines umfassenden Konzeptes der wirkungsorientierten Verwaltungsführung:

❑ Die immer häufiger werdenden Diskussionen zur Privatisierung oder zum *Outsourcing* von Leistungen, die bis anhin diskussionslos dem Staat vorbehalten blieben, haben ein verstärktes *Kostenbe-*

wusstsein in der öffentlichen Verwaltung zur Folge. Die Verwaltung weiss bis heute nicht, welche Kosten sie für eine bestimmte Leistung tatsächlich verursacht. Will sie aber in Zukunft dem Druck der Oeffentlichkeit standhalten, müssen bezüglich Kostenbewusstsein neue Akzente gesetzt werden. Das Qualitätsmanagement kann dazu einen wichtigen Beitrag leisten.

❑ Auch die Verwaltungstätigkeiten sind von einer Zunahme der *Komplexität* nicht verschont geblieben. Gründe dafür sind beispielsweise die kontinuierlich wachsenden Leistungsforderungen, die an den Staat gestellt werden. Aber auch Forderungen der Mitarbeiter (z.B. nach flexibler Arbeitszeitgestaltung), der Verbände (z.B. nach vermehrter Partizipation) und der Einwohner (z.B. nach rascheren Entscheiden) tragen zu einer Komplexitätszunahme bei (Haist/Fromm 1989, 4).

❑ Bei zunehmendem Standortwettbewerb zwischen den Regionen und Ländern hat die Verwaltung eine Verantwortung gegenüber dem Gemeinwesen und der ansässigen Wirtschaft, durch hohe Qualität der staatlichen Leistungen die Wettbewerbsfähigkeit zu erhalten.

❑ Bei der Suche nach Steigerung der Effizienz in der Verwaltung sind die *traditionellen Werte*, die sich über Jahrzehnte entwickelt haben, nicht zu gefährden: Demokratische Mitwirkung und Legitimation, Rechtsgleichheit und Rechtssicherheit, Pragmatismus in der konkreten Situation und gewisse bewahrende Elemente der Politik prägen unser Land und dürfen nicht leichtfertig aufs Spiel gesetzt werden. Letztlich ist es ein Anliegen der Effektivität, auch langfristige Ziele unserer demokratischen und administrativen Institutionen zu erreichen. Qualität wird sich auch in dieser Hinsicht bestätigen müssen.

Das vielgehörte Argument, dass Qualitätsmanagement mehr Kosten verursache, als es Einsparungen bringen könne, ist nicht haltbar, denn seine *Auswirkungen* gehen weit über den eigentlichen Kostenaspekt hinaus. In der Bilanz des Qualitätsmanagements der öffentlichen Verwaltung stehen den offensichtlichen Mehraufwendungen eine Reihe von Nutzenfaktoren gegenüber, die sich allerdings schwer quantifizieren lassen:

❑ In der öffentlichen Verwaltung ist dem Kunden in den meisten Fällen die *freie Wahl des Anbieters verwehrt*. Die angebotene Qualität hat ihm zu genügen, was bei zu tiefer Qualität die Unzufriedenheit und das Unverständnis gegenüber den Institutionen fördert, bei zu hoher Qualität hingegen kaum direkte Reaktionen auslöst. Die Überlegung, die übertriebene Qualität sei durch öffentliche Mittel finanziert, kann dann ebenso zu Unzufriedenheit und fehlender Akzeptanz führen.

- Durch die Schaffung von *Qualitätszirkeln* und *Qualitätsteams* hat der Mitarbeiter die Möglichkeit, aufgrund seiner täglichen Erfahrungen Änderungen betreffend Optimierung der Arbeitsabläufe einzubringen. Er übernimmt somit die Rolle eines aktiven und verantwortungsbewussten Mitarbeiters, was ihm als *Steuerzahler* letztlich Vorteile verschaffen sollte. Die angemessenere Qualität der Verwaltung als Ganzes steigert das Ansehen auch ihrer Angehörigen, was als immaterieller Anreiz wirken kann.
- Eine konsequente Ausrichtung der Produkte auf die Bedürfnisse der Kunden führt zu *permanenter Überprüfung der Qualität*. Damit erzielt die Verwaltung eine optimale, am Kunden orientierte Produktgestaltung unter effizientem Ressourceneinsatz.
- Die Bereitstellung von tatsächlich nachgefragten und klar definierten Leistungen, die Verbesserung von Produktionsprozessen und die Reduktion nicht notwendiger Tätigkeiten sowie eine Abnahme von Beschwerdebehandlungen vermindern die Gesamtkosten der Verwaltung und erhöhen die Kundenzufriedenheit.

In der wirkungsorientierten Verwaltungsführung ist Qualität ein zentrales Element. Sie wird daher bewusst bewirtschaftet und nicht mehr länger als statische Aufgabe betrachtet (Seghezzi 1994, 3). Neue Technologien und sich dynamisch veränderndes Kundenverhalten lassen Qualitätsmanagement zu einer kontinuierlichen Aufgabe über alle Stufen innerhalb der Verwaltung werden.

2.1.2. Teilaufgaben des Qualitätsmanagements

Das Qualitätsmanagement kann in die vier *Fachaufgaben* Qualitätsplanung, Qualitätslenkung, Qualitätssicherung, Qualitätsförderung sowie die *Führungsaufgabe* Qualitätsführung gegliedert werden (Seghezzi 1994, 17). In der Folge wird auf die einzelnen Aufgabenbereiche kurz eingegangen.

2.1.2.1. Qualitätsplanung

Zweck der Qualitätsplanung ist die *Erfassung von Kundenbedürfnissen* und daraus abgeleitet die Definition der zu erstellenden Produktegruppen.

Die Ausgangslage wird beispielsweise durch eine periodische Umfrage im für die entsprechende Produktgruppe relevanten Kundensegment geschaffen (am weitesten gefasst: die Einwohnerbefragung). Die Ergebnisse dieser Befragung, zusammen mit den formulierten Bedürfnissen der Politik, dienen der Verwaltung als Richtschnur für Qualitätsentscheide. Sie können zudem als Frühindikatoren über Veränderungen von Werthaltungen in der Bevölkerung beigezogen werden. Dieser Vorgang wird im *öffentlichen Sektor* allerdings durch einige zusätzliche Besonderheiten beeinflusst:

- *Qualitätsbeurteilungen* durch die Kunden sind nicht in allen Prozessen möglich. Ein Beispiel liefert der Gesundheitsbereich. Patienten in einem Spital können die Qualität der an sie abgegebenen Leistungen nur unvollständig beurteilen. Daher müssen ersatzweise Qualitätsbeurteilungsmechanismen aufgebaut werden. Eine Möglichkeit, solche Informationsdefizite wettzumachen, wäre der Beizug von externen Experten (Erkert 1991, 2). Bis heute wurden jedoch solche Ansätze kaum angewandt.
- Das *Qualitätsempfinden* der Kunden ist subjektiv. Vielfach wird von der Bevölkerung nur ein Teil der angebotenen Qualität wahrgenommen. So beruht beispielsweise die Qualitätsmessung von öffentlichen Verkehrsbetrieben nur auf den vom jeweiligen Kunden genutzten Linien. Das Gesamtangebot wird nicht in die Beurteilung des Einzelnen einbezogen.
- Der *Begriff Kunde* gilt im weiteren Sinne. Leistungen an verwaltungsinterne Ämter und Departemente müssen ebenfalls der Qualitätsbeurteilung unterzogen werden. Dies müsste etwa im Schulwesen heissen, dass die weiterführenden Schulen und die Ausbildungsstätten einzubeziehen sind. Für jede Produktgruppe ist somit eine Analyse über betroffene Institutionen und Personen (*Stakeholder*) vorzunehmen.

Bei der Vorbereitung von *Kundenbefragungen* ist darauf zu achten, dass die Qualitätsbeurteilung nicht nur die *Hauptleistung* umfasst. Der Kunde beurteilt die von ihm genutzte Leistung auch durch die mit

I. Grundlagen der wirkungsorientierten Verwaltungsführung

dem Produkt verbundenen *Zusatz- oder Nebenleistungen*. Muss sich ein Kunde mehrmals weiterverbinden lassen, bis er die richtige Person am Telefon hat, oder wird ein Patient bei der Aufnahme im Spital ohne Erklärung sich selbst überlassen, kann dies die Beurteilung der Hauptleistung verfälschen. Der Einbezug aller Nebenleistungen ermöglicht eine objektivere Bewertung der Hauptleistungen.

> *Beispiele für Kundenbefragungen in der öffentlichen Verwaltung lassen sich in der Schweiz schon heute finden, auch wenn sie in der Literatur bislang kaum beachtet werden. Die Informatikabteilung der Konstruktionswerkstätten Thun befragt etwa die internen EDV-Benützer regelmässig nach deren Problemen mit der Informatik und der Informatikabteilung. Gestützt darauf werden Leistungsangebot und Servicequalität der EDV-Abteilung gemäss den Anliegen und Bedürfnissen der internen Kunden weiterentwickelt.*

Eine jährliche *Einwohnerbefragung*[11] wird heute vor allem auf der kommunalen Ebene angewandt, um die Zufriedenheit der Einwohner mit den Leistungen der Verwaltung zu erheben. Sie geben jedoch auch Aufschluss über Bedürfnisänderungen in der Bevölkerung, die Anlass zu einer Kurskorrektur der Angebotspolitik der öffentlichen Hand geben könnten. Die Ausgestaltung und Durchführung der Einwohnerbefragung wird durch den *zentralen Steuerungsdienst* der Verwaltung geleitet. Die konkrete Umsetzung kann sowohl selbständig, als auch durch Dritte erfolgen: Duisburg (D) übernimmt die Durchführung selbst, Christchurch (NZ) delegiert diese Aufgabe an eine spezialisierte Befragungsunternehmung, in der Stadt Bern übernimmt voraussichtlich das statistische Amt diese Aufgabe. Der Inhalt der Befragung sollte hauptsächlich auf die Produktepalette, die Qualität, die offenen Bedürfnisse und die Zufriedenheit der Einwohner zielen. Makroökonomische und sozio-politische Aspekte sind für die Politiker von Interesse, stellen aber kaum eine Hilfe für die tägliche Arbeit der Verwaltung dar.

---

[11] Hier wird bewusst der Begriff der *Einwohner* verwendet, etwa als Unterschied zu den *Bürgern*, weil die Befragung auch die Ausländer und ihre Bedürfnisse miteinbezieht.

> Im Jahre 1987 führte ATAG Ernst & Young in den Gemeinden Rheinfelden, Magden und Basel-Stadt eine Einwohnerbefragung durch. Ziel war es herauszufinden, mit welchen Leistungen (Produkten) welche Gruppen von Einwohnern zufrieden bzw. unzufrieden sind und worin die Unzufriedenheit konkret besteht. Die Befragung beruht auf der "Opus-Technik", die vier unterschiedliche Konkretisierungsgrade aufweisen kann:
>
> 1. *Problembezogene Einwohnerbefragung:* Der Einwohner beurteilt nur, was er aus eigener Erfahrung wirklich qualifizieren kann;
> 2. *Umsetzungsbezogene Einwohnerbefragung:* Die Befragungsergebnisse sind sehr konkret und erlauben es, konstruktive Massnahmen zur Verbesserung der Leistungs- und Servicequalität zu ergreifen;
> 3. *Einbezug von Behörden und Verwaltung:* Das "dialektische" Verfahren erlaubt eine starke Mitarbeit von Behörden und Verwaltungsmitgliedern vor, während und nach dem Erhebungsverfahren. Damit werden optimale Voraussetzungen geschaffen für die Veränderung von allenfalls durch die Einwohner indizierten "Missständen";
> 4. *Integrierter Kreativansatz:* Die Befragung endet nicht mit der Ergebnispräsentation. Vielmehr wird sie ergänzt durch Kreativtechnik, welche es erlaubt, die gewonnenen Erkenntnisse aus der Einwohnerbefragung in konkrete Verbesserungsmassnahmen der Verwaltung umzusetzen.
>
> Quelle: ATAG Ernst & Young Consulting

Bei der Definition der Produktpalette sollte vermieden werden, dass Kriterien der Produzierbarkeit, des Ressourceneinsatzes oder organisatorische Gegebenheiten vorgeschoben werden, um Kundenbedürfnisse als nicht machbar zu taxieren. Mittelfristig werden die *Strukturen* vermehrt auf die Produkt- und Marktbetrachtung sowie die Anforderungen des Qualitätsmanagements ausgerichtet. Wird dies unterlassen, bleiben Strukturen erhalten, die sich an veralteten Organisationsmustern orientieren und der Ressourceneinsatz erfolgt immer stärker suboptimal.

2.1.2.2. Qualitätslenkung

Zweck der Qualitätslenkung ist die *Prozessbeherrschung*, d.h. die vorgängig festgelegten Produkte sollen so hergestellt werden, dass sie die definierten Toleranzbereiche einhalten.

I. Grundlagen der wirkungsorientierten Verwaltungsführung

Das Element der Qualitätslenkung gibt am ehesten das traditionelle Qualitätsverständnis wieder. Allerdings lässt sich feststellen, dass die Fremdkontrolle in der Produktion vermehrt durch *Selbstkontrolle* abgelöst wird. Dieser Wechsel erfolgt hauptsächlich aus zwei Gründen:

❑ Die Anreizwirkung des bürokratischen, normengeleiteten Systems (mit *Fremdkontrolle*) hat zur Folge, dass das erste Ziel des Mitarbeiters nicht die Qualität im Sinne der Kundenzufriedenheit ist, sondern das Bestehen des Prüfprozesses an sich. Kurz: Gut ist, was die Finanzkontrolle (oder die GPK) nicht beanstandet.

❑ Die *Selbstkontrolle* ist für den Mitarbeiter motivierender. Die Bereitschaft, eine Leistung in der geforderten Qualität bereits beim ersten Anlauf zu erstellen, ist bei der Selbstkontrolle höher. Werden geforderte Standards nicht eingehalten, zwingt sich der Mitarbeiter selbst zu einer Nachbearbeitung.

Das Prinzip der Selbstkontrolle schliesst nicht aus, dass nach dem *Vieraugenprinzip* gewisse Aufgaben einer besonderen Überprüfung unterzogen werden. Dies sollte allerdings so weit als möglich in der eigenen Organisationseinheit stattfinden (internes Kontrollsystem). Ergänzend erfolgt eine Überprüfung durch die übergeordnete Instanz im Sinne einer Revision. Auf diese Aspekte wird in *Kap. V* eingegangen.

2.1.2.3. Qualitätssicherung

Hauptzweck der Qualitätssicherung ist die Risikoabdeckung von fehlerhaften Produkten. Die Qualitätssicherung sollte nach Möglichkeit von einer zentralen Stelle erfolgen. Das Aufgabenspektrum kann in verschiedene Bereiche unterteilt werden (vgl. Seghezzi 1994, 33):

❑ *Absicherung von Qualitätsrisiken:* Die wachsende Bedeutung der Produktehaftpflicht auch im öffentlichen Sektor erfordert eine Analyse der Prozesse bezüglich hoher Risikopotentiale. Ein Beispiel ist etwa der Einsatz eines mehrfach überlagerten Eisenbahnsicherungssystems oder die Risikoanalyse von Versorgungsleistungen im Gesundheitssektor (Erkert 1991, 28). Die Beurteilung der Risiken ist unter Einbezug der betreffenden Experten eine Aufgabe der Qualitätssicherung.

❑ *Unterstützung anderer Stellen bei der Qualitätsarbeit:* Die Qualitätssicherung kann erfolgen, indem qualitätsbezogene Schulungen organisiert oder Informationen bezüglich Qualität für die einzelnen Ämter bereitgestellt werden. Das Ziel dieser Ausbildungsmassnahmen im Zusammenhang mit der Qualitätssicherung besteht in der Risikoabdeckung *bestehender* Prozessabläufe.

❑ *Qualitätsanalysen und Bearbeitung von Qualitätsproblemen:* Durch die Einrichtung einer Kundenkontaktstelle können Reklamationen, aber auch Anregungen zentral gesammelt und den einzelnen Dienststellen weitergeleitet werden. Die konkrete Behandlung erfolgt durch die Dienststelle direkt (Prinzip der Delegation).

2.1.2.4. Qualitätsförderung

Die Qualitätsförderung kann man auch als das *dynamische Element der Qualitätssicherung* betrachten. Die Elemente Qualitätslenkung und Qualitätssicherung haben eine stabilisierende Wirkung. Da Qualitätsmanagement aber nicht statisch betrachtet werden soll, sondern als eine Qualitäts*bewegung* (Haist/Fromm 1989, 15), wird das Qualitätsmanagement durch Hinzufügen der Qualitätsförderung zu einem *kontinuierlichen Verbesserungsprozess*.

Im Mittelpunkt steht die Schaffung einer *Qualitätskultur*. Das angestrebte Ziel ist die Fehlerverminderung und die Nutzenverbesserung. Erfahrungen haben gezeigt, dass die Mitarbeiter auf der operativen Ebene ein enormes Potential aufweisen, das zur Zielerreichung ausgeschöpft werden kann. Dabei stehen verschiedenste Methoden zur Verfügung:

❑ Durchführung von *Qualitätskampagnen* und *Qualitätswettbewerben;*[12]
❑ Training on-the-job und off-the-job, um das *Qualitätsbewusstsein* der Mitarbeiter zu fördern;
❑ Schaffung von *qualitätsfreundlichen Anreizsystemen* (z.B. Schedler 1994);
❑ Einsatz von *Qualitätsteams*[13] bei abteilungsübergreifenden Qualitätsproblemen;

---

[12] Als oft zitiertes Beispiel gilt hier der *Speyerer Qualitätswettbewerb*, der erstmals im Jahre 1992 (Hill/Klages 1993a), seither jährlich durchgeführt wird. Allerdings ist der Betrachtungsgegenstand meist eine ganze Verwaltung.

I. Grundlagen der wirkungsorientierten Verwaltungsführung

- Einsatz von *Qualitätszirkeln*[14] bei abteilungsinternen Qualitätsproblemen.

Der Einsatz von Qualitätszirkeln in der Verwaltung weist, im Gegensatz zu Produktionsbetrieben, folgende Eigenheiten auf (Antoni/Bartscher/Bungard 1992, 248ff):

- Gerade in Produktionsbetrieben ist es der Mitarbeiter nicht gewohnt, zu Sitzungen eingeladen zu werden. Allein diese Beachtung kann sich motivierend auswirken. In der Verwaltung sind Sitzungen hingegen normal. Die nicht vorhandene Exklusivität eines Meetings hat demzufolge einen geringeren Motivationseinfluss.
- Die Arbeit in der Verwaltung ist oft weniger klar strukturiert und vor allem weniger repetitiv als in der Produktion. Aufbauende Kritik an den Arbeitsprozessen ist somit schwieriger.
- Produktion und Absatz sind oft integriert und finden gleichzeitig statt. Viele Produkte der Verwaltung lassen sich nicht auf Lager produzieren (z.B. Ausbildung, Sicherheit).
- Tendenziell sind in Verwaltungen mehr Spezialisten beschäftigt, die sich auch als solche sehen möchten. Übergreifende Betrachtungen sind daher besonders schwierig.

Aus organisationspsychologischer Sicht übernehmen Qualitätszirkel neben der Förderung des Qualitätsbewusstseins auch eine quasitherapeutische Funktion für die Mitarbeiter. Dieses Phänomen kann vor allem bei Personal, das im Leistungserstellungsprozess eine isolierte Tätigkeit ausübt, festgestellt werden (Antoni/Bartscher/Bungard 1992, 250).

---

[13] Unter *Qualitätsteams* versteht man temporär eingesetzte Gruppen von besonders befähigten, gut ausgebildeten Mitarbeitern aus allen am Prozess beteiligten Abteilungen und Bereichen. Sie erhalten in der Regel vom Management einen klar definierten Auftrag zur Lösung eines Problems. Sie werden meist von einer Führungskraft geleitet und nach Abschluss ihrer Arbeit wieder aufgelöst (Haist/Fromm 1989, 80).

[14] *Qualitätszirkel* sind kleinere Gruppen von Mitarbeitern, die sich freiwillig und regelmässig treffen, um Qualitätsprobleme in ihrer unmittelbaren Arbeitsumgebung zu lösen. In der Regel sind keine Führungskräfte beteiligt (Haist/Fromm 1989, 80 f).

> *Das neueste Beispiel eines Qualitätswettbewerbs ist das Projekt "Modern & Bürgernah" des Saarlandes. Damit wird das Ziel verfolgt, die Kommunen des Saarlandes "möglichst nahe an das Leitbild eines modernen öffentlichen Dienstleistungsunternehmens heranzuführen" (Ministerium des Innern 1994, 22).*
>
> *Die Beurteilung der Kommunen im Wettbewerb erfolgt nach folgenden Kriterien:*
>
> 1. ***Leistung unter demokratischer Kontrolle:*** *Gleichgewicht zwischen Demokratie und Leistung;*
> 2. ***Bürger- und Kundenorientierung:*** *Ausrichtung der Leistungen an den Bedürfnissen der Bürger unter Wahrung des Interesses der Gesamtheit und des gerechten Ausgleichs der Einzelinteressen;*
> 3. ***Kooperation zwischen Politik und Verwaltung:*** *Zielsetzung und Kontrolle als politische, selbständige Ausführung und Unterstützung als administrative Aufgabe;*
> 4. ***Dezentrale Führung:*** *durchgehende Anwendung des Prinzips der Delegation von Verantwortung sowie Zielerreichungskontrolle durch ein leistungsfähiges Berichtswesen;*
> 5. ***Controlling und Berichtswesen:*** *Leistungsfähige Planungs-, Koordinations- und Controllinginstrumente;*
> 6. ***Potentiale der Mitarbeiter:*** *Aufmerksamkeit für den menschlichen Faktor und seine Entwicklung;*
> 7. ***Innovations- und Evolutionsfähigkeit durch Wettbewerb:*** *Interkommunaler Leistungsvergleich (Wettbewerb) und öffentliche Rechenschaft als Auslöser von Selbststeuerungsprozessen.*
>
> *Quelle: Ministerium des Innern 1994*

2.1.2.5. Führen der Qualität

Um dem Qualitätsbewusstsein in einer Organisation zum Durchbruch zu verhelfen, muss die Qualität *über alle Führungsstufen* gefördert werden.

In einem ersten Schritt wird die Einführung von Qualitätssystemen von der Geschäftsleitung bekanntgegeben, wobei gleichzeitig deutliche Zeichen gesetzt werden, bisherige Mängel nicht als Sünden zu brandmarken. In der Folge ist darauf zu achten, dass die Vorgesetzten aller Stufen den Gedanken des Qualitätsmanagements aktiv aufnehmen und Qualität nicht als feindliches destruktives Phänomen betrachten, das sie in der täglichen Arbeit behindert. Stufengerechte Schulungen und auf Qualität ausgerichtete *Anreizsysteme* können diesen Veränderungsprozess wertvoll unterstützen. Als Beispiel gilt etwa der Ansatz, den die Stadt Saarbrücken gewählt hat - und damit unter anderem den *Speyerer Qualitätswettbewerb 1994* gewonnen hat (Hirschfelder/Lessel 1994, 356 ff).

Wie für jede Neuerung können auch für die Einführung des Qualitätsmanagements hinderliche Faktoren eruiert werden, die zu Misserfolgen führen. Beim Einsatz von Qualitätszirkeln werden als wichtige *Ursachen für Fehlschläge* etwa genannt (vgl. auch Antoni/Bartscher/Bungard 1992, 251):

- ❑ Mangelnde Unterstützung des mittleren Managements und fehlende Kritikfähigkeit der Führungsebene;
- ❑ Fluktuation des Personals in den Zirkeln;
- ❑ Mangelnde Zeit für die Zirkelarbeit;
- ❑ Zu schnelle Institutionalisierung der Zirkel, womit die notwendige Flexibilität verloren geht.

Vertieftere Betrachtungen führen zu folgenden *verwaltungskulturellen Problemfeldern*, die einen entsprechenden Ausbildungsbedarf für die öffentliche Verwaltung in der Schweiz aufdecken:

- ❑ *Fehlende Amnestie des Teilnehmers:* Es wird verkannt, dass der Qualitätszirkel nicht die Fähigkeiten einzelner Stelleninhaber hinterfragen soll, sondern die *Prozessabläufe*. Aufgrund solcher Missverständnisse empfinden besonders Vorgesetzte die hervorgebrachten Verbesserungsvorschläge als persönlichen Angriff auf ihre fachliche Kompetenz (Cohen/Brand 1993, 25).
- ❑ *Anwendung von unbekanntem Kulturgut:* Der Ursprung des Qualitätszirkels ist in Japan zu finden. Japan weist jedoch eine der weltweit ausgeprägtesten Formen kollektivistischer Werthaltung auf. Für den japanischen Mitarbeiter gilt der Fortschritt der Gruppe mehr als dem europäischen. Werden nun Qualitätszirkel in einer individualistischen Gesellschaft angewendet, müssen da-

zu zuerst einmal die Voraussetzungen für das tiefere Verständnis geschaffen werden.

Der Aufbau einer *Qualitätskultur* scheint aufgrund dieser Erkenntnisse ein wesentliches Erfolgselement zu sein. Dazu gehört der Einsatz kulturfördernder *Instrumente*. In der Schweiz ist der Trend festzustellen, eine vermehrte Leistungsorientierung der Besoldungssysteme einzuführen (Schedler 1993; Emery/Schedler 1994, 219 ff). Der Inhalt der dabei angewandten Beurteilungen und damit die Art der Leistung, die honoriert werden soll, beeinflusst natürlich das Verhalten der Betroffenen. Soll nun die Arbeit in Qualitätszirkeln gefördert werden, so sind solche Anstrengungen in den Beurteilungen entsprechend zu berücksichtigen.[15]

Dies scheint man in *England* verpasst zu haben (Pollitt 1993, 59 ff). Diese Systeme sind - in neo-tayloristischer Tradition - ausgesprochen individualistisch aufgebaut, so dass weniger die Abteilungsleistung der Gruppe als vielmehr die *Individualleistung* honoriert wird. Ein Beitrag zur Qualitätsförderung aus den Reihen seiner Mitarbeiter hat somit für den Vorgesetzten wenig Bedeutung, wenn er die Neuerung nicht in seinem Namen weiterleiten kann. Die demotivierenden Auswirkungen für den Mitarbeiter liegen auf der Hand.

Nachdem die fünf Elemente der Qualität behandelt wurden, stellt sich die Frage, welche Stellen für die Durchführung verantwortlich sind. Wie meist lässt sich auch hier keine eindeutige Abgrenzung vornehmen. Qualitätsmanagement ist aufgrund seiner Natur nicht statisch in eine Organisation eingebunden, sondern wird nur teilweise bewusst gesteuert. *Qualität macht Spass!* Oft entstehen Qualitätsprozesse spontan, dezentral und selbstorganisierend, so dass es Aufgabe der Führung ist, die notwendigen Voraussetzungen zu schaffen, dass die Teilnehmer solcher Prozesse Spass an ihrem Sondereinsatz haben können. Versuche, Qualitätsmanagement von oben diktiert einzuführen, sind regelmässig zum Scheitern verurteilt.

---

[15] Eine aktuelle Untersuchung von Emery und Schedler (1994, 219 ff) mit Stand 30. Juni 1994 hat ergeben, dass die Gruppenbeurteilung und -honorierung in der Schweiz (noch) keinen Rückhalt gefunden hat. Lediglich der Kanton Waadt *plant* die Einführung einer Gruppenhonorierung, alle anderen halten sich aus diesem Ansatz heraus.

2.1.3. Dimensionen der Qualität in der wirkungsorientierten Verwaltungsführung

Die Qualität der öffentlichen Verwaltung steht im Spannungsfeld dreier sich zum Teil zuwiderlaufender Dimensionen. Die oben angeführten Überlegungen lassen sich nur dann auf die Verwaltung übertragen, wenn ihre Besonderheiten bezüglich Kunden, produktbezogenen Faktoren und Anforderungen der Politik berücksichtigt werden.

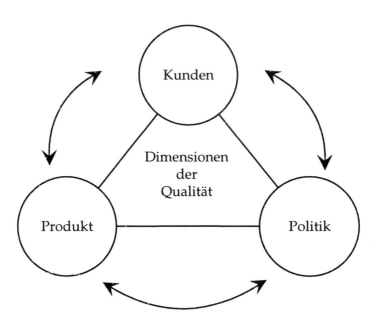

Abb. 5: Dimensionen der Qualität

Die KGSt (1992, 132 f) definiert daher die drei Dimensionen als Bereiche einer Durchleuchtung der Kommunalverwaltung, die unterschiedliche Fragestellungen auslösen:

- Die *produktgebundene Qualität* gibt das Ausmass an, "inwieweit die Besonderheiten und Eigenschaften des Produkts zur Erreichung des spezifischen Ziels geeignet sind" (KGSt 1992, 132). Wie noch zu zeigen sein wird, kann diese Form der Qualität im Produktionsprozess des politisch-administrativen Systems als Produkt-Ziel-Angemessenheit bezeichnet werden.

❑ Die Qualität aus Sicht des *Abnehmers* ermittelt, "inwieweit das Produkt den persönlichen Bedürfnissen, Normen und Werten des Abnehmers entspricht" (KGSt 1992, 132). Angesprochen ist hier sowohl das Produkt selbst (Hauptleistung), als auch die Art und Weise, wie das Produkt ausgeliefert wird (Zusatz- oder Nebenleistungen).

❑ Die *Politische Qualität* ist "der Grad der Übereinstimmung des gelieferten Produkts mit dem Produkt, das Politik und Gemeindeführung haben wollen, wie sie es erleben und bewerten und inwieweit sie es als Mittel zur Erreichung gesellschaftlicher Zielsetzungen wahrnehmen" (KGSt 1992, 132).

Alle drei Dimensionen der Qualität haben direkt mit Effizienz, Effektivität und Angemessenheit im Produktionsprozess zu tun, wie noch zu zeigen sein wird.

Nicht ohne Grund wurde die Kundendimension grafisch an die obere Spitze des Dreiecks gesetzt. Die Produktqualität und die politische Qualität sind nämlich bereits heute in der Verwaltung relativ leicht verständlich thematisierbar. Bedeutend grössere Widerstände verursacht immer wieder der Kundenbegriff.

In Austin (USA) wurde in der städtischen Strassen- und Brückendivision Qualität als Hauptthema der Dienstleistungserbringung aufgenommen. Dies führte zu einer Verbesserung der Produktivität um 250 % mit einem Qualitätsfokus, Leistungskennzahlen und Teamwork.

Wie konnte dies erreicht werden? Jedes Team entwickelte:

❑ *übergeordnete Zielbeschreibungen, die den Zweck und die Art ihrer Aufgaben definierten und die Gründe aufzeigten, warum die Einwohner der Stadt Strassen und Brücken finanzierten,*
❑ *je eine Liste von Qualitätsmerkmalen für ihre wichtigsten Tätigkeiten, und*
❑ *eine operationalisierte, d.h. konkret messbare Definition für jedes erarbeitete Qualitätsmerkmal.*

I. Grundlagen der wirkungsorientierten Verwaltungsführung

> *Die Arbeitsgruppen begannen, ihre Arbeit aufgrund dieser Merkmale selbst zu beurteilen. Jedesmal nach Abschluss einer Arbeit analysierten die Arbeitsgruppen ihre Punktzahl und wie sie sie verbessern könnten. Aufgrund dieser Informationen wurden Arbeitsprozesse und -ausrüstung von den Gruppen neu definiert.*
>
> *Früher blieben Baustellen während Wochen halbfertig bestehen. Die sieben Arbeitsgruppen, die im Turnus verschiedene Schritte der Strassenverbesserung ausführten - z.B. Asphaltierung, Umrandung, Verbesserung von Rissen - mussten oft an der gleichen Baustelle mehrmals dieselbe Arbeit verrichten. Heute koordinieren die Gruppen ihre Aktivitäten eng miteinander.*
>
> *Für ihre Ausrüstung fanden die Gruppen einen Weg, Lastzüge, die eine bestimmte Strecke hintereinander fahren mussten, physisch miteinander zu verkoppeln, um ihr Timing auf den Prozess abzustimmen.*
>
> *In beiden Bereichen der Division konnten die Punktzahlen von knapp 60 auf über 90 verbessert werden. Die Beschwerden der Einwohner nahmen deutlich ab, weil die Gruppen besser mit den Hausbesitzern kommunizieren, in deren Strasse sie jeweils arbeiten. Und die Einwohnerbefragungen ergaben über 80 % positive Einschätzungen bezüglich der Hilfsbereitschaft der Mitarbeiter, angemessener Benachrichtigung und zeitgerechter Fertigstellung der Strassenarbeiten.*
>
> *Sowohl die Moral als auch die Produktivität sind gestiegen. Einige Mitarbeiter sind so stolz, dass sie ihren Familien kürzlich fertiggestellte Arbeiten vorführen. Und wo früher 28 Tonnen Asphalt pro Stunde verlegt wurden, erreichen sie heute mehr als 100 Tonnen pro Stunde.*
>
> *Quelle: Barnett 1994, 3 ff*

2.2. Kundenorientierung

"'*Ich komme von der Regierung, und ich bin hier, um Ihnen zu helfen*', wird weltweit als schlechter Witz empfunden" (Sensenbrenner 1991, 64) - warum eigentlich? Möchte man Kritikern der wirkungsorientierten Verwaltungsführung glauben, so verhindern die besonderen Aufgaben der Verwaltung (z.B. den Bürger verpflichtende und belastende

Akte und Massnahmen) eine vermehrte Orientierung am Leistungsempfänger, ja, man möchte marktorientierte Begriffe wie "Kunde" und "Produkt" gleich ganz aus dem Verwaltungsumfeld verbannen (Laux 1994, 170). In der Tat bedeutet der Einzug der neuen Begriffe in die Verwaltung auch die Notwendigkeit, bestehende Verfahren, Einstellungen und Instrumente gründlich zu hinterfragen.

Die vermehrte Ausrichtung an den konkreten, erfragten Bedürfnissen der *Kunden* der öffentlichen Verwaltung, z.B. der Einwohner, führt zu tiefgreifenden Umwälzungen in der öffentlichen Verwaltung. Natürlich sind nach wie vor Gesetze einzuhalten, Verfahren korrekt durchzuführen und auch unbequeme Entscheide und Forderungen falls notwendig autoritär durchzusetzen. Kundenorientierung heisst in diesem Zusammenhang nicht, die Kunden eindimensional zum Mass aller Dinge zu befördern. Es bedeutet vielmehr, eine notwendige Leistung so abzugeben, dass sie den Bedarf der Kunden optimal deckt. Die *Qualität* der Verwaltungsleistung erfährt neue Beachtung, oft auch neue Definitionen.

"Ergebnis und Vollzugsziel sind nicht länger als den Verwaltungen extern vorgegebene Grössen zu interpretieren, sondern resultieren - zumindest zu einem nicht unerheblichen Teil - aus dem Interaktionsprozess zwischen Verwaltungen und Normadressaten" (Budäus 1994, 37).

Als Beispiel für eine konsequente Orientierung an den Einwohnern werden oft jene deutschen Städte angeführt, die sogenannte *Bürgerämter* eingerichtet haben, in denen sämtliche Dienstleistungen zentral angeboten werden. Damit soll das mühsame Wandern zu und teilweise zwischen den verschiedenen Amtsstellen, dem die Einwohner auch in der Schweiz noch oft ausgesetzt sind, vermieden werden. In *Mellrichstadt* kam die Idee zu so einem Zentrum von den Mitarbeitern selbst, weil sie mit der eigenen, trägen Zufriedenheit unzufrieden waren (Frey 1994, 37). Heute kann der Einwohner aus sieben Bürgeramtsmitarbeitern einen Berater wählen, der ihm alle Dienstleistungen anbieten kann, wobei das Amt von 08.00 Uhr bis 17.00 Uhr durchgehend geöffnet ist.

I. Grundlagen der wirkungsorientierten Verwaltungsführung

> *Das* Philadelphia Regional Office of the Department of Veterans Affairs, *das für die finanzielle Unterstützung von Veteranen zuständig ist, basierte seine Arbeit auf internen Qualitätsstandards für seine Produkte, die für die Bearbeitung eines Gesuchs maximal fünf Tage zuliessen. Obwohl dieser Standard in aller Regel eingehalten wurde, deckte eine Kundenbefragung auf, dass die Empfänger der Leistungen mit der Bearbeitungszeit nicht zufrieden waren, denn vom Moment der Gesuchstellung (Abgabe bei der Post) bis zum Eingang der Unterstützungzahlung vergingen regelmässig* **zwei Wochen**.
>
> *Die zusätzliche Verzögerung entstand nicht in der zuständigen Abteilung, sondern durch externe Faktoren wie Post- und Bankdienstleistungen. Der Wechsel von der internen Sicht zur Kundensicht der Dienstleistungsqualität führte dazu, dass neu*
> *a) Anträge auch per Fax akzeptiert wurden,*
> *b) ein Express-Postfach eingerichtet wurde, und*
> *c) alle Anträge noch am gleichen Tag bearbeitet wurden.*
>
> *Dank dieser einfachen Massnahmen konnte die Bearbeitungszeit insgesamt von zwei Wochen auf* **1,6 Tage** *reduziert werden.*
> Quelle: Cohen/Brand 1993, 187 ff

Oft wird in Diskussionen bemerkt, dass die direkte Demokratie (insbesondere in der Schweiz) grundsätzlich genügend Elemente einer Mitwirkung der Einwohner enthalte, weitere Qualitätssicherungsinstrumente deshalb unnötig seien. Die Fakten zeigen ein anderes Bild. Die Gesamtheit der Einwohner wird in demokratischen Abstimmungen immer weniger repräsentiert.[16] Dies wirkt sich allerdings stabilisierend auf die Abstimmungsergebnisse aus (Germann 1994, 190), was durchaus im Interesse der Politiker sein kann. Es darf grundsätzlich davon ausgegangen werden, dass Einwohnerbefragungen, die repräsentativ durchgeführt werden, zuverlässigere Ergebnisse über die tatsächlichen Bedürfnisse von Stadtbewohnern und deren Sicht der Leistungen der Verwaltung wiedergeben als Abstimmungen. "Die quantitative Ausweitung der Volksrechte hat die 'Qualität der Demokratie', wie immer man sie messen mag, in der Schweiz nicht verbessert" (Germann 1994, 1995).

---

[16] War die Beteiligung an Abstimmungen nach dem Zweiten Weltkrieg noch 62 Prozent, so liegt sie heute noch bei ca. 40 % (Germann 1994, 189).

2.3. Prinzipien der Äquivalenz und Kongruenz

Viele Entscheidungssituationen im politisch-administrativen System sind durch eine Verletzung des Äquivalenz- und/oder des Kongruenzprinzips gekennzeichnet. Dies führt zu Anreizmechanismen, die oft eine optimale Entscheidung verhindern.

Das *Äquivalenzprinzip*[17] besagt, dass dann ein Optimum an Entscheidqualität erreicht wird, wenn der Nutzniesser einer Leistung gleichzeitig für die Leistung bezahlt, aber auch Entscheide über deren Ausführung fällen kann. Probleme entstehen immer dann, wenn diese dreifache Überdeckung nicht vorliegt:

a) Wer zwar den Nutzen hat, jedoch weder zahlen muss noch entscheiden kann, wird tendentiell zu übermässigen Leistungsansprüchen neigen;
b) Wer zwar entscheiden kann, jedoch weder den Nutzen hat noch zahlen muss, wird tendentiell übermässige, eventuell von den Nutzniessern nicht gewünschte Leistungen anbieten;
c) Wer zwar zahlen muss, jedoch weder den Nutzen hat noch entscheiden kann, wird tendenziell zu ungenügenden Leistungen neigen.

Die wirkungsorientierte Verwaltungsführung strebt aus diesem Grund die vollständige Äquivalenz von Nutzen, Entscheidung und Finanzierung an, indem z.B. Entscheide dezentralisiert und nach den Kunden ausgerichtet, die Finanzierung über Gebühren so weit als möglich ausgedehnt und vermehrte Kosten-Nutzen-Transparenz angestrebt werden.

Das *Kongruenzprinzip* geht davon aus, dass der Anreiz für die Führungskraft, sich wirtschaftlich zu verhalten, dann am grössten ist, wenn sich Verantwortung und Kompetenzen vollumfänglich decken, und zwar sowohl für Aufgaben, Ressourcen und Resultate im Rahmen eines Programms. Oft wird heute die Verantwortung für Resultate in

---

[17] Der hier beschriebene *wirtschaftliche* Begriffsinhalt unterscheidet sich zum Teil vom juristischen. Letzterer wird etwa von Häfelin und Müller wie folgt definiert: "Nach dem Äquivalenzprinzip muss die Höhe der Gebühr im Einzelfall in einem vernünftigen Verhältnis stehen zum Wert, den die staatliche Leistung für den Abgabepflichtigen hat." (Häfelin/Müller 1993, 491)

I. Grundlagen der wirkungsorientierten Verwaltungsführung

die Verwaltung delegiert, während die Ressourcenkompetenz beim Parlament bleibt. Dies soll durch weitgehende Delegation der Kompetenzen und Verantwortlichkeiten verbessert werden.

2.4. Das Konzept der Schlanken Verwaltung (Lean Administration)

Das Konzept der schlanken Produktion geht im Grunde auf die Zeit zurück, als *Frederik W. Taylor* und *Henry Ford* in den USA der Dreissiger Jahre sich anstellten, die Arbeitsresultate in arbeitsteilig organisierten (tayloristischen) Industriewerken zu verbessern. *Kurt Lewin* führte zur gleichen Zeit Versuche mit Teamarbeit durch, und der Psychologe *Elton Mayo* vertrat vor dem Zweiten Weltkrieg bereits die Auffassung, die Erhöhung der Eigenverantwortung der Mitarbeiter führe letztlich zu besseren Arbeitsergebnissen. Konkrete Umsetzungen fehlten jedoch, bis Toyota in den fünfziger Jahren in Japan, um aus der Krise zu gelangen, sich diese gedanklichen Ansätze zunutze machte und systematisch in den betrieblichen Alltag umsetzte. Der Erfolg, den die Japaner mit der "neuen" Methode aufweisen konnten, hat die Amerikaner und Europäer dazu veranlasst, das Konzept des Lean Managements in ihre Produktion und Verwaltung zu *importieren* und sich ebenfalls anzueignen. Kann man den aktuellen Aussagen von Beratern, Autoren und Unternehmern Glauben schenken, so sind heute wohl nur noch schlanke Unternehmen überlebensfähig. Demnach müsste dasselbe auch für Dienstleistungs- und Verwaltungsbereiche gelten. In der Tat spricht man von dort *Lean Service* (Biehal 1993, 28 ff), wo bestimmte Führungscharakteristika bestehen, die die schlanke Organisation auszeichnen. Dafür können zehn Arbeitsprinzipien herauskristallisiert werden (Bösenberg/Metzen 1993, 67 ff):

1. *Gruppen- bzw. Teamorientierung*

   Die Aufgaben werden im Team erledigt. Der Konsensgedanke ist dominant, interner Wettbewerb innerhalb der Gruppen wird vermieden.

2. *Dezentralisierte Eigenverantwortung*

   Jede Tätigkeit wird weitgehend in Eigenverantwortung durchgeführt, wobei vorgegebene Standards bezüglich Qualität eingehalten werden müssen.

3. *Feedback*

Alle Aktivitäten werden von einem aussergewöhnlich intensiven Feedback begleitet. Die Reaktionen von Aussenwelt, System oder Anlagen dienen zur Steuerung der eigenen Handlungen.

4. *Kundenorientierung*

Alle Aktivitäten sind streng auf den Kunden orientiert. Dies bedingt im Falle der öffentlichen Verwaltung natürlich, dass sich die Beamten Klarheit darüber verschaffen, wer, d.h. welche Menschen, ihre Kunden sind.

5. *Priorität auf Wertschöpfung*

Die wertschöpfenden Tätigkeiten haben oberste Priorität in der Organisation. Biehal spricht von "Orientierung am Primärprozess". Wertschöpfung ist dabei jede Steigerung des Nutzens für den Kunden, den eine Tätigkeit bringt.

6. *Standardisierung*

Das Arbeitsfeld jedes Mitarbeiters in der Verwaltung ist durch allgemein bekannte, gemeinsam definierte Standards geprägt, an die er sich zu halten hat. Sie sind jedoch nicht statisch, sondern dynamisch, werden gelebt und im Bedarfsfall durch gemeinsamen Entscheid verändert.

7. *Ständige Verbesserung*

Eines der bekanntesten Prinzipien des Lean Managements ist das japanische KAIZEN, d.h. der kontinuierliche, beständige Verbesserungsprozess in der Organisation. Dabei gilt, dass sich grundsätzlich jeder Mitarbeiter an der Verbesserung beteiligt, wobei eine hohe Fehlertoleranz, Offenheit und Sicherheit als Voraussetzung gelten. Das Schwergewicht liegt weniger auf dem Ergebnis als dem *Prozess* der Verbesserung.

8. *Sofortige Fehlerbekämpfung an der Wurzel*

Lean Management ist sehr interessiert an Fehlern; paradoxerweise sind Fehler geradezu erwünscht, da sie auf Missstände im System hinweisen. Tritt ein Fehler auf, wird der Ursache auf den Grund gegangen und an der Wurzel bekämpft. Damit der Fehler nicht erst beim Kunden entdeckt wird, betrachtet Lean Management die internen Abnehmer der "Zwischenprodukte" als interne Kunden, die bei Qualitätsmängeln sofort reagieren, anstatt auf fehlerhaften Vorgaben aufzubauen.

9. *Vorausdenken, vorausplanen*
Durch Planung werden Fehler weitgehend vermieden. Die Planungsphase ist langwierig, damit die Ausführung dann umso schneller geschehen kann. Motto: Wenn Du wenig Zeit hast, nimm Dir viel für die Planung.

10. *Kleine, beherrschte Schritte*
Für die Weiterentwicklung gilt Evolution mehr als Revolution. Veränderungen führen nur dann zu Fortschritten, wenn sie innerhalb eines eng begrenzten Seitenbandes liegen. "Das Ergebnis grösserer Sprünge ist nicht überlebensfähig. So lehren es die Natur, die experimentelle Strömungslehre und Lean Management." (Bösenberg/Metzen 1993, 127)

Der schlanke Ansatz wird heute für die öffentliche Verwaltung stark propagiert, aber auch oft missverstanden: *Nicht jede Stellenkürzung bedeutet, dass die Organisation schlanker wird.* In der Tat sind viele Elemente der Schlanken Verwaltung ausserordentlich hilfreich, wenn es darum geht, die Effizienz und Effektivität der Verwaltung zu verbessern. Dies führt dazu, dass viele Elemente des *Lean Managements* auch Bestandteile der wirkungsorientierten Verwaltungsführung geworden sind.

2.5. *Vertrauen in die Kraft guten Managements (Managerialismus)*

Die Schwerpunkte der betriebs- und verwaltungswissenschaftlichen Führungslehre haben sich in den letzten Jahren verlagert. Waren es früher vor allem Prinzipien wie Gleichbehandlung oder Entpersonifizierung, die hohe Priorität genossen, so treten heute Effizienz und Effektivität an ihre Stelle. Erstere werden durch Regulierung erreicht, letztere durch Schaffung von Freiräumen, in denen sich eine gute Führung entwickeln kann. Diese Entwicklung spiegelt die Veränderung eines politischen Weltbildes, das in Wechselwirkung zur Verwaltungswissenschaft steht, und das in den siebziger Jahren einen neuen Aufschwung erhielt: Ein Weltbild des Vertrauens in die Kraft guten Managements, im englischen Sprachraum mit *Managerialism* bezeichnet. Träger dieses Gedankens sind bekannte Publizisten wie Peter Drucker oder Alfred Chandler, auf der politischen Bühne Margaret Thatcher, Michael Heseltine oder Ronald Reagan. Die typischen *Glaubenssätze des Managerialismus* beschreibt Pollitt (1993, 2 f) wie folgt:

- Sozialer Fortschritt wird hauptsächlich durch eine fortwährende Verbesserung der ökonomisch definierten Produktivität erreicht;
- Diese Produktivitätszunahme wird vorwiegend durch die Anwendung immer besserer Technologien erreicht (Informations- und Organisationstechnologien);
- Die Anwendung dieser Technologien kann nur mit Arbeitskraft erfolgen, die in Abstimmung mit dem Ideal möglichst hoher Produktivität diszipliniert ist;
- "Management" ist eine eigene und betont organisationelle Funktion, die eine wesentliche Rolle bei der Planung, Einführung und Messung der notwendigen Produktivitätssteigerungen spielt. Der Erfolg der Organisation ist zunehmend von der Qualität und der Professionalität der Manager abhängig;
- Um diese wichtige Rolle übernehmen zu können, muss den Managern ein vernünftiger "room to manoeuvre" gewährt werden.

Man tut gut daran, mit Pollitt diesen Glaubenssätzen kritisch gegenüber zu stehen. Zwar ist die Folgerung, dass mehr Freiraum zu besserem Management führt, und dies wiederum zum Wohle aller, durchaus im Sinne der wirkungsorientierten Verwaltungsführung. Sie aber mit blindem Machbarkeitsglauben, mit der Notwendigkeit ständiger Produktivitätssteigerung und mit idealisierender Bejubelung des Managements gleichzusetzen, wie dies Knöpfel (1994) bisweilen zu tun scheint, wäre verfehlt. Bewusste Gestaltung eines Führungsspielraums ist nicht mit Managerialismus im klassischen Sinn gleichzusetzen. Sie steht für grösseres Risiko - denn "allowing managers to manage is the same as allowing them to mis-manage" (Jones 1994, 54) - wenn nicht entsprechende *Kontrollmechanismen* für die Aufrechterhaltung der politischen Steuerbarkeit sorgen. Dies wird Aufgabe der Verantwortlichen sein, die eine wirkungsorientierte Verwaltungsführung propagieren, und wir nehmen uns selbst dabei nicht aus.

I. Grundlagen der wirkungsorientierten Verwaltungsführung

Der Begriff des Managerialismus wurde auch auf den öffentlichen Sektor übertragen und sein Inhalt entsprechend erweitert und verfeinert. Pallot (1994, 234 f) beschreibt ihn beispielsweise als die Übernahme privatwirtschaftlicher Konzepte und Methoden in den öffentlichen Sektor. Demgemäss umfasst er bekannte Inhalte wie den Übergang von der Input- zur Outputsteuerung, Einführung neuer Controlling- und Überwachungsinstrumente, die Aufspaltung grosser bürokratischer Strukturen, das Schwergewicht auf Vereinbarungen, die Betonung monetärer Anreize und die Tendenz zu Ausgabenkürzungen und Effizienz. Obwohl damit bedeutend mehr Inhalte der wirkungsorientierten Verwaltungsführung abgedeckt werden, greifen auch diese Elemente zu kurz. Insbesondere die starke Betonung der materiellen Werte scheint langfristig gefährlich.

Dieser betont personenorientierte Ansatz steht im Gegensatz zur institutionenorientierten Tradition in der öffentlichen Verwaltung. Sein Gelingen setzt voraus, dass die mit Macht betrauten Personen diese zum Wohl der Gemeinschaft einsetzen, wobei dieses Wohl nicht nur aus ökonomischer Sicht definiert sein kann. Um einen Machtmissbrauch zu verhindern, gilt es, auch die Institutionen zu verstärken, was im vorliegenden Fall einer Verwesentlichung der Politik und Modernisierung ihrer Instrumente gleichkommt. Dieser Ausgleich ist sorgfältig zu planen und pragmatisch anzustreben, wenn Veränderungen der einzelnen Machtkomponenten vorgenommen werden.

3. ZUSAMMENFASSUNG DES KAPITELS I

Es war die Absicht, in diesem einleitenden Kapitel die Ursprünge, Ziele und Möglichkeiten der wirkungsorientierten Verwaltungsführung aufzuzeigen. Viele Elemente sind auch im *Lean Management*, im *Total Quality Management* oder in ökonomischen Theorien (*Principal Agent Theorie, Public Choice Theorie*) zu finden. Im Modell der wirkungsorientierten Verwaltungsführung werden sie jedoch in ein ganzheitliches Kleid gefasst, das den Anforderungen einer komplexen Steuerung im politisch-administrativen System zu genügen vermag.

Die herausragenden Elemente des neuen Ansatzes für die öffentliche Verwaltung, und zugleich ungewohnte Neuorientierung für die Politiker und Beamten, sind die Durchsetzung des Äquivalenz- und des Kongruenzprinzips in allen Bereichen, damit verbunden die Dezentralisierung der Aufgabenerfüllung, die Kundenorientierung und die grundsätzliche Zuwendung zu einer neuen Wirkungsorientierung.

Im folgenden Kapitel wird der gedankliche Grundstein für die Modellentwicklung gelegt, indem anhand eines Produktionsprozesses die für Verwaltungen neue Begriffs- und Ideenwelt vorgestellt wird. Dieser Schritt wird immer den Anfang eines Reformprojektes zur Einführung der wirkungsorientierten Verwaltungsführung bilden: Den Produktionsprozess verstehen, für den eigenen Bereich anwenden und damit sich selbst neu orientieren.

II. Wirkungen des Verwaltungshandelns

II. Wirkungen des Verwaltungshandelns

1. DER PRODUKTIONSPROZESS IM POLITISCH-ADMINISTRATIVEN SYSTEM

In der öffentlichen Verwaltung werden Produkte verschiedenster Art hergestellt: Ausbildung, Stellungnahmen, Rechtsanwendungen, Dienstleistungen, Informationen u.a.. Sie alle entspringen gewissen Bedürfnissen, die sich entweder aufgrund einer direkten Kundennachfrage (im Falle der Dienstleistungen) oder über politische Zielsetzungen (im Falle obligatorischer Leistungen) auf die Produktepalette der Verwaltung niederschlagen. Wie in jeder Organisation, deren Verhalten als zielgerichtet bezeichnet werden kann, entsteht dadurch ein Produktionsprozess der einen oder anderen Form.

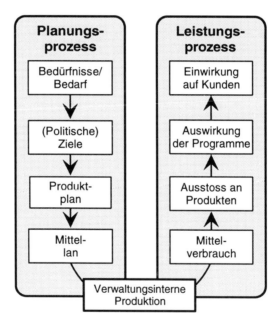

Abb. 6: Der Produktionsprozess im politisch-administrativen System (Mäder/ Schedler 1994, 58)

Der hier dargestellte Produktionsprozess ist aus Gründen der Übersichtlichkeit stark vereinfacht. In der Realität verlaufen die Planungs- und Leistungsprozesse weder zeitlich noch inhaltlich in diesen klaren Schritten ab, sondern beeinflussen sich gegenseitig, sind von externen Effekten geprägt (z.B. Beeinflussung durch andere Akteure im politischen System) und mit den Umsystemen (Ökologie, Technologie, Gesellschaft und Wirtschaft) vernetzt, so dass diese einfachen Kausalitäten selten vorzufinden sind. Trotzdem eignet sich die Darstellung, um die grundsätzlichen Abläufe in der administrativen Produktion aufzuzeigen und die Prozesse theoretisch zu analysieren.

Diese Betrachtung der Verwaltung als Produktionsbetrieb mag auf den ersten Blick ungewohnt erscheinen. Hier werden Parallelen zur *physischen* Produktion gezogen, obwohl die Produkte der Verwaltung oft nicht rein materiell und damit nicht im gleichen Masse erfassbar sind. Dieser Unterschiede sind sich die Vertreter der Lehre des *Performance Measurement* (Leistungsmessung) bewusst; dennoch ist die Darstellung des Produktionsprozesses als Gedankenmodell ausserordentlich nützlich. Einige Autoren beklagen - hier am Beispiel der Hochschulen - "a pervasive ignorance about the production function of education" (Blaug 1991, 269). Van Herpen (1992, 25) kommt in einer Untersuchung von 31 verschiedenen Modellen von Indikatoren im Bildungsbereich zum Schluss, dass alle eine gemeinsame Grundlage haben: ein *Input-Prozess-Output Modell*, d.h. das Modell eines Produktionsprozesses. Es darf somit davon ausgegangen werden, dass auch Hochschulen und Forschungsanstalten in der Schweiz unter den Aspekten von Effizienz und Effektivität betrachtet werden können. Dasselbe gilt für andere Bereiche staatlicher Tätigkeit, die sich ebenso in den Schritten des Produktionsprozesses erfassen lassen.

2. DER PLANUNGSPROZESS

In der Darstellung des Produktionsprozesses wird davon ausgegangen, dass aufgrund von *Bedürfnissen und Werten* der verschiedenen Gruppen von Kunden und Betroffenen im Staat gewisse politische *Ziele* gesetzt werden. Diese führen zu einem *Produktplan*, der im Idealfall dazu geeignet ist, die Ziele zu erreichen. Steht der Produktplan fest, so kann über die Kosten- und Leistungsrechnung ein *Mittelplan* berechnet werden, der bei effizienter Produktion ausreichen soll, die geplanten Produkte herzustellen. Diese Vorgänge sind Bestandteile des Planungsprozesses im politisch-administrativen System.

2.1. Bedürfnisse

Die Bedürfnisse der Kunden der Verwaltung können auf unterschiedliche Weise erhoben werden. Der traditionelle Weg ist jener über die politischen Parteien und die Volksvertreter in den Parlamenten, die als Repräsentanten des Volkes dessen Bedürfnisse in das politisch-administrative System einbringen. Ausserdem besteht für die Bürger in der Schweiz die Möglichkeit, ihre Bedürfnisse über Initiative, Referendum und Petitionen direkt in die Politik einfliessen zu lassen. Diese Manifestationen des *öffentlichen Interesses* werden durch die wirkungsorientierte Verwaltungsführung nicht grundsätzlich (höchstens formell) in Frage gestellt, und nach wie vor bleibt es die Aufgabe von Politik und Verwaltung, das öffentliche Interesse möglichst prospektiv zu verfolgen.

Bedürfnisse manifestieren sich jedoch auch in einem engeren, direkteren Zusammenhang mit dem betrachteten *Produkt* (vgl. die Ausführungen in Kap. I, Teil *Qualitätsmanagement* sowie Teil *Kundenorientierung*). Diese mikro-ökonomische oder betriebswirtschaftliche Sichtweise führt dann zu Fragen wie: Aus welchem Grund sind die Bürger bereit, für dieses Produkt Steuergelder einzusetzen? Welche Beweggründe stehen hinter dieser Entscheidung? Für wen sollen bestimmte Leistungen erbracht werden, und welchen übergeordneten Zweck haben diese Leistungen?

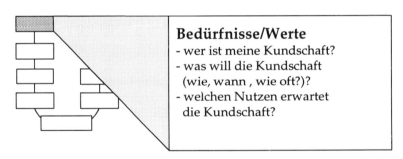

Abb. 7: Bedürfnisse und Werte erfassen

Über die Analyse der ursprünglichen Beweggründe hinaus lässt sich auch fragen, welche Veränderungen in den Bedürfnissen und Werten der Kunden eingetreten sind und welche Probleme sie mit den Produkten der öffentlichen Verwaltung generell haben. Die Erhöhung der Kriminalität in einer Stadt lässt beispielsweise das Bedürfnis nach Sicherheit ansteigen, die gegenwärtige Arbeitslosigkeit verändert das Bedürfnis nach sozialer Absicherung. Wieder andere Einflüsse können dazu führen, dass Bedürfnisse ganz verschwinden.

2.2. *Ziele*

Der Prozess der Zielsetzung in der öffentlichen Verwaltung wird immer wieder als ausserordentlich schwierig bezeichnet, weil die Zielstrukturen "wesentlich diffuser, vieldimensionaler und durch Interessengruppen heterogen gesteuert" (Buschor 1992, 210) seien. Wohl deshalb werden längst nicht in allen Bereichen klare Ziele gesetzt, so dass die Verwaltung auf eigene Vorgaben angewiesen ist. Aktivitäten der Verwaltung, die nicht zielgerichtet sind, können jedoch leicht *ineffektiv* werden. Aus diesem Grund sind zwei verschiedene Arten von Zielgruppen für jedes Produkt zu ermitteln: das jeweils übergeordnete Sachziel und die dazu anzustrebenden konkreten (operativen) Ziele für die Betrachtungsperiode.

Abb. 8:   Ziele definieren

Wo Ziele vorhanden sind (z.B. Reduktion der Kriminalitätsrate in einer Stadt um xy %), werden sie bereits heute recht häufig gemessen. Dasselbe gilt aber auch im umgekehrten Sinn: wo Ziele leicht messbar sind, werden sie schon heute regelmässig vorgegeben. Folglich fehlen konkrete Ziele oft in schwieriger messbaren Bereichen, was dazu führt, dass deren Erreichung nicht gemessen und damit auch nicht kontrolliert wird. Solche Bereiche werden dann zu faktischen Tabuzonen für jegliche Wirkungsorientierung erklärt. Die Wirkungen einer Aktivität gehören aber zu den wichtigsten Erfolgsfaktoren sowohl der *Leistungs-* wie auch der *Hoheits*verwaltung und bedürfen einer konsequenten Erfassung, auch wenn dies nicht immer einfach ist. Hier wird der *Leistungserfassung* eine wichtige Bedeutung zugeschrieben (Congressional Budget Office 1993, 4). Denn bei jedem Vorhaben gilt es abzuklären, ob wir mit unseren Anstrengungen wirklich die Bedürfnisse unserer Kunden getroffen und befriedigt haben. Damit wird vorausgesetzt, dass wir ihre Bedürfnisse kennen und daraus ihren Bedarf ableiten, der die Grundlage für den politischen Entscheid bildet, gewisse Ziele für die Verwaltung zu setzen.

Die traditionell inputorientierte Betrachtungsweise in der Verwaltung wirkt sich im Prozess der Zieldefinition als besonders hartnäckig und störend aus. Selbst der geübte Berater muss sich immer wieder vor Augen halten, dass nicht Ressourcen oder das WIE der Leistungserstellung, sondern die konkreten Ergebnisse Gegenstand der Zielsetzung sein müssen. Die Fragestellungen lauten dabei:

❑ Für *übergeordnete Sachziele*:
Welches ist der Zweck einer Tätigkeit?
Was soll mit der Erstellung eines Produktes langfristig erreicht werden?
Welche Entwicklungen sollen angestrebt werden?

	inputorientierte Formulierung	wirkungsorientierte Formulierung
übergeordnetes Sachziel	Das Gemeinwesen XY stellt kostengünstig stationär betreute, sozialpädagogisch ausgerichtete Wohnplätze in hoher Qualität für Jugendliche mit sozialen Schwierigkeiten bereit.	Die Delinquenzanfälligkeit von Jugendlichen mit sozialen Schwierigkeiten soll reduziert und die Jugendlichen sozial reintegriert werden.
operative Ziele	❑ Das Betreuungsteam bringt geeignete fachliche Qualifikationen und Erfahrungen mit. ❑ Die Betreuungsstelle arbeitet mit Eltern und Fachstellen zusammen.	❑ xy stationäre Plätze bereitstellen. ❑ Belegungsgrad mindestens xy %. ❑ Verminderung der Kriminalität der Betreuten um xy % innert 4 Jahren. ❑ Zufriedenheitsgrad der Betreuten um xy % steigern. ❑ xy Kontakte zu den Eltern der Betreuten.

Abb. 9: *Inputorientierte vs. wirkungsorientierte Zielformulierung*

❑ Für *operative Ziele:*
Was soll in der Betrachtungsperiode erreicht werden?
Welche Qualitätsstandards werden in der Betrachtungsperiode angestrebt?
Welche Effizienzdimensionen sollen in der Betrachtungsperiode erzielt werden?
Wieviele Produkte werden produziert?
Wieviele Produkte werden abgegeben?
Wie hoch soll der Zufriedenheitsgrad der Kunden sein?

Die Unterschiede in den beiden Ansätzen der Zieldefinition sind offensichtlich. Obwohl das Formulieren wirkungsorientierter Ziele manchmal erhebliche Schwierigkeiten bereiten kann, ist doch grosses Gewicht auf ein korrektes Resultat zu legen. Wie später zu zeigen sein wird, sind diese Zielsetzungen die Grundlage für die Bildung von Leistungsindikatoren, über die der Erfolg des Leistungserbringers erhoben und der Kontrakt gesteuert wird.

Ebenfalls in den Bereich der Zielsetzung gehört die Frage der Prioritäten- und Posterioritätenbildung. Dazu wurden in der Vergangenheit unterschiedliche Methoden entwickelt, die jedoch nicht immer Eingang in die Praxis gefunden haben.

"Es gibt verschiedene Methoden der Prioritätensetzung, die dem Entscheider ... helfen, sein Problem zu lösen. Nur eines können sie nicht: dem Entscheider das Problem abnehmen, zu sagen (zu urteilen), was für ihn wichtiger, unwichtiger oder gleich wichtig ist. Die Methoden der Prioritätensetzung erleichtern den Vorgang, weil sie systematisch-logische Verfahren sind" (Becker 1989, 769).

2.3. *Produkte*

Die Definition von Produkten ist die Voraussetzung für das Gelingen der wirkungsorientierten Verwaltungsführung. Heute fehlt die *Produktorientierung* in der öffentlichen Verwaltung oft völlig. Das traditionelle System der öffentlichen Verwaltung fördert das Denken in Ressourcen, Personalplafonds, Krediten und Sachmittelplänen. Es ist tendenziell bürokratisch orientiert, d.h. in vielen Fällen werden die Abläufe stärker gewichtet als die tatsächlichen Resultate. Dies mag eine gewisse Berechtigung haben, da, wie oft argumentiert wird, die Verwaltung gegenüber

II. Wirkungen des Verwaltungshandelns

der Öffentlichkeit eine grössere Verantwortung im Umgang mit deren Geldmitteln hat, als eine private Firma im Umgang mit dem Aktienkapital. Kaum ein Aktionär würde am System der Privatwirtschaft zweifeln, wenn ein Buchhalter in einer Aktiengesellschaft Gelder unterschlägt. Geschieht dies jedoch in der Verwaltung, so sehen sich viele Steuerzahler veranlasst, das Verwaltungssystem grundsätzlich schuldig zu sprechen. Die Ressourcenorientierung ist daher auch Ausfluss der grösseren *Risikoaversion* vor dem Hintergrund kritischer Einwohner. Es wäre daher falsch, eine völlige Vernachlässigung der Inputseite zugunsten einer Resultatbetrachtung zu propagieren.

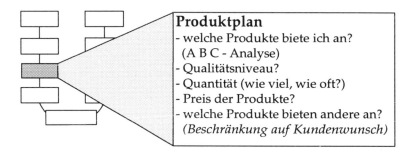

Abb. 10: Produkte werden geplant

Die wirkungsorientierte Verwaltungsführung versucht, alle Aspekte des Produktionsprozesses in ihre Überlegungen miteinzubeziehen. Trotzdem wird ein relativ starkes Gewicht auf die Leistungsseite gelegt, was den Eindruck erwecken könnte, sie beziehe sich *ausschliesslich* auf Leistungen. Dies ist dadurch zu erklären, dass die Leistungsbetrachtung das grösste Entwicklungspotential aufweist, und dass wir uns von einem Ausbau dieses neuen Ansatzes positive Effekte versprechen. Eine ausgewogene Gewichtung ist für die Verwaltung mittel- bis langfristig von grosser Bedeutung, und bei aller Euphorie für Aus- und Einwirkungen wird die Seite der Ressourcen und jene des Ausstosses auch in der wirkungsorientierten Verwaltungsführung nicht vernachlässigt.

Die *traditionelle* Betrachtung der Vorgänge in der öffentlichen Verwaltung geht davon aus, dass bestimmte Aufgaben durch bestimmte Aktivitäten mit bestimmten Ressourcen (Geld, Personal, Sachmittel, Zeit) erfüllt werden. *Leistung* definiert sich in diesem Modell durch die Anzahl, Intensität und Qualität der Aktivitäten, die in der Mehrzahl der Fälle über die Ressourcen gesteuert werden. Im Modell der *wirkungsorientierten* Verwaltungsführung werden ebenfalls bestimmte (oft dieselben) Aufgaben erfüllt, Betrachtungsgegenstand sind jedoch die Produkte, die von der Verwaltung mit den Ressourcen erstellt werden. Die Steuerung erfolgt in diesem Modell über die Definition der Produkte und über eine messbare Zielsetzung für die Aufgabenerfüllung.

Mit dem neuen, am Produkt orientierten, Instrumentarium können verschiedene Ziele verfolgt werden. Aus dem Beispiel Tilburg kann für unsere Verhältnisse abgeleitet werden (KGSt 1992, 67), dass folgendes erreicht werden soll:

- den Einwohnern Informationen über den Gegenwert liefern, den sie vom Staat für ihr Geld erhalten (*value for money*);
- die Geldströme kennen und kontrollieren sowie die Effektivität und die Effizienz messen und beurteilen können;
- die Steuerungsmöglichkeiten der politischen Instanzen qualitativ verbessern und damit neue Handlungsspielräume für Parlament und Regierung schaffen;
- die Verantwortung von Parlament, Regierung und Verwaltungseinheiten klar abgrenzen;
- rechtzeitig vollständige Informationen für die strategische und operative Planung liefern, um auf Abweichungen sofort reagieren zu können.

2.3.1. Eigenschaften eines Produktes

Ein Produkt eines Leistungszentrums ist jene Leistungseinheit, die das Leistungszentrum in abgeschlossener Form *verlässt*. Bei diesen Ausführungen wird implizit unterstellt, dass ein Unterschied zwischen Aktivitäten und Produkten besteht, der gross genug ist, dass er das Steuerungssystem der Verwaltung beeinflusst (vgl. *Abb. 11*). In der Tat bedeutet dieser Schritt, dass sich jede Verwaltungseinheit bewusster auf ihren tatsächlichen *Ausstoss* konzentriert, d.h. auf jene Leistungseinheiten, die ihren eigenen Bereich verlassen. Solche Leistungen gelten als Produkte, wenn sie zu funktionslogischen Einheiten zusammengefasst sind.

II. Wirkungen des Verwaltungshandelns

Ein Produkt hat damit fünf Eigenschaften, die für dessen Bestimmung herangezogen werden können:

1. Es wird in einem Leistungszentrum produziert oder verfeinert, oder ein Leistungszentrum ist für die Produktion oder Verfeinerung im Sinne einer federführenden Stelle verantwortlich.
2. Es deckt einen Bedarf von Dritten (Kunden), d.h. die Produktion ist nicht Selbstzweck der eigenen Leistungseinheit.
3. Es wird an Dritte abgegeben, d.h. es verlässt das Leistungszentrum.
4. Es wird in einer funktionslogisch einheitlichen Form abgegeben.
5. Für das Produkt ist ein Preis berechenbar, auch wenn er nicht in jedem Fall verrechnet wird.

Als Produkte werden auch die internen und externen *Dienstleistungen*[1] betrachtet, sobald sie eine kritische Grösse erreicht haben (Erhebungsaufwand). Aus diesen fünf Elementen der Produktdefinition können einige Konsequenzen abgeleitet werden.

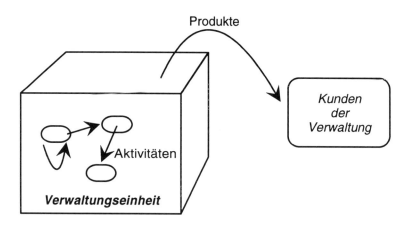

Abb. 11: Aktivitäten und Produkte der Verwaltungseinheit

Zu Punkt 1: Produkte werden in der Verwaltung oder im Auftrag der Verwaltung *erstellt*, wobei jeweils eine *einzige Stelle* die Verantwortung für ein Produkt übernimmt. Reine Handelsware gilt nicht als Produkt. Dies lässt sich am Beispiel des Materialeinkaufs darstellen: Papier, Bleistifte, Bürogeräte usw. sind keine Produkte der Materialverwaltung, aber

---

[1] Die Kunden interner Dienstleistungen sind Verwaltungseinheiten, jene externer Dienstleistungen sind Dritte.

die Dienstleistungen dazu, z.B. die Abgabe und die Lieferung ins Büro, können als Produkte definiert werden.

Zu Punkt 2: Die Forderung, dass ein Produkt einen Bedarf von Dritten abdecken müsse, scheint trivial. Sie erhält jedoch Bedeutung, wenn beispielsweise ein Teil der Aktivitäten einer Verwaltungseinheit darin besteht, sich selbst in der Öffentlichkeit gut darzustellen. Solche PR-Massnahmen haben durchaus ihren Sinn, wenn es darum geht, die Verteilung der knappen Ressourcen zugunsten der eigenen Aktivitäten zu beeinflussen. Sie jedoch als Produkt der Einheit zu akzeptieren hiesse, die Beeinflussung an sich als Bedürfnis von aussen zu bezeichnen, was kaum der Tatsache entsprechen dürfte. Die Forderung hat einen zweiten Grund: die Notwendigkeit, diesen Bedarf zu definieren. Oft führt dieser Prozess dazu, die eigenen Zielsetzungen neu zu überdenken.

Zu Punkt 3: Die Abgabe an Dritte bedeutet, dass ein Produkt die eigene Einheit verlässt. Führt beispielsweise ein Amt für Umweltschutz Messungen in der Umwelt durch, die der Überprüfung der Wirksamkeit eigener Massnahmen (z.B. Änderung der Vorschriften bezüglich Rauchgasreinigungsfiltern) dienen, so muss dies nicht ein Produkt sein. Es kann ebenso als Qualitätssicherungsmassnahme im eigenen Haus definiert werden, womit die Abgabe an Dritte fehlt. Werden die Messungen hingegen periodisch veröffentlicht und als Qualitätsdaten für die Öffentlichkeit verwendet, so wären diese Publikationen die Produkte, die Messungen selbst hingegen eine Teilleistung zur Erstellung der Publikation.

Zu Punkt 4: Eine funktionslogisch einheitliche Form ist dann gegeben, wenn mit einem Produkt die Befriedigung eines bestimmten Bedürfnisses unserer Abnehmer erreicht werden kann. Ein Produkt kann demnach aus mehreren Einzelaktivitäten bestehen, die alle den gleichen Zweck verfolgen. So können beispielsweise zum Produkt *Gutachten* eines Hochschulinstitutes die Einzelaktivitäten *Analyse, Quellenstudium, Konzept, Abwägung* und *Präsentation* gehören, die vielleicht einzeln ebenso als Produkte verkauft werden könnten. Sie werden aber zusammengefasst, weil sie denselben Zweck verfolgen.

Zu Punkt 5: Die Forderung, dass ein Preis berechenbar sein sollte, führt dazu, dass die Produkte als Kostenträger definiert werden. Sie unterstreicht das Anliegen einer vollen *Kostentransparenz*, die die Qualität der Führungsentscheide in der Verwaltung verbessern soll. Damit ist jedoch nicht gesagt, dass jede Leistung zu Vollkosten verrechnet wird. Es kann in der Politik eines Gemeinwesens liegen, bestimmte Leistungen nicht kostendeckend an die Kunden abzugeben. Dann erfolgt dies aber aufgrund eines bewussten Entscheids der Politik, Steuergelder für bestimmte Zwecke einzusetzen.

Die Produktdefinition kann als Gelegenheit benützt werden, eine grundlegende Überprüfung der eigenen Tätigkeiten durchzuführen (Welche Aufgaben werden tatsächlich nachgefragt? Welche Tätigkeiten erhöhen tatsächlich den Wert unserer Produkte? Welche Produkte könnten von Dritten besser erstellt werden?). Die Erfahrungen der Stadt Tilburg zeigen, dass die Zahl der Produkte nicht zu hoch, aber auch nicht zu niedrig sein sollte. Ist die Zahl zu niedrig, bietet das einzelne Produkt mit den dazugehörigen quantitativen und qualitativen Produktinformationen zu wenig Steuerungsmöglichkeiten. Ist die Zahl der Produkte zu gross, führt das zu einem Übermass an Einzelinformationen, die die Übersichtlichkeit beeinträchtigen. Diskussionen mit Vertretern der Parlamente in den laufenden Projekten legen offen, dass zu detaillierte Information im Normalfall gar nicht gewünscht ist.

Die Produktbeschreibung muss die Zuordnung der bei der Erstellung des Produktes entstehenden Kosten ebenso ermöglichen wie die Abgrenzung der Budgetverantwortung für das Produkt und die Analyse des Leistungsprozesses, der für die Erstellung des Produktes notwendig war. Daraus wird *in Tilburg* als Faustregel abgeleitet: als Minimum 5, als Maximum 15 Produktgruppen je Departement und für jede Produktgruppe minimal 7 und maximal 12 Produkte (KGSt 1992, 71).

2.3.2. Obligatorische und freiwillige (kommerzielle) Produkte

Möchte man die Finanzierung von der heute üblichen aufwandorientierten auf eine leistungsabhängige Berechnung umstellen, so muss in aller Regel zwischen obligatorischen und freiwilligen Produkten unterschieden werden. *Obligatorische* Produkte basieren auf einem rechtlichen Auftrag und können, müssen aber nicht über Steuergelder finanziert werden. Sie werden in den Leistungsvereinbarungen klar definiert. Dem gegenüber stehen die *freiwilligen* Produkte, die eine Verwaltungseinheit in eigener Initiative erstellen kann. Sie sind vollumfänglich über den Verkauf der Produkte zu finanzieren und haben damit rein kommerziellen Charakter; Quersubventionen sind aus staats-, ordnungs- und wettbewerbspolitischen Gründen zu verhindern. Insbesondere die Benützung öffentlicher Ressourcen für die Produktion freiwilliger Produkte muss aus deren Erlös abgegolten werden. Diese Forderung ergibt sich aus der grundsätzlichen Überlegung, dass die staatlichen Aktivitäten nicht die privaten aus dem Markt drängen dürfen, indem der Staat teilweise mit öffentlichen Mitteln produziert und damit einen komparativen Vorteil hat. Um hier Transparenz zu schaffen, ist eine Kostenrechnung notwendig, die zwischen obligatorischen und freiwilligen Produkten unterscheidet (vgl. Bolz 1994, 14 f). Nur so kann nachgewiesen werden, ob die Zurechnung der Gemeinkosten - denn sie machen den Hauptanteil der Quersubventionen aus - nach marktwirtschaftlichen Kriterien erfolgt.

Am Beispiel einer kantonalen Schule kann gezeigt werden, wie obligatorische und freiwillige Produktgruppen unterschieden werden können:

Obligatorische Produktgruppen
- *Ausbildung auf Maturastufe*
- *Ausbildung der obligatorischen Schulzeit*
- *zusätzlicher Unterricht*
- *Verpflegung der eigenen Schüler und Lehrer in der Mensa*

Freiwillige (kommerzielle) Produktgruppen
- *Anlagenvermietung an Dritte*
- *Erwachsenenbildung*
- *Catering durch die Mensa*

Die Schule wird vom Staat aufgrund der Anzahl Produkte finanziert, die sie auf obligatorischer Basis erstellt. Die freiwilligen Produkte erfordern einen zusätzlichen Effort der Schulleitung und der Mitarbeiter. Die Einnahmen aus dem freiwilligen Verkauf stehen der Schule zweckungebunden zur Verfügung und können beispielsweise für die Organisation von Schulausflügen oder -anlässen verwendet werden. Selbstverständlich sind auch über die freiwilligen Tätigkeiten genaue Bücher zu führen; eine angemessene Beteiligung der Mitarbeiter am Erfolg dieser Tätigkeit sollte aber möglich sein.

Der Entscheid, welche Produkte als obligatorisch in die Leistungsvereinbarungen aufzunehmen sind, ist das Resultat eines komplexen *politischen Prozesses*. In der Regel dürfte dem Departement dabei eine wichtige entscheidvorbereitende Funktion zukommen. Das Ausmass der *kommerziellen* Betätigung des Staates dürfte ebenfalls mehr und mehr zu einem Politikum werden. Aus diesem Grund sollte eine Obergrenze in der Leistungsvereinbarung festgehalten werden, die den Ertrag aus freiwilliger Tätigkeit limitiert. Dies ist beispielsweise in Australien der Fall, wo heute

II. Wirkungen des Verwaltungshandelns

ein Maximum des Umsatzes festgelegt wird, der mit Privaten getätigt werden darf, wobei auch in Australien - wie in der Schweiz - die Verrechnungen mit indirekten Steuern belastet werden sollen (Mellors 1993, 23 ff).

Die Schweizerische Meteorologische Anstalt (SMA), traditionell eine Verwaltungseinheit des Bundes mit etwa 90 % hoheitlichen Aufgaben, sucht heute nach Mitteln und Wegen, um neben der Erfüllung ihres Grundauftrages mehr und bessere Dienstleistungen anbieten zu können. Sie beabsichtigt eine Ausweitung ihres kundenspezifischen Dienstleistungsangebots auf kommerzieller Basis. Damit will die SMA der zunehmenden Nachfrage nach benutzerorientierten Dienstleistungen nachkommen.

Die SMA strebt ein neues Geschäftsvolumen von 5 bis 10 % der bisherigen Gesamtkosten (Umsatz) an, wobei die neuen Geschäftsfelder namentlich in den folgenden Bereichen angesiedelt sind:

- *Standardisierte Meteodienste für die Öffentlichkeit (z.B. Sport, Freizeit, Tourismus, Flugwetterdienste Sichtflug);*
- *Standardisierte Meteodienste für professionelle Nutzer wie Medien (z.B. Fernsehen, Radio, Presse, Agenturen), Weiterverarbeiter (Firmen, Verbände, Meteobüros) oder die öffentliche Hand;*
- *Betratungsdienste (Forschungsaufträge, Expertisen, Auskünfte).*

Zielsetzung der künftigen Neuausrichtung ist die fachlich und wirtschaftlich optimale Nutzbarmachung der staatlichen meteorologischen Infrastruktur, des Datenmaterials sowie des Know-hows. Im Bereich der kommerziellen Tätigkeiten wird eine möglichst starke Annäherung an die Rahmenbedingungen eines Privatbetriebs angestrebt.

Quelle: teilw. wörtlich aus Bolz 1994, 6

2.3.3. Produktdefinition als Vorgang

Der Vorgang der Produktdefinition ist ein für viele Teile der Verwaltung ungewohnter Prozess. Aus diesem Grund ist es besonders wichtig, dass er zwar von einem externen Berater begleitet, im wesentlichen aber durch die Betroffenen selbst durchlaufen wird. Erstens kennen sie ihren Aufgabenbereich am besten, und zweitens erfordert die Produktdefinition genau jenes Umdenken, auf das die wirkungsorientierte Verwaltungsführung als Ganzes abzielt.

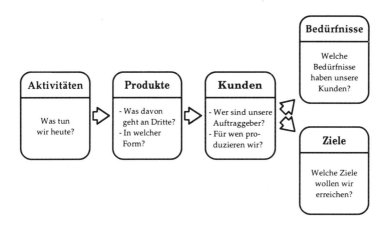

Abb. 12: Erste Analyse der Situation im Produktumfeld

Als erster Anhaltspunkt kann durch die Praktiker eine Liste ihrer Aktivitäten erstellt werden, die jedoch selbst noch keine Produkte sind (Tylkowski 1990, 185). Diese werden aus dem Blickwinkel einer externen Person betrachtet, die sich für die internen Vorgänge in einer Verwaltungseinheit grundsätzlich nicht interessiert. Für sie sind lediglich jene Produktelemente relevant, die aus der Verwaltungseinheit *austreten*. Es ist dieser externen Person unwichtig, welche Aufträge, Vorbereitungsarbeiten und Infrastrukturmassnahmen zugrunde liegen; somit sind all diese Elemente nicht in die Produktdefinition einzubeziehen. Wird diese Regel konsequent angewandt, so können die rein internen Tätigkeiten von den anderen getrennt werden, die nach aussen wirken. Letztere werden dann zu logischen Einheiten zusammengefasst, und so kann Schritt für Schritt eine Produktpalette erstellt werden, die als Basis für weitere Vertiefung dient. Die Erfahrung zeigt, dass es einfacher ist, vorerst Produktgruppen zu definieren, als direkt Einzelprodukte anzuvisieren. Diese Gruppen können auch als Programme erfasst werden und stehen oft in engem Zusammenhang mit der Organisation einer Verwaltungseinheit.

Danach werden in einem zweiten Schritt die Produktgruppen in Einzelprodukte und -leistungen aufgeteilt. Dies führt pro Produktgruppe, und später für jedes Produkt, zu einer Aufstellung von Kunden, Bedürfnissen, Zielen, Ressourcen und weiteren Angaben. Am *Beispiel* einer kantonalen Schule kann die Aufschlüsselung einer Produktgruppe etwa die in *Abb. 13* dargestellte Form annehmen.

II. Wirkungen des Verwaltungshandelns

Gruppe:	Ausbildung auf Maturastufe
Kunden:	externe Kunden (indirekte Abnehmer unserer Leistungen): ❑ Universitäten ❑ andere Mittelschulen ❑ nicht akademische Schulen ❑ Arbeitgeber interne Kunden (direkte Abnehmer unserer Leistungen): ❑ Schüler
Bedürfnisse:	❑ Hochschulreife der Maturanden ❑ genügend Maturanden für den eigenen Bedarf ❑ angenehmes Unterrichtsklima an der Schule
Ziele:	❑ 100 % der Maturanden haben Hochschulreife ❑ 80 % der Maturanden besuchen eine Universität ❑ 70 % der Maturanden weisen nach 5 Jahren einen Berufs- oder Studienabschluss auf ❑ 70 % der Schüler geben in einer Umfrage an, dass sie sich in der Schule wohl fühlen
Produkte:	❑ Ausbildungsprogramme Typus A, B, C und E ❑ Ordentliche Klassen pro Jahrgang ❑ Ausserordentliche Klassen pro Jahrgang
Mittel:	❑ Abgänger von Primar- und Sekundarschulen ❑ Übertritte aus anderen Mittelschulen ❑ Finanzielle Mittel ❑ Personelle Mittel: Unterricht, Administration, Unterhalt, Verpflegung ❑ Gebäude, Räume ❑ Technische Hilfsmittel

Abb. 13: Produktumfeld am Beispiel einer Schule

Für jedes Produkt wird geklärt, welche Ziele mit der Erstellung verfolgt werden. Es ist die Frage zu stellen, wer der Kunde für das konkrete Produkt ist. Kunden sind durch folgende Merkmale gekennzeichnet:

❑ Sie sind natürliche oder juristische Personen;
❑ Sie sind Abnehmer der Leistungen oder Produkte;
❑ Sie sind verwaltungsintern oder -extern;
❑ Ansprechpartner sind immer Menschen.

Diese Kundenbetrachtung ist deshalb von besonderer Bedeutung, weil die notwendige Qualität der Produkte in den meisten Fällen durch die Perspektive der Kunden definiert werden sollte - die Kunden lassen sich oft am einfachsten ermitteln, wenn die Frage gestellt wird, wer die Qualität der Verwaltungsleistung zu beurteilen in der Lage ist.

2.3.4. Gruppierung von Produkten

Für die Berichterstattung und für die Budgetierung zuhanden des Parlamentes ist es notwendig, die detaillierten Produkte in Gruppen zusammenzufassen. Dies kann - je nach Natur des Geschäftes - im Sinne einer rein linienartigen Verdichtung (*Abb. 14*), aber auch als Matrixgruppierung (*Abb. 15*) erfolgen. Die hier dargestellten Gruppierungsformen sind noch stark prozessorientiert. Als Übergang zu einer Kundenorientierung der Produktgruppen ist dies heute realistisch; den Idealfall bildeten hingegen Produktgruppen, die sich an den *Märkten* und den *Kunden* der öffentlichen Verwaltung ausrichten.

Die Gruppierung in Linienstruktur empfiehlt sich in jenen Fällen, wo ein Produkt eindeutig einer Produktgruppe zugeordnet werden kann. Für die Feuerwehr ist das Produkt *Grossbrand löschen* beispielsweise eindeutig der Gruppe *Brandbekämpfung* zuzuordnen. Die Verdichtung der Produkte zu Produktgruppen ist in diesem Fall einfacher als bei einer Matrixstruktur, ebenso die Verantwortung für die Produktgruppe. Wenn immer möglich sollte daher versucht werden, auf eine Gruppierung in Linienstruktur hinzuarbeiten.

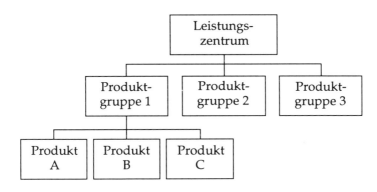

Abb. 14: Gruppierung in Linienstruktur

Demgegenüber steht die Situation, in der ein Produkt mehreren Gruppen zugeordnet werden kann. Dies ist immer dann der Fall, wenn

II. Wirkungen des Verwaltungshandelns

sich die Produktgruppen in der Erstellung ähnlich sind, aber aus verschiedenen Komponenten bzw. gleichen Komponenten in unterschiedlicher Gewichtung bestehen. Dies ist beispielsweise der Fall in einer Schule, wo die gleichen Kurse von den gleichen Personen für verschiedene Produktgruppen (z.B. Maturastufe Typ A bis E) angeboten werden. Die Verantwortungs- und Zuständigkeitsaufteilung wird dadurch komplexer, ebenso die Verdichtung der Einzelprodukte in Produktgruppen, die für das Produktbudget gefordert wird. In einzelnen Fällen können Geschäftsbereiche gebildet werden, die durch Kombination von Produkten entstehen (vgl. Abb. 15).

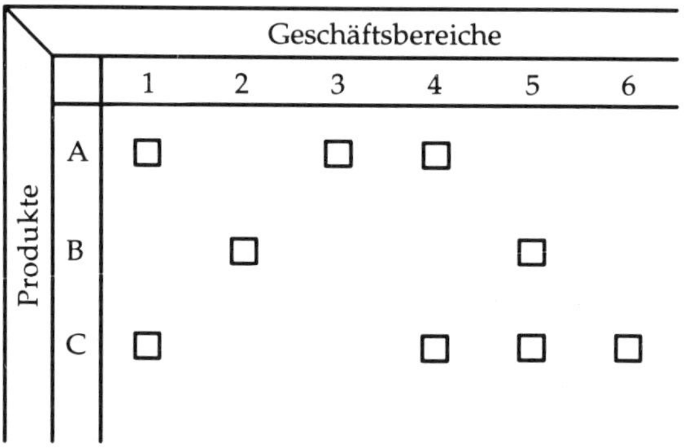

	Geschäftsbereiche					
	1	2	3	4	5	6
Produkte A	□		□	□		
Produkte B		□			□	
Produkte C	□			□	□	□

Abb. 15: Gruppierung in Matrixstruktur/Geschäftsbereichen

Aus der Zusammenstellung der Produkte und Produktgruppen ergibt sich eine ganze Anzahl von weitergehenden Definitionen, die auf speziellen Arbeitsblättern festgehalten werden können. In der Regel wird empfohlen, für jedes Produkt und jede Produktgruppe ein eigenes Blatt zu erstellen. Beispiele solcher (fiktiver!) Produkt- und Produktgruppenblätter finden sich im Anhang.

2.4. Mittelplan

Beim Mittelplan handelt es sich im wesentlichen um eine Bedarfsplanung für die Herstellung der gewünschten Produkte. Dieser Mittelplan bezieht sich nicht nur auf finanzielle (vgl. die Ausführungen zum *Produktbudget*, Kap. III), sondern auch auf personelle, sachliche und investive Belange.

Obwohl mit der wirkungsorientierten Verwaltungsführung rechtlich bindende Detailbudgetierungen und Stellenpläne aufgegeben werden, müssen diese Planungsarbeiten natürlich weiterhin in den Verwaltungseinheiten stattfinden. Wie in jeder privaten Firma müssen sich die Manager dieser Aufgabe annehmen, um ihrer Verantwortung nachzukommen. Mehr noch: durch die Dezentralisierung der Kompetenzen kann sich die Verwaltungseinheit nicht mehr auf eine zentrale Vorgabe abstützen, sondern muss eigenständig entscheiden, welche Ressourcen sie in welchem Ausmass und Zeitpunkt braucht. Damit erhält der Mittelplan eine grosse Bedeutung für die Führung und wird in die Kosten- und Leistungsrechnung integriert werden müssen.

Abb. 16: Mittel werden geplant

Wurde im Zusammenhang mit der Zielsetzung von der Notwendigkeit gesprochen, Prioritäten zu setzen, so wird eine Rückkoppelung von Zielen und Mitteln offenbar: Oft bestimmen die knappen Mittel über die Erreichbarkeit von Zielen und bilden somit die Grundlage für den Entscheid, aufgrund der Priorisierung gewisse Ziele aufzugeben.

3. DIE PRODUKTION

Mit den Mitteln, die aufgrund der Planung zugeteilt werden, produziert die Verwaltung eine bestimmte Anzahl Produkte in einer bestimmten Qualität und Zeit. Die verwaltungsinterne Produktion wird im dargestellten Modell als *black box* erfasst, weil sie sich um Fragen des WIE dreht, die durch die Verwaltungseinheit selbst entschieden werden sollen.

In der Betrachtung der Produktion werden Fragen der Ablauf- und der Aufbauorganisation der Verwaltungseinheiten beantwortet, die je-

II. Wirkungen des Verwaltungshandelns

doch das Verhältnis zwischen Departement und Verwaltungseinheit nicht (mehr) betreffen. Nach dem Prinzip der *Dezentralisierung* obliegt es den Verwaltungseinheiten selbst, sich zu organisieren. Allerdings kann das Departement ein gewisses Interesse an den Abläufen in den Verwaltungseinheiten haben, nämlich dann, wenn diese optimiert werden sollen. Stehen keine Vergleichsdaten mit anderen Organisationen zur Verfügung, so können solche Details in Untersuchungen abgeklärt werden.

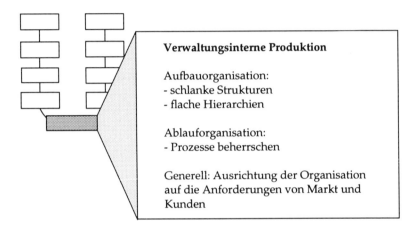

Abb. 17: Verwaltungsinterne Produktion

Von besonderer Aktualität sind Ansätze, die die *Prozesse* in der öffentlichen Verwaltung analysieren und verbessern. Auch sie orientieren sich an den Bedürfnissen der Kunden, indem sie die Abläufe - und soweit möglich auch die Aufbauorganisation - in der Verwaltung konsequent auf den Markt ausrichten. Eine weitere Zielsetzung ist die Vergrösserung der Flexibilität der Organisation, die ihre Strukturen und Abläufe oft aufgrund der ersten, grossen Anforderungen ausgesetzten, Zeit herausbildet, in der nachfolgenden ruhigeren Zeit jedoch keine Anpassungen mehr vornimmt (vgl. etwa Harrington 1991, 16 ff).

Mit der Kompetenz der *Selbstorganisation* erhält die Verwaltungseinheit und ihr Leitungsgremium auch die Verantwortung für das Ressourcenmanagement, das diesmal nicht im Sinne der Kostenrechnung, sondern im Sinne einer bewussten Pflege vorhandener Ressourcen verstanden sein will. Insbesondere muss sich die neue Kultur auf das Führungsverhalten der Vorgesetzten auswirken, damit im Konzern Verwaltung ein integriertes Personalmanagement entstehen kann, das die Elemente Personalgewinnung, Personalbeurteilung, Personalhonorierung und Personalentwicklung umfasst (Hilb 1995, 55 ff).

Indem die wirkungsorientierte Verwaltungsführung die Organisationskompetenz an die Verwaltungseinheiten delegiert, versucht sie, die notwendige Flexibilität zu schaffen, um eben diese Anpassungen unbürokratisch zu ermöglichen. Gleichzeitig wird damit aber auch ausgedrückt, dass die entsprechenden Probleme der operativen Führung, etwa der Prozessbeherrschung, nicht mehr Sache des politisch-administrativen Systems, sondern ausschliesslich der Leistungserbringer sind.

4. DER LEISTUNGSPROZESS

Aus der verwaltungsinternen Produktion entsteht ein *Mittelverbrauch*, der mit dem Mittelplan verglichen werden kann und soll. Die Analyse des tatsächlichen Verbrauchs bezieht sich ebenfalls auf alle Faktoren der Produktion. Von besonderem Interesse ist natürlich die finanzielle Seite des Mittelverbrauchs, so dass die *Kostenrechnung* einen hohen Stellenwert hat.

Abb. 18: Der Mittelverbrauch wird erhoben (Input)

Die tatsächlich erstellten Produkte sind der *Ausstoss* des Prozesses. Dieser wird in aller Regel *quantitativ* gemessen, z.B. als Anzahl Produkte, sowie auf Einhaltung der vorgegebenen *Qualitätsstandards*. Das Produkt *Winterdienst* könnte demnach als Ausstoss ergeben, dass an x Tagen y Kilometer Staatsstrassen vom Schnee geräumt wurden, wobei z % der Strassen innert 4 Stunden frei waren.

II. Wirkungen des Verwaltungshandelns

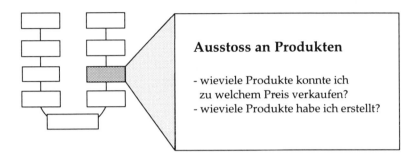

Abb. 19:   Der Produktausstoss (Output) wird gemessen

Oft werden verschiedene Produkte zu einem *Programm* zusammengefasst, dessen Auswirkung (*Outcome*) auf die Umwelt bzw. das Umfeld der Verwaltung ermittelt und mit den politischen Zielen verglichen werden können. Die Auswirkungen der Schneeräumung könnten beispielsweise eine Verminderung der Unfälle, der Verspätungen der öffentlichen Verkehrsmittel oder der Strassenschäden im Frühling sein.

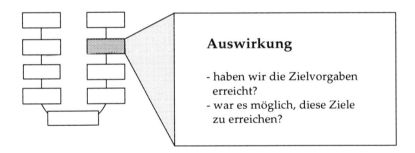

Abb. 20:   *Auswirkungen (Outcome) der Produkte werden gemessen*

Um den Ausstoss von der Auswirkung zu unterscheiden, sollen die folgenden Beispiele eine grobe Hilfestellung bieten.

Ausstoss (Beispiele)

❑ Anzahl Statistiken eines statistischen Amts

❑ Anzahl Untersuchungen eines Labors

❑ Anzahl Publikationen eines Forschungsinstituts

❑ Menge eingesammelter Abfälle

❑ Anzahl erteilter Lektionen eines Ausbildungsprogramms

❑ Anzahl ausgegebener Mahlzeiten einer Sozialküche

❑ Anzahl Übernachtungen einer Herberge

❑ Anzahl Operationen eines bestimmten Typs in einem Spital

Auswirkung (Beispiele)

❑ Benützung der Statistiken durch die Medien, die Verwaltung etc.

❑ Ergebnisse führen zu Erkenntnissen über die Gesundheitssituation

❑ Publikationen werden gelesen und weiterverwendet (z.B. zitiert)

❑ Strassenbild ist sauber, keine wilden Deponien sichtbar

❑ Bestandene Prüfungen bzw. Durchfallquote

❑ Verminderung der Mangelerscheinungen bei Obdachlosen

❑ Verminderung der Erfrierungen im Winter

❑ Verbesserung der Gesundheitssituation

Der Adressat der Verwaltungsleistung (*Kunde*) erlebt diese Programme und deren Resultate vor dem Hintergrund seiner Bedürfnisse und Werte. Die *Einwirkung* (*Impact*) kann sich daher von der - eher objektivierbaren - *Aus*wirkung unterscheiden. Gerade die beiden letzten Grössen (*Outcome* und *Impact*) werden in der Praxis kaum erfasst und unterschieden, sind aber für die Zufriedenheit der Einwohner mit der Verwaltung von grosser Bedeutung. Unter Umständen kann eine Qualitätsverminderung (z.B. Schneeräumung innert 8 Stunden statt 4) vorgenommen werden, ohne eine wesentliche Einwirkung zu erzielen, wenn nämlich die Kunden der öffentlichen Verkehrsmittel deren Verspätung als Folge des schlechten Wetters akzeptieren.

II. Wirkungen des Verwaltungshandelns

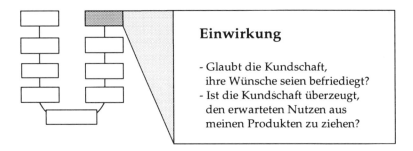

Abb. 21: Einwirkungen (Impact) auf die Kunden werden erhoben

Die *Messgrössen* der Verwaltungsleistung können nun in Anlehnung an die *Wissenschaftliche Kommission "Öffentliche Unternehmen und Verwaltungen"* des Verbandes der Hochschullehrer für Betriebswirtschaft (1993, 292 ff) und das Public Sector Committee der *International Federation of Accountants*, (1994, Rz .017) anhand des beschriebenen Produktionsprozesses definiert und für die Leistungsmessung systematisch verwendet werden.

5. LEISTUNGSMESSUNG

Nachdem die Aktivitäten der Verwaltung in Produktgruppen definiert wurden, gilt es nun, ein System zur Erfassung und Beurteilung von Leistungen im öffentlichen Bereich aufzubauen. Diese Ergebniskontrolle gilt als Notwendigkeit bei dezentraler Führung (Häggroth 1993, 86 f). Die Messung der Verwaltungsleistung ist - je nach Aufgabengebiet - mehr oder weniger schwierig. Insbesondere im Bereich der Leistungsverwaltung sind recht einfache Lösungen möglich, während die Messung der Leistung im hoheitlichen Bereich oft grosse Schwierigkeiten bereitet. In den Verwaltungswissenschaften hat sich ein eigener Forschungsbereich gebildet, der international mit *Performance Measurement (PM)* umschrieben wird und im Grunde sämtliche Aktivitäten vom Erkennen, Erfassen und Auswerten bis zum Beurteilen der Verwaltungsleistung umfasst.

Die neueren Trends in den Verwaltungswissenschaften haben eines gemeinsam: Sollen sie in die Tat umgesetzt werden, so bedingt dies, dass die Verwaltung weiss, was sie in welcher Menge und in welcher Qualität produziert, und wie sich dies auswirkt. Mit den heute vorhandenen Informationssystemen können Mechanismen für eine wesentliche Verbesserung der Führungsdaten in der Verwaltung eingeführt werden. In den ausgehenden siebziger und frühen achtziger Jahren war es in den USA vor allem das *Financial Accounting Standards Board,* das mit seinem *Service Efforts and Accomplishments Program* den Grundstein für ein PM System legte (Brace et al. 1980). Seit Mitte der achtziger Jahre wird in verschiedenen Ländern - insbesondere auf Gemeinde- und Staatsebene - versucht, für Leistungsdaten auf breiter Basis dieselben Systeme aufzubauen, die für Finanzdaten selbstverständlich sind. Dieser Ansatz wird in Zukunft erheblich an Bedeutung gewinnen.

Menschen tendieren dazu, Systeme und Begriffe entwickeln zu wollen, die für alle Fälle gleichermassen objektive Informationen liefern oder Bedeutung haben. Dies ist aber nur selten möglich. Genauso wie finanzielle Daten keine objektive Wahrheit wiedergeben, so ist auch die Definition von Leistung vom Betrachter und dessen Interessen abhängig. Eine gute Leistung heisst für den Sozialarbeiter, möglichst viele Betreuungsstunden anzubieten, während der Finanzverwalter für das gleiche Produkt möglichst wenig Aufwand und somit eine Reduktion des Angebots anstrebt. Es gibt bezüglich *Leistung* nicht *eine* Wahrheit. Die verschiedenen Interessengruppen der Verwaltung sind sich bisweilen nicht einig, ob im konkreten Fall eine gute oder schlechte Leistung vorliegt. Trotzdem ist das Niveau einzelner Elemente einer Leistung durch Indikatoren messbar.

Jedes Programm der Verwaltung durchläuft einen bestimmten Prozess, der zwar nicht immer linear und oft verworren, aber im Prinzip stets das gleiche Muster verfolgt (Produktionsprozess im politisch-administrativen System, vgl. Kap. II.1). Während und nach der eigentlichen Produktion werden die Leistungen erfasst und mit dem Plan verglichen. Schon heute haben wir unsere Fähigkeit, Abweichungen bei der Ressourcenverwendung aufzudecken und zu begründen, gut ausgebildet. Doch bereits beim nächsten Schritt beginnen die Schwierigkeiten: Oft wissen wir nicht genau, was wir herstellen, weil die Produkte der Verwaltung nicht definiert sind. Und selbst wenn dies der Fall ist, werden sie oft nicht systematisch erfasst. Es ist daher wichtig, die Leistung in ihren *fünf Dimensionen* zu erfassen: Qualität, Quantität, Rechtzeitigkeit, Kosten und Ort der Leistungsabgabe (Hailstones 1994, 189 ff).

5.1. Leistungsindikatoren

Leistungsindikatoren geben in verdichteter Form Hinweise auf Entwicklungen im Leistungsniveau der Verwaltung.[2] Ihre Erscheinungsform ist vielfältig und reicht von qualitativen Beschreibungen bis zu rein quantitativen Kennzahlen. Letztere sind in aller Regel *Relationen zweier Grössen mit vergleichbarer Masseinheit* und können daher als Gliederungs-, als Index- oder als Verhältniszahlen wiedergegeben werden (Bauer 1991, 6 ff). Beispiele sind etwa das Betreuungsverhältnis an einer Hochschule (Professoren zu Studenten), Finanzierungsrelationen (z.B. Selbstfinanzierungsgrad) oder das Verhältnis von verrechenbarer zu nicht verrechenbarer Arbeitszeit. Ein *Indikator* ist in aller Regel nicht selbsterklärend, sondern verlangt nach zusätzlicher Abklärung und Interpretation. Er ist lediglich ein Hinweis (indicare = hinweisen) auf eine Sachlage oder eine Veränderung, dem die Verwaltungsführung nachzugehen hat.

Bisweilen wird zwischen Messgrössen mit eindeutigen Aussagen und noch zu interpretierenden Indikatoren unterschieden. Die englische Terminologie unterscheidet zwischen *performance measures* und *performance indicators*. Price Waterhouse (1990, 114) definiert den Unterschied wie folgt: "Where economy, efficiency and effectiveness can be measured precisely and unambiguously it is usual to talk about performance measures. However, when as is most usually the case it is not possible to obtain a precise measure it is usual to refer to performance indicators." Kennzahlen könnten somit sowohl *measure* als auch *indicator* sein; eine präzise Übersetzung für den Terminus *measure,* in diesen Zusammenhang gestellt, lässt sich nur schwerlich finden.

Die reinen Leistungsgrössen erlangen kaum Aussagekraft, wenn sie nicht in das Verhältnis zu einer Referenzgrösse gesetzt werden können. Es ist zwar gut zu wissen, dass in einer Sozialküche 20'000 Mahlzeiten pro Jahr abgegeben wurden, aber ein Urteil zur Leistung können wir erst bilden, wenn wir beispielsweise wissen, wie hoch die Vollkosten pro Mahlzeit waren. Es ist deshalb wichtig, die einzelnen Grössen in *Relationen* zu betrachten und sowohl *historische* als auch *interorganisationale Vergleiche* anzustellen.

---

[2] Zu dieser Thematik besteht bereits eine umfangreiche Literatur, wobei die Begriffe sehr unterschiedlich angewandt werden. Die hier vorgestellte Gliederung scheint eine recht grosse Akzeptanz in der Praxis der Schweiz zu finden, weshalb wir auf eine Darstellung anderer Gliederungen verzichten. Die Terminologie stammt im Wesentlichen von Buschor (1993) und wurde in der Folge am IFF-HSG weiter verfeinert (Schedler 1993, 45 ff; Mäder/Schedler 1994, 58 ff u.a.)

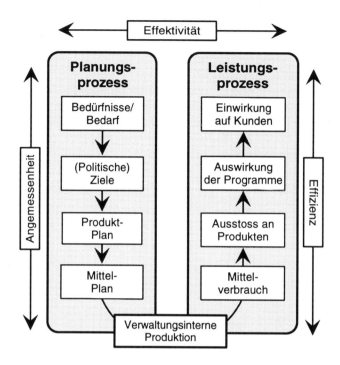

Abb. 22: Relativitätsgrössen im Produktionsprozess (Mäder/Schedler 1994, 58)

Die drei Hauptgruppen von Relationen sind Effizienz, Effektivität und Angemessenheit, was sich im Produktionsprozess einfach darstellen lässt (vgl. *Abb. 22*). Im Anhang (*Abb. 74*) wird ein umfassendes Beispiel von Kennzahlen im Produktionsprozess dargestellt, das auch die gedanklichen Grundlagen veranschaulicht.

Der hauptsächliche Zweck von Indikatoren ist die *Sicherung der Leistungsfähigkeit* der Verwaltung. Dabei geht es mehr darum, Fragen zu stellen als Antworten vorweg zu geben. Natürlich ist es wesentlich, Gleiches mit Gleichem in Beziehung zu setzen. Ohne diese Voraussetzung ist ein Indikator nicht nur ungültig, sondern schlimmer noch, gefährlich. Ein entdeckter Unterschied in den Kosten für eine Leistung heisst beispielsweise, dass der Verwaltungsmanager unter die Oberfläche des Indikators blicken muss und eine Reihe von Fragen stellen sollte wie (Hailstones 1994, 190):

II. Wirkungen des Verwaltungshandelns

- Vergleichen wir Gleiches mit Gleichem?
- *Warum* entsteht diese Differenz?
- *Wie* können wir die Unterschiede zwischen den beiden verglichenen Organisationen herausstreichen?

Leistungsindikatoren müssen besondere Anforderungen erfüllen, damit sie für die Steuerung der Verwaltung geeignet sind. Buschor und Lüder (1994, 183 f) erwähnen acht *Anforderungen* an Wirkungsindikatoren:[3]

1. "*Zentrale Bedeutung:* Messung einer zentralen Wirkung / Nebenwirkung des Programms
2. *Validität:* Hohe interne (Gültigkeit im konkreten Kontext) / externe (Allgemeingültigkeit) Datenvalidität der Indikatoren
3. *Einfachheit:* Möglichst wenige und treffende Indikatoren
4. *Genauigkeit:* Verlässlicher Massstab für den Indikator
5. *Rechtzeitigkeit:* Verfügbarkeit der Zahlen zum nützlichen Zeitpunkt
6. *Vollständigkeit:* Messung aller wesentlichen aufgaben-(programm)-relevanten Dimensionen
7. *Vertraulichkeitsschutz:* Respektierung der Vorschriften über den Persönlichkeitsschutz
8. *Erhebungswirtschaftlichkeit:* Vertretbares Verhältnis des Datennutzens zu den Kosten der Datenbeschaffung"

Leistungsindikatoren sollten über die Jahre getestet und periodisch verbessert werden. Allerdings ist es aus Gründen der Vergleichbarkeit oft angezeigt, einen Perfektionsgrad von 80 % mit stabiler Fehlerquote zu akzeptieren, anstatt durch jährliche Anpassungen zwar mehr Perfektion anzustreben, aber auf die wichtige historische Auswertung verzichten zu müssen. Aufgrund unserer Erfahrungen kann davon ausgegangen werden, dass für ein mittelgrosses Amt die ersten brauchbaren Indikatoren in wenigen Tagen konzentrierter Anstrengung formuliert und geprüft werden können, so dass der weitere Lernprozess ausgelöst wird. Allerdings haben die Erfahrungen gezeigt, dass es oft nicht einfach ist, Indikatoren über die langfristige Entwicklung zu definieren, weil die Betrachtungsperiode der Politik oft auf kurze bis mittlere Frist ausgerichtet ist. Trotzdem ist es notwendig, alle zeitlichen Aspekte zu erfassen.

---

[3] Die Begriffe Leistungsindikator und Wirkungsindikator werden hier synonym verwendet.

Bei der Formulierung solcher Indikatoren kann ein *schrittweises Vorgehen* hilfreich sein (Coopers & Lybrand 1992, 3):

1. Interne Arbeitsgruppe mit externem Berater bilden;
2. Produkte und Tätigkeiten sowie Kunden definieren;
3. Bezug zu den Zielen der Verwaltung herstellen und klären;
4. Schlüsselgrössen des Erfolges identifizieren: Welche Grössen bestimmen über Erfolg und Nichterfolg unserer Tätigkeit?;
5. Wesentliche Leistungsindikatoren pro Produktgruppe definieren;
6. Vergleichsgrössen (Standards) definieren (Ziele, Pläne, Quervergleiche);
7. Deckungsgrad überprüfen: Können die Indikatoren Aussagen über die Erreichung aller oben definierten Standards machen?;
8. Dichte der Indikatoren bestimmen: Wenig für die Öffentlichkeit, überschaubare Anzahl für die Verwaltungsführung, ausführliches Sortiment für das Controlling;
9. Erhebungssystematik der Daten definieren (Fristen, Methode, usw.);
10. Akzeptanz überprüfen: Verwaltungsmanagement, politische Institutionen, eigene Mitarbeiter;
11. Messung;
12. Verdichtung und Analyse der Daten;
13. Regelmässige Überprüfung der Zusammensetzung der Indikatoren.

Die Leistungsindikatoren werden schon vor der Definition des Produktbudgets festgelegt und in diesem sowie in allen anderen Leistungsvereinbarungen festgehalten. Damit wird sichergestellt, dass die entsprechenden Informationen in der gewünschten Form geliefert werden.

Es gilt zu betonen, dass *Performance Measurement* nur dann Aussicht auf Erfolg hat, wenn es mit einer grundsätzlichen Änderung des politisch-administrativen Systems und dessen Organisationskultur einhergeht. PM ist keine Kappe, die übergestülpt werden kann, sondern ein hochentwickeltes System, das weitgehende Anpassungen auf der Benutzerseite verlangt. Ausserdem muss *Performance Measurement* an die jeweiligen Bedürfnisse der Informationsbenützer angepasst und allenfalls vertraulich behandelt werden (vgl. auch die Anforderung 7 von Buschor/Lüder). Das heisst, dass reine Managementinformationen mit internem Charakter viel detaillierter sein müssen als der externe Leistungsausweis.

5.2. Messgrössen der Effizienz

Effizienz bezieht sich auf das Verhältnis von Output zu Input in einem Prozess. Weil sich damit regelmässig zwei Grössen gegenüberstehen, die nicht dieselbe Einheit aufweisen, lassen sich oft keine Kennzahlen bilden. Es gilt daher, in Vergleichen entweder den Input oder den Output fix vorzugeben und die jeweils variierende Grösse in die Betrachtung einzubeziehen (Jones/Pendlebury 1988, 250). Effizient ist, wer bei gegebenem Input den grösstmöglichen Output erzielt oder wer einen gegebenen Output mit kleinstmöglichem Input erstellt (vgl. für viele Streim 1994, 336).

Die hier verwendeten Begriffe des Inputs und des Outputs sind, wie wir schon früher an anderer Stelle erwähnten (Mäder/Schedler 1994, 60), umfassend für alle Prozesse zu verstehen. Dies bedeutet, dass im Leistungsbereich das jeweils vorhergehende Ergebnis als Input für den kommenden Schritt betrachtet werden kann, mit dem wiederum ein neuer Output erzielt wird.

5.2.1. Effizienz der eingesetzten Mittel

Die Relation zwischen Ausstoss der Verwaltung und der Summe der eingesetzten Mittel dürfte die klassische Effizienzgrösse überhaupt sein. Die englische Terminologie *input* und *output* bezieht sich im übrigen - in einer engen Betrachtung der Effizienz - regelmässig auf diese beiden Grössen allein (etwa NSW Treasury 1993, 46), was zu Verwirrungen führen kann. Es ist daher zu empfehlen, im deutschen Sprachraum den Begriff *input* grundsätzlich durch die Begriffe *Mittel* bzw. *Ressourcen* zu übersetzen, *output* durch *Ausstoss*. Beispiele für die Mittel-Effizienz sind etwa die Kosten pro Polizeipatrouille und Tag, die Kosten pro Pflegetag in einem Altersheim, Jugendheim bzw. Spital, die Anzahl Vollzeit-Dozenten pro Lehrgang in einer Schule, die Anzahl Entscheide pro Vollzeitmitarbeiter an einem Gericht oder die bearbeitete Waldfläche pro Tag und Mitarbeiter im Forstwesen.

Leistungsmessung

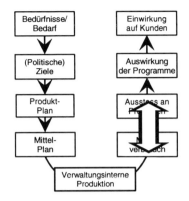

Abb. 23: Mittel-Effizienz im Produktionsprozess

Kurzbezeichnung:	Mittel-Effizienz
Fragestellung:	Was kosten die Produkte? Wieviel Personaleinsatz war für die Produktion notwendig?
Konsequenzen:	Die Produktion ist effizient (bezüglich Kosten) Die Verwaltung arbeitete produktiv (bezüglich Einsatz physischer Mittel)
Berechnung:	$\dfrac{\text{tatsächlicher Ausstoss}}{\text{tatsächlicher Mittelverbrauch}}$ *oder umgekehrt*
Instrumente:	Kosten- und Leistungsrechnung Produktivitätserhebungen
Beispiele:	Ausbildungslektionen pro Lehrer Kosten pro Laufmeter Strassenreinigung

5.2.2. Wirksamkeit der erstellten Produkte

Die Wirksamkeit der erstellten Produkte gibt das Mass der Auswirkungen, die wir durch die Produktion einer bestimmten Produktpalette erreicht haben, wieder. Damit wird die Grundlage geschaffen abzuklären, ob die erstellten Produkte die gewünschten Ziele bezüglich Auswirkungen erfüllt haben. An dieser Grösse wird ausserdem ersichtlich, dass stets eine enge Verbindung zwischen den Effizienz- und den Effektivitätsgrössen im Produktionsprozess besteht; die einen erlangen in aller Regel kaum Aussagekraft ohne die anderen. Beispiele sind etwa die Veränderung der Kriminalitätsrate durch Verdoppelung der Polizeipatrouillen, die Veränderung der Einschulungszeit für nicht-deutschsprachige Kinder durch Schaffung eines neuen Programms, die Veränderung der Unterstützungspflicht für AHV-Rentner durch verbesserte Zuteilung von sozialem Wohnraum.

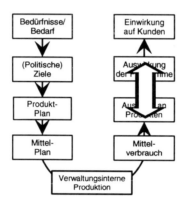

Abb. 24: Produkt-Wirksamkeit im Produktionsprozess

Kurzbezeichnung:	Produkt-Wirksamkeit
Fragestellung:	Welche Auswirkungen hatten die erstellten Produkte?
Konsequenzen:	Das Produktprogramm ist wirksam bzw. nicht wirksam
Berechnung:	$\frac{\text{Summe der Auswirkungen}}{\text{tatsächlicher Ausstoss}}$
Instrumente:	Leistungs- und Wirkungsrechnung Wirkungsevaluationen
Beispiele:	Anzahl Unfälle wegen übersetztem Tempo im Verhältnis zur Anzahl Geschwindigkeitskontrollen Anzahl erfolgreicher Abschlüsse im Verhältnis zur Anzahl Vorbereitungslektionen

5.2.3. Wirksamkeit der eingesetzten Mittel

Diese Kennzahl gibt an, wie sich die eingesetzten Mittel durch das Handeln der Verwaltung auswirken. Am häufigsten dürfte dies die Angabe von Kosten für eine erzielte Veränderung sein. Denkbar sind beispielsweise Kosten einer Verkürzung der Einschulungszeit für nichtdeutschsprachige Kinder um x %, Kosten der Senkung der Kriminalitätsrate in einer Stadt um x %, aber auch Personaleinsatz zur Verringerung einer offenen Drogenszene in einer Stadt um x %.

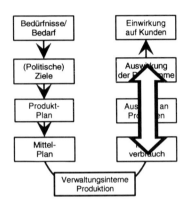

Abb. 25: Mittel-Wirksamkeit im Produktionsprozess

Kurzbezeichnung:	Mittel-Wirksamkeit
Fragestellung:	Welche Auswirkungen haben die eingesetzten Mittel? Was kosten eine Veränderung in den Auswirkungen?
Konsequenzen:	Die eingesetzten Mittel sind wirksam bzw. nicht wirksam
Berechnung:	$\dfrac{\text{Summe der Auswirkungen}}{\text{tatsächlicher Mittelverbrauch}}$
Instrumente:	Kosten- und Wirkungsrechnung Wirkungsevaluation
Beispiele:	Kosten der Unfallreduktion Erfolgreiche Abschlüsse pro Lehrer

5.3. Kennzahlen der Effektivität

Die Effektivität ist das Verhältnis von einem angestrebten Wert zu einem tatsächlich erreichten Ergebnis, d.h. von Soll zu Ist. Sie gibt damit die Erfüllung auf allen vier Planungs- und Leistungsebenen wieder, die durch die verwaltungsinterne Produktion erreicht wurde. Zwischen Effizienz und Effektivität wird ein ausgewogenes Verhältnis angestrebt, auch wenn sich die beiden Grössen bisweilen zuwider laufen.

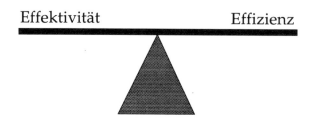

Abb. 26: Notwendiges Gleichgewicht von Effektivität und Effizienz

5.3.1. Kosten-Effektivität

Das Verhältnis von Soll zu Ist im Kosten- bzw. Mittelbereich wird nach Buschor und Lüder (1994, 183) - in Abweichung zur allgemein üblichen Begriffsverwendung - als *Wirtschaftlichkeit* bezeichnet. Wirtschaftlich ist der Mitteleinsatz demnach dann, wenn die notwendigen Mittel für die Produktion kostengünstig beschafft wurden. Die Feststellung der Kostenvorgabe kann dabei über verschiedene Arten erfolgen: Die einfachste und zugleich gefährlichste, weil auf historischen Daten beruhende, Methode ist die Fortschreibung von bisherigen Kostendaten in eine *Plankostenrechnung*. Sie kann mangels Planungsinformationen adäquat sein, sollte aber in jedem Fall durch zusätzliche Methoden - beispielsweise Ansätze eines Benchmarking - ergänzt werden. Zu den aufwendigsten Methoden zählen jene des *Zero-Based* Ansatzes, in welchem ein Produkt bzw. eine Produktgruppe von Grund auf neu kalkuliert wird (Jones / Pendlebury 1988, 87 ff), ohne Berücksichtigung des bisher angewandten Mitteleinsatzes. Letztlich wird somit die Kosten-Effektivität der Verwaltung wesentlich durch die Festlegung der Sollvorgaben im Kostenbereich geprägt.

Leistungsmessung

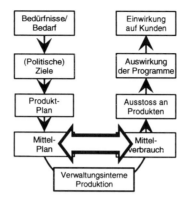

Abb. 27: Kosten-Effektivität im Produktionsprozess

Kurzbezeichnung:	Kosten-Effektivität
Fragestellung:	Entspricht der tatsächliche Mittelverbrauch den geplanten (budgetierten) Mitteln? Entsprechen die tatsächlichen Beschaffungskosten den geplanten Kosten? Wurde die kostengünstigste Beschaffungsvariante gewählt?
Konsequenzen:	Der Verbrauch und die Beschaffung sind kosteneffektiv
Berechnung:	$\dfrac{\text{tatsächlicher Mittelverbrauch}}{\text{minimaler (vereinbarter) Mittelverbrauch}}$
Instrumente:	Kostenrechnung
Beispiele:	Kostenüberschreitungen Abweichungen im Personaleinsatz

5.3.2. Kontrakterfüllung

Das Verhältnis von Soll zu Ist auf der Produktebene geht der Frage nach, ob die - mit den bewilligten Mitteln zu erstellenden - geplanten Produkte im geplanten bzw. vereinbarten Ausmass und unter Einhaltung von festgelegten Qualitätsanforderungen erstellt werden. Die Produkt-Effektivität gibt somit das Ausmass der Erfüllung des Produktplanes an.

II. Wirkungen des Verwaltungshandelns

Dieser Schritt ist für die traditionelle, inputgesteuerte Verwaltung ungewohnt, legt die Überprüfung doch das Schwergewicht traditionell auf die Einhaltung der Mittelpläne. Es kann aber für den Erfolg und die Qualität der Verwaltungsleistung von erheblicher Bedeutung sein, zu wissen, ob die zur Verfügung gestellten Mittel tatsächlich für die Produktion der gewünschten Produkte eingesetzt wurden, oder ob zusätzliche Mittel für die Bearbeitung anderer Aufgaben eingesetzt wurden. Beispiele sind etwa bezüglich Quantität die Anzahl tatsächlich geführter zu geplanten Klassen in einer Schule oder die Anzahl tatsächlich erfolgter zu vereinbarten Kontrollen im Umweltbereich. Bezüglich Qualität sind die Einhaltung von Qualitätsstandards, Zeitlimiten und Verfügbarkeitszahlen zu berücksichtigen.

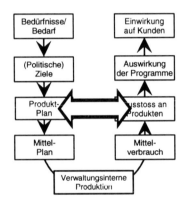

Abb. 28: Produkt-Effektivität im Produktionsprozess

Kurzbezeichnung: Produkt-Effektivität

Fragestellung: Wurden die geplanten (vereinbarten) Produkte erstellt?
Wurden die vereinbarten Qualitätsstandards eingehalten?

Konsequenzen: Leistungsvereinbarung wurde eingehalten bzw. nicht eingehalten

Berechnung: $\dfrac{\text{tatsächlicher Ausstoss}}{\text{geplanter (vereinbarter) Ausstoss}}$

Instrumente: Leistungsrechnung

Beispiele: Anzahl Lektionen wie vereinbart erteilt?
Anzahl Polizeipatrouillen-Stunden erfüllt?

5.3.3. Zielerreichung

Die Zielerreichung ist die am meisten betrachtete Ebene der Effektivität; oft wird vereinfachend Effektivität mit Zielerreichung gleichgesetzt (z.B. Buschor/Lüder 1994, 183). Die notwendige Voraussetzung für die Erfassung der produzierten Effektivität ist das Vorhandensein messbarer Ziele, die als Richtschnur für die Effektivität dienen. Fehlen solche Ziele, oder sind sie als allgemein gehaltene Absichtserklärungen formuliert, dann ist es dem Controlling unmöglich, den für den Erfolg wichtigen Zielerreichungsgrad zu messen und Informationen für das Verwaltungsmanagement bereitzustellen, die zu Verbesserungen führen können.

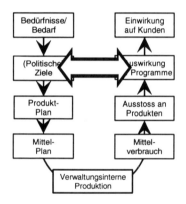

Abb. 29: Produzierte Effektivität im Produktionsprozess

Kurzbezeichnung: Produzierte Effektivität

Fragestellung: Wurden die geplanten (vereinbarten) Ziele erreicht?

Konsequenzen: Leistungsauftrag wurde erfüllt bzw. nicht erfüllt

Berechnung: $\dfrac{\text{Summe der Auswirkungen}}{\text{vorgegebene (vereinbarte) Ziele}}$

Instrumente: Wirkungsrechnung

Beispiele: Senkung der Unfallhäufigkeit erreicht?
Abschlussquote erreicht?

5.3.4. Zweckerfüllung

Das Verhältnis von Soll zu Ist auf der Zweckebene bezeichnet den Grad der Erfüllung von Bedürfnissen bzw. des Bedarfs der Kunden durch die Leistungen der Verwaltung. Da auf dieser Ebene die Einwirkung auf die Kunden betrachtet wird, ist diese erlebte Effektivität eine subjektive Grösse, abhängig von der Wahrnehmung der Kunden. Die Messung der Zweckerfüllung ist damit recht aufwendig und bedient sich der Methoden der sozialwissenschaftlichen Evaluationsforschung. In der Schweiz bildet sich in vielen Verwaltungen momentan ein verstärktes Bewusstsein für die Notwendigkeit, die eigene Leistung und ihre Wahrnehmung durch die Kunden zu erforschen. Erste Resultate zeigen sich im Aufbau von Kundenbefragungsinstrumenten oder, breiter angelegt, in Einwohnerbefragungen. Solche Methoden werden im anglo-amerikanischen Raum bereits in grossem Ausmass angewandt (vgl. das Beispiel aus Christchurch, NZ, im Anhang I) und liefern wichtige Führungsinformationen.

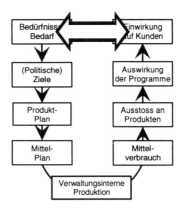

Abb. 30: Erlebte Effektivität im Produktionsprozess

Kurzbezeichnung: Erlebte Effektivität

Fragestellung: Wurden die Bedürfnisse und Wünsche der Kunden erfüllt?
Sind die Kunden zufrieden?

Konsequenzen: Zufriedenheitsgrad der Kunden bzw. Einwohner mit den Leistungen der Verwaltung

Berechnung: $\dfrac{\text{erlebte Einwirkung}}{\text{Bedürfnisse bzw. Bedarf der Kunden}}$

Instrumente: Nutzenrechnung
Kunden- und Einwohnerbefragungen

Beispiele: Fühlen sich die Einwohner sicher auf der Strasse?
Sind die Schüler mit der Schule zufrieden?

5.4. *Angemessenheit*

Die Angemessenheit bezieht sich auf die Zusammenhänge im Planungsprozess und betrifft damit Führungsentscheide (Mäder/Schedler 1994, 60 f):

- Entsprechen die politischen Ziele den Bedürfnissen der Bürger bzw. wird bei Erreichen der Ziele der Bedarf der Bürger nach staatlicher Leistung gedeckt?
- Entspricht der Produktplan den politischen Zielen bzw. wird die Auswirkung bei Produktion der vereinbarten Produkte die Ziele erreichen?
- Entspricht der Mittelplan dem Produktplan bzw. kann die Verwaltung bei Verfügbarkeit der geplanten Mittel die vereinbarten Produkte erstellen?

Die Frage der Angemessenheit der Planungsentscheide ist für die *Analyse der Abweichungen* besonders wichtig. Effektivitätsverluste können sowohl durch mangelnde Effizienz wie auch durch mangelnde Angemessenheit entstehen: Wenn etwa die Zielsetzung einer Reduktion der Kriminalitätsrate um 2 % nicht erreicht werden konnte, so sind mehrere Gründe denkbar:

1. Die geplanten Mittel wurden nicht effizient eingesetzt oder die geplanten Produkte wurden nicht erstellt (Effizienzverlust im Leistungsprozess);

II. Wirkungen des Verwaltungshandelns

2. Externe Effekte (z.B. die Veränderung der sozialen Situation) haben mitgespielt;[4]
3. Um das Ziel zu erreichen, wurden die falschen Produkte geplant oder nicht die richtigen Mittel bereitgestellt (Problem der Angemessenheit im Planungsprozess).

Die Analyse der Gründe für die Abweichungen hat regelmässig alle erwähnten Möglichkeiten zu berücksichtigen.

Bei der Besprechung des Planungsprozesses (vgl. Abschnitt 2) wurde bereits deutlich, dass die Planungsentscheide nicht ohne starke Beeinflussung durch externe Teilnehmer des politischen Systems entstehen (Buschor 1992, 208). Es ist daher davon auszugehen, dass in der Frage, wer die Angemessenheit beurteilen soll, die Meinungen ebenso auseinander gehen, wie in der Beurteilung der Angemessenheit selbst. Diese Situation wird heute dadurch verstärkt, dass keine objektivierten Aussagen über die *Wirkungen* des Verwaltungshandelns gemacht werden können, weil die Daten dazu fehlen. Folglich kann die Angemessenheit der Entscheide nicht an deren Wirkung beurteilt werden. Einige Verwaltungswissenschafter gehen deshalb davon aus, dass die politische Debatte erheblich an Qualität gewinnen wird, wenn die Informationsbasis in diesem Sinne verbessert werden kann (Hatry 1993, 12).

Bis anhin wurde die Thematik der Produkt- bzw. Leistungsdefinition auf die *kurzfristige* Steuerung der Verwaltung (z.B. über den Jahreskontrakt) ausgerichtet. Mit Einführung der wirkungsorientierten Verwaltungsführung wird es jedoch zunehmend interessanter, die mittel- bis langfristige Dimension der Steuerung in die Betrachtung miteinzubeziehen.

Heute werden in vielen Verwaltungen gleichzeitig zwei verschiedene Planungen durchgeführt, die in aller Regel keinen logischen Zusammenhang haben bzw. zum Teil fehlen:
a) die strategische Leistungsplanung (Legislatur- oder Regierungsprogramm, Gesetzgebung), und
b) die (mehrjährige) Finanzplanung.

Aus der Natur dieser beiden Planungsinstrumente müsste sich eigentlich ergeben, dass das eine mit dem anderen eng verknüpft würde.

---

[4] Diese externen Effekte werden im Produktionsprozess nicht explizit erfasst, sind jedoch in der Analyse der Wirkungen stets zu berücksichtigen

Schliesslich bestimmt der Leistungsumfang den Finanzbedarf und - *vice versa* - die finanziellen Möglichkeiten den Leistungsumfang. Damit entsteht ein Planungsprozess, der sich im Rahmen des oben dargestellten Produktionsprozesses durchführen lässt (vgl. *Abb. 31*). Wäre dies der Fall, dann würde für das Parlament eine Steuerungsmöglichkeit geschaffen, die weit wirkungsvoller sein müsste als die schlichte jährliche Budgetierung. Mit anderen Worten wären die Parlamente gut beraten, die Legislatur- und Finanzplanung zu genehmigen und die Jahresbudgets zur Kenntnis zu nehmen anstatt umgekehrt, wie es heute der Fall ist.

Es gilt wiederum zu betonen, dass der dargestellte Planungsablauf natürlich im komplexen politischen System erfolgt, die Vorgaben und Bedürfnisse daher von allen Akteuren mitbestimmt werden. Diese Prozesse können aber hier nicht im Detail untersucht werden.

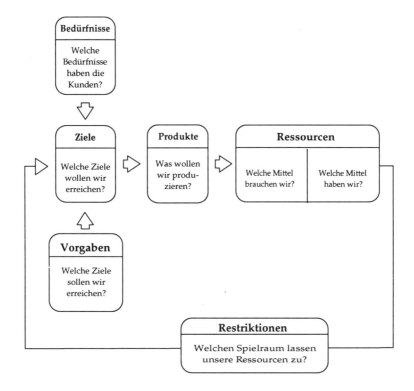

Abb. 31: Strategische Planung im Produktumfeld

II. Wirkungen des Verwaltungshandelns

Mit der Annäherung der beiden Planungen geht ein entsprechender Ausweis der Ergebnisse einher. Aufgrund der Entwicklung im Leistungs- und Finanzergebnis kann mit einem einfachen Portfolio dargestellt werden, ob sich die beiden Komponenten gleichgerichtet (beiderseits Ausbau, Stagnation oder Abbau) oder divergierend verhalten. Damit sind drei verschiedene Ergebnissituationen denkbar:

- Ein *Effizienzgewinn* entsteht bei einer Zunahme der Leistung ohne Veränderung der Finanzmittel, bei Zunahme der Leistung und Abnahme der Finanzmittel und bei Halten der Leistung und Abnahme der Finanzmittel;
- Ein *Effizienzverlust* entsteht bei Abnahme der Leistung ohne Veränderung der Finanzmittel, bei Abnahme der Leistung und Zunahme der Finanzmittel und bei Halten der Leistung bei Zunahme der Finanzmittel;
- Ein *neutrales Ergebnis* entsteht bei gleichzeitiger Abnahme, Halten oder Zunahme von Leistung und Finanzmittel.

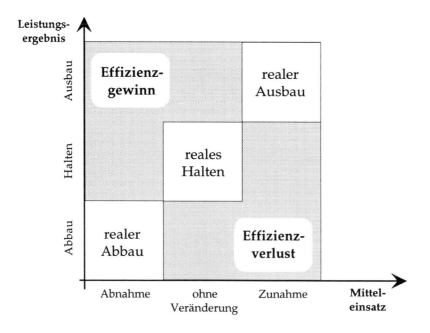

Abb. 32: Verknüpfung von Leistungs- und Finanzergebnis

Es ist offensichtlich, dass es das Ziel guten Managements ist, Effizienzgewinne zu erreichen oder mindestens neutrale Ergebnisse auszuweisen. Mit den heutigen Messystemen ist eine Bestimmung dieser Entwicklung kaum möglich und wird nicht vorgenommen, obwohl genau diese Informationen von besonderem Wert für die politischen Steuerungsinstanzen wären.

5.5. *Abgrenzung von Indikatoren und Standards*

Ein Leistungindikator ist, wie oben gezeigt wurde, ein Hinweis auf eine Situation oder einen Trend im Leistungs- oder Planungsbereich der Verwaltung. Er ist reine Information und dient lediglich als Grundlage für Führungsentscheide, dient jedoch nicht als Führungsvorgabe. Die Tatsache, dass x % der Einwohner eines Gemeinwesens angeben, mit der Pünktlichkeit der öffentlichen Verkehrsmittel nicht zufrieden zu sein, ist ein Hinweis darauf, dass mit dem Service der Verkehrsbetriebe etwas nicht in Ordnung sein könnte. Eine vertiefte Untersuchung wird zeigen, woher diese Unzufriedenheit stammt. Sie (die Unzufriedenheit) ist damit ein Indikator. Die Ergebnisse der Untersuchung können vielfältig sein. Denkbar sind u.a. folgende Gründe:

a) Die Busse sind tatsächlich notorisch unpünktlich;
b) Die Unmutsäusserungen sind Ausdruck allgemeiner Unzufriedenheit mit den öffentlichen Verkehrsmitteln;
c) Der Fahrplan ist zu wenig dicht.

Für jedes dieser Ergebnisse können wiederum verschiedenste Ursachen bestehen, denen es auf den Grund zu gehen gilt. Ist dies erfolgt, kann nun ein Leistungsstandard abgeleitet werden, der dazu führen soll, dass die Einwohner vermehrt das Gefühl haben, der Service der Verkehrsbetriebe sei zufriedenstellend. Denkbar sind folgende Standards:

❏ Maximal x % der Abfahrten erfolgen mit Verspätung von bis 5 Minuten;
❏ Maximal y % der Abfahrten erfolgen mit Verspätung von über 5 Minuten.

Eine solche Vorgabe (Standard) kann nun auf ihre Einhaltung überprüft werden. Das Ergebnis eines solchen Ausweises ist somit binär: *erreicht* oder *nicht erreicht*.

6. ZUSAMMENFASSUNG DES KAPITELS II

Eine der wichtigsten Grundlagen der wirkungsorientierten Verwaltungsführung ist die Definition von Zielen und Produkten der Verwaltung. Beide stehen in direktem Zusammenhang mit den Kunden, die es ebenfalls zu definieren gilt.

Anhand des Produktionsprozesses im politisch-administrativen System kann aufgezeigt werden, dass zwischen Kundenbedürfnissen, Zielen und Produkten der Verwaltung ein logischer Zusammenhang bestehen muss. Das eine lässt sich aus dem anderen ableiten. Sind diese Planungsschritte erfolgt, so kann auf der Leistungsseite des Prozesses deren Einhaltung gemessen werden, wobei
a) Effizienz das Verhältnis von Output zu Input und
b) Effektivität das Verhältnis von Soll zu Ist

wiedergibt. Beide Arten von Kennzahlen sind zu erheben, so dass ein ausgeglichenes Bild der Verwaltungsleistung entsteht. Weil die Verwaltung nicht isoliert, sondern in enger Verflechtung mit Aussenwelten arbeitet, können Abweichungen sowohl durch eigenes Verschulden wie auch durch externe Effekte entstehen. Es ist nun die Aufgabe des Performance Measurement, die Wirkungen mittelfristig aufzudecken und Konsequenzen daraus abzuleiten.

Diese neue Betrachtung der Prozesse im politisch-administrativen System geht einher mit einer Neugestaltung der Strukturen. Im folgenden Kapitel wird auf die strukturelle Veränderung und ihre Folgen eingegangen.

III. Strukturen der wirkungsorientierten Verwaltungsführung

III. Strukturen der wirkungsorientierten Verwaltungsführung

1. WIRKUNGSORIENTIERTE ORGANISATIONSFORMEN

Die Strukturen und Prozesse der öffentlichen Verwaltung sind heute in aller Regel darauf ausgerichtet, grösstmögliche Sicherheit und einen Risikoausgleich im Handeln zu erzielen. Die Erreichung grösstmöglicher Wirkung scheint dabei eine untergeordnete Rolle zu spielen. Dies versucht die wirkungsorientierte Verwaltungsführung zu ändern, indem die Strukturen konsequent auf die neue, outputorientierte Philosophie ausgerichtet werden.

Die Organisation der öffentliche Verwaltung unterliegt nach Bichsel (1994, 100 ff) einer Rationalität mit den Dimensionen *Funktionaliät* sowie *Effizienz und Effektivität*. Funktional ist die Verwaltungsorganisation dann, "wenn sie zur Erreichung der Zwecke der öffentlichen Verwaltung positiv beiträgt" (Bichsel 1994, 100). Die Zwecke orientieren sich gemäss Bichsel an den verfassungsmässigen Aufträgen, der Legalität und Legitimität des Verwaltungshandelns, der Transparenz und der Bürgernähe sowie der Zukunftsorientierung und Innovation. Effizienz und Effektivität lassen sich anhand der Kriterien Steuerbarkeit und Flexibilität der Organisation, Ausmass der verwaltungsinternen und -externen Koordination und Formalisierung sowie Motivationsgrad und Lernfähigkeit des Personals beurteilen. Diese auch für die wirkungsorientierte Verwaltungsführung zweckmässige Rationalität der Organisation gilt es in der Folge im Auge zu behalten, wenn über neue Formen des Managements diskutiert wird.

Die Grundstrategie wirkungsorientierter Organisationsformen in der öffentlichen Verwaltung zielt auf eine *Vergrösserung der Verantwortlichkeit* der Verwaltungsstellen hin. Hinter allen Reformen, sei dies in Australien, Neuseeland oder in den USA, steht der Gedanke, dass nur effizient und effektiv arbeiten kann, wer für seine eigenen Handlungen verantwortlich ist und die Konsequenzen trägt. Daher wird eine Organisationsform angestrebt, deren Struktur derjenigen eines Konzerns (bzw. einer Management-Holding) gleicht. Folgende Merkmale sind für sie typisch:

- Die Departemente bzw. die Ämter werden nach Produktgruppen strukturiert, d.h. die Organisation der Verwaltung wird auf die Kunden und Produkte ausgerichtet anstatt auf traditionelle bürokratische Einflüsse. Die Zahl der Departemente wird möglichst klein gehalten;
- Zusammengehörende Aufgaben, Produkte, Produktionsprozesse, Teilmärkte und Zielgruppen werden in übersichtlichen Organisationseinheiten mit Ergebnisverantwortung zusammengeführt, um

eindeutige Verantwortlichkeiten und optimale Verwaltungsabläufe zu schaffen;
- Die Verantwortung für bisherige Aufgaben der Querschnittsämter (z.B. Ausbildung) wird weitgehend an die Verwaltungseinheiten delegiert. Jene Teile der Ämter mit Koordinationsfunktion werden in einen Konzernstab (*zentraler Steuerungsdienst*) zusammengeführt, der direkt der Regierung unterstellt ist. Verwaltungsübergreifende Dienstleistungen können weiterhin zentral angeboten werden, sind jedoch als solche regelmässig durch interne Verrechnungen zu finanzieren, deren Bezug und Preis im Budgetierungsprozess festgelegt wird;
- Kompetenzen und Verantwortungen werden auf drei Ebenen (Ebenen der Leistungsfinanzierer, der Leistungskäufer und der Leistungserbringer) aufgeteilt und neue Rollen für die Institutionen definiert;
- Die Steuerung erfolgt im wesentlichen über Leistungsvereinbarungen und Globalbudgetierung. Für die Formulierung und Überwachung derer Einhaltung sind Steuerungs- und Departementsdienste einzurichten;
- Ein gut ausgebautes und vermehrt auf Leistungsindikatoren basierendes Kontroll- und Informationssystem stellt die politische und administrative Führung der dezentralen Einheiten sicher;
- Eine flächendeckende Qualitätskontrolle wird bereits in den Leistungsvereinbarungen festgehalten und durch die Departemente sichergestellt.

Ziel der wirkungsorientierten Strukturen ist die Schaffung von Verwaltungseinheiten, die sich weitgehend selbst organisieren, sich den ändernden Gegebenheiten ihres Umfeldes laufend anpassen. Damit dies möglich ist, sollte eine minimale Grösse solcher Einheiten nicht unterschritten werden.

1.1. *Dezentralisierung*

Die hervorstechendste *strukturelle* Veränderung, die mit der wirkungsorientierten Verwaltungsführung Einzug hält, ist eine verstärkte Dezentralisierung bei gleichzeitiger Schaffung weitgehender Autonomie für die dezentralen Einheiten mit eigenen Führungs- und Entscheidungsstrukturen. Die Abgrenzung zur Zentralisierung ist dabei nicht nur struktureller, sondern auch kultureller Art:

III. Strukturen der wirkungsorientierten Verwaltungsführung

Zentralisierung ist charakterisiert durch Eingriffe und Kontrollen vor einer Handlung, durch Regeln und Regulierungen, die festlegen was getan werden muss und wie, wann, wo und durch wen.

Dezentralisierung ist charakterisiert durch Eingriffe und Kontrollen nach Abschluss einer Handlung und durch Honorierungen und Leistungsziele, die hoch genug sind, um die grössten Anstrengungen beim Personal einer Organisation zu bewirken (Thompson/Jones 1994, 21).

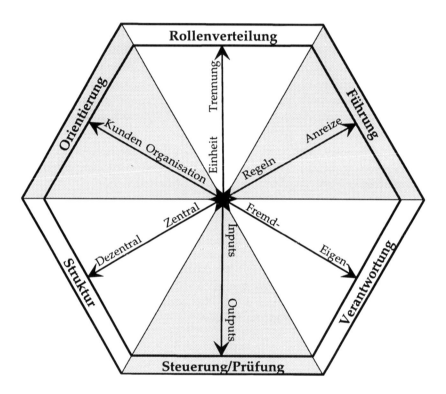

Abb. 33: Dimensionen der Dezentralisierung in der wirkungsorientierten Verwaltungsführung

Voraussetzung für die Autonomie einer Verwaltungseinheit ist ein abgegrenzter Aufgabenbereich, "der im unternehmerischen Sinn angegangen und gestaltet werden kann" (Gomez 1981, 110). In der öffentlichen Verwaltung wirken zwei Trends gegen diese Forderung: Einmal hat sich das Prinzip der Arbeitsteilung gerade in der Verwaltung besonders stark festgesetzt, zum anderen werden politisch brisante Aufgaben häufig bewusst verschiedenen Einheiten zugeordnet, um eine ausgleichende Wirkung zu erreichen, d.h. um eine Konzentration der Macht in diesen Bereichen zu verhindern. Dass sich solches effizienzhemmend auswirken muss, ist offensichtlich. Es gilt daher, auch in der Verwaltung vermehrt "Unternehmungen in der Unternehmung" (Gomez 1981, 110) zu schaffen, wobei der Freiheitsspielraum, der den Einheiten zugestanden wird, sowohl von der internen Struktur als auch von der Entwicklung der Umwelt abhängt und mit dieser variieren kann. Es lässt sich aus kybernetischer Sicht durchaus rechtfertigen, in Krisenzeiten die Freiräume für die Leistungszentren zu verringern, währenddem sie in der Hochkonjunktur ausgeweitet werden können.

Die notwendigen Schritte der Dezentralisierung betreffen nicht nur die Struktur der Verwaltung, sondern sind umfassend zu verstehen. Wie in *Abb. 33* dargestellt, muss sich in sechs verschiedenen Dimensionen, die zum Teil bereits erwähnt wurden, eine Abkehr von der zentralistischen Ausrichtung des politisch-administrativen Systems durchsetzen:

- die Strukturen werden - wie in diesem Kapitel zu zeigen sein wird - dezentraler;
- die (zentralistische) Innenorientierung wird durch eine (dezentralisierte) Kundenorientierung abgelöst;
- die (zentralistische) Einheit der Marktteilnehmerrollen wird durch Auftrennung der Rollen dezentralisiert;
- die Führung über Anreize erlaubt dezentrale Lösungsansätze, während die Führung über Regeln zu starker Zentralisierung tendiert;
- die Eigenverantwortung der operativen Einheiten und der Mitarbeiter löst die zentralistische Fremdverantwortung der oberen Hierarchiestufen ab;
- die zentralistische Inputsteuerung, -kontrolle und -prüfung fliesst in ein System der dezentralen Outputausrichtung der Controlling- und Revisionsinstanzen über.

Diese Überlegungen führen unter anderem dazu, dass seit längerem die Bildung von (Non-)Profitcenters in der Verwaltung vorgeschlagen wird. Für Fleiner-Gerster (1993, 61) wäre diese Idee auch eine Alternative zum heute vorherrschenden, schwerfälligen Konzept des *ministre juge*, das aber folgende Voraussetzungen bedingt:

III. Strukturen der wirkungsorientierten Verwaltungsführung

1. Selbständige Entscheidung über Einnahmen und Ausgaben;
2. Übertragung der vollen Verantwortung für die wirtschaftliche Tätigkeit an das Profit-Center (für gute und schlechte Resultate);
3. Beschränkung der staatlichen Kontrolle auf:
   - Festlegung des Leistungsauftrages und Regelung der Finanzierung der Leistungen;
   - Sicherstellung der Erfüllung der Leistungen durch Weisungen;
   - Preisfestlegung, soweit die Kosten der Leistungen nicht durch den Markt bestimmbar sind (Monopolleistungen, gemeinwirtschaftliche Leistungen);
   - Kontrolle der Ermessensüberschreitung bei der Wahrnehmung hoheitlicher Aufgaben;
   - Überprüfung der Rechnungsführung und Verhinderung unwirtschaftlicher Leistungen.

Diese Forderungen, die als Voraussetzungen für die Schaffung von Profit- bzw. Costcenters in der öffentlichen Verwaltung genannt werden, decken sich weitgehend mit dem Konzept der wirkungsorientierten Verwaltungsführung. Was Fleiner-Gerster letztlich anstrebt, ist die Institutionalisierung von Organisationseinheiten, denen Kosten und Leistungen unmittelbar zugeordnet werden können, sogenannten *Verantwortungszentren*. Sie bilden die Basis für eine systematische Steuerung der Ressourcen.

Aus *dezentralen Strukturen* ergeben sich für die Verwaltung erhebliche *Vorteile* (Budäus 1994, 56):

- Abbau von Komplexität;
- Schaffung von Transparenz;
- Zurechenbarkeit von Leistungen und Kosten;
- Schaffung einer Grundlage für die Globalbudgetierung;
- Kongruenz von Entscheidung und Verantwortung für deren Folgewirkungen kann dank Zusammenfassung von Fach- und Ressourcenverantwortung erreicht werden;
- Möglichkeiten zur Institutionalisierung wettbewerbsähnlicher Funktionsmechanismen.

Die Dezentralisierung birgt aber auch die Gefahr, dass Steuerungsmöglichkeiten verloren gehen. Daraus entsteht eine zentrifugale Tendenz, die zu Verselbständigung der Verwaltungseinheiten und damit zu suboptimaler Aufgabenerfüllung führt. Aus diesem Grund sind neue Steuerungsmechanismen aufzubauen, die eine zu starke Loslösung verhindern und eine koordinierte *Konzern*entwicklung ermöglichen. Darauf wird im nächsten Kapitel einzugehen sein.

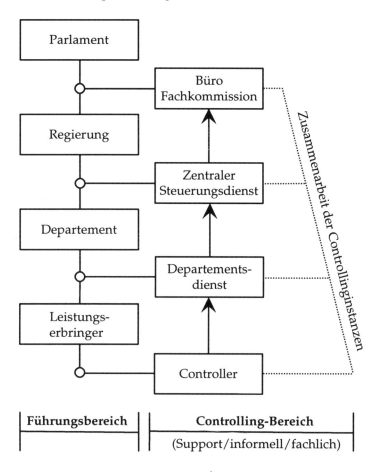

Abb. 34: *Controllingstrukturen der wirkungsorientierten Verwaltungsführung (Darstellung nach WOV Luzern)*

Für die Strukturen der Verwaltung bringt das Erfordernis der verbesserten Wirkungssteuerung erhebliche Neuerungen im Controllingbereich. Diese Aktivitäten werden auf jeder hierarchischen Ebene zu verstärken und vor allem zu koordinieren sein, was nicht zuletzt eine Hauptaufgabe des zentralen Steuerungsdienstes bildet. Dabei soll nicht einer aufwendigen Parallelorganisation mit zusätzlichen Stäben das Wort geredet werden. Für die neuen Aufgaben sind aber zuständige Personen zu bezeichnen, die entsprechendes Know-how aufbauen müssen.

Bei der Betrachtung dieser auf den ersten Blick aufwendigen Struktur darf nicht vergessen werden, dass damit viele Entscheidungswege abgelöst werden, da vieles bereits auf der Stufe des Leistungserbringers entschieden wird, das bis anhin bei der Regierung auf dem Tisch lag. Gelingt es der Verwaltung, das Controlling auf das Notwendige zu beschränken und eine schlanke Organisation auch in diesem Bereich durchzusetzen, so darf mit erheblichen Vereinfachungen der Abläufe gerechnet werden.

1.2. Trennung von Leistungsfinanzierer, Leistungskäufer und Leistungserbringer

In der traditionellen Verwaltungsorganisation werden die Entscheide weitgehend zentral gefällt. Die Kompetenzen sind an der Spitze gebündelt, auch wenn sie durch die Verwaltungsführung delegiert werden können. Letztlich werden in den meisten Fällen die obersten Hierarchieebenen auch für detaillierte Entscheide zugezogen.

Diese Kompetenzklumpen werden in der wirkungsorientierten Verwaltungsführung durch eine Trennung von Leistungsfinanzierer, Leistungskäufer und Leistungserbringer aufgebrochen. Heute ist die Verwaltung gleichzeitig Finanzierer, Anbieter und Monopolist. In der Käufer-Verkäufer-Beziehung ist sie zudem oft der einzige Abnehmer der erstellten Leistungen. In diesem Fall liegt ein Monopson vor.[1] *Preisverhandlungen* sind aufgrund der Personalunion nicht notwendig. Der verbleibende, oft einzige Steuerungsmechanismus für die Ausgaben der Verwaltung ist die jährliche Budgetierung. Die oft gehörte Auffassung, es gebe für Produkte des öffentlichen Sektors keinen Preis, mag ihren Ursprung in dieser Tatsache haben.

Die erwähnte Trennung schafft einen internen oder - je nach Ausgestaltung - externen Markt mit Leistungsanbietern und Käufern. Selbst wenn nur ein Käufer besteht (z.B. die Regierung), können mehrere Anbieter auf dem Markt auftreten (*Nachfragemonopol*). Verwaltungsintern kann der Fall eines Duopols eintreten, wenn der Anbieter beispielsweise aus einem Departement besteht, das hoheitliche Aufgaben wahrnimmt. Die

---

[1] Ein **Monopson** ist das Gegenstück auf der Nachfrageseite zu einem Monopol auf der Angebotsseite, d.h. es besteht nur ein einziger Käufer (Thompson/Jones 1994, 115).

Trennung zwischen Anbieter und Käufer bewirkt dann zwar keine freie Preisbildung, aber eine klare Abgrenzung zwischen langfristiger Leistungsplanung, strategischer Zielsetzung und operativ-dispositivem Vollzug. Die verbindenden Elemente sind Budgets, die die Mittel möglichst als Totalsumme vorgeben (*Globalbudget*), sowie Leistungsaufträge und -vereinbarungen.

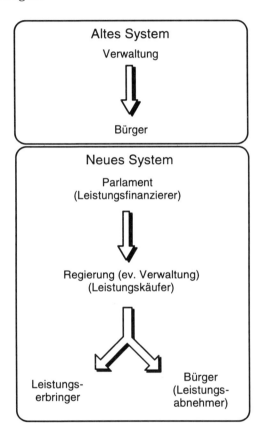

Abb. 35: Trennung von Leistungsfinanzierer, Leistungskäufer und Leistungserbringer

Besteht in einem bestimmten Fall nur je 1 Käufer und 1 Verkäufer, so spricht man von einem Duopol. Diese Situation ist für einzelne Bereiche der Verwaltung typisch, weil deren Leistungen nur durch die eigenen Einheiten erbracht werden können (z.B. Polizei). Die fehlenden Marktkräfte müssen in diesem Fall durch andere Mechanismen wettgemacht werden. Wie noch zu zeigen sein wird (vgl. Kap. VI), kann ein *Benchmarking* diese Funktion übernehmen.

> *Die Gesundheitsreform in Neuseeland ist ein eindrückliches Beispiel für die konsequente Umsetzung dieser Trennung von Leistungsfinanzierer, Leistungskäufer und Leistungserbringer (vgl. Abb. 35). Seit Mitte 1993 zeichnet eine regionale Koordinationsstelle (Regional Health Authority) für die Beschaffung und Bereitstellung der notwendigen Gesundheitsleistungen verantwortlich. Leistungsanbieter sind die Spitäler, Ärzte und Gesundheitsorganisationen, die aufgrund von Ausschreibungen Offerten einreichen. Die Regierung bzw. das Parlament ist Leistungsfinanzierer. Über eine Planung wird aufgrund von statistischen Daten festgelegt, welche Leistungen des Gesundheitssektors in der Region notwendig sind. Steht dieser Plan fest, so werden die Kontrakte mit den Leistungserbringern abgeschlossen.*
>
> *Die Regional Health Authorities erhalten einen Leistungsauftrag und die nötigen Finanzmittel und sind für den Kauf der Kernleistungen im Gesundheitsbereich zuständig.*

2. DIE NEUE STRUKTUR

Das Prinzip der Trennung von Leistungsfinanzierer, Leistungskäufer und Leistungserbringer bewirkt starke Veränderungen der organisatorischen Gliederung des politisch-administrativen Systems. Eine klare Einteilung in *reinrassige* Funktionen ist dabei nicht immer möglich, aber es lassen sich in aller Regel deutliche Schwerpunkte setzen.

2.1. *Die neue Struktur in einem Gemeinwesen mit Parlament*

Die neue Struktur (vgl. *Abb. 36*) sieht drei getrennte Ebenen vor: eine Ebene der Leistungsfinanzierer, eine Ebene der Leistungskäufer und eine Ebene der Leistungserbringer. Die in der Abbildung aufgezeigte Trennung der Funktionen ist modellhaft; insbesondere in grossen Verwaltungen (z.B. im Bund) kann die Rolle der Leistungskäufer auch an einzelne Ämter delegiert werden. Ausserdem wird in der Darstellung vernachlässigt, dass auch horizontale Käufer-Lieferanten-Beziehungen bestehen (z.B. im Bereich der Querschnittsdienstleistungen), so dass eine indirekte Finanzierung entsteht.

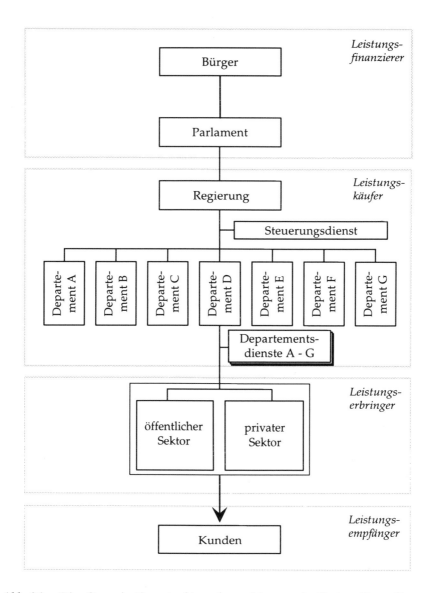

Abb. 36: Die Organisationsstruktur der wirkungsorientierten Verwaltungsführung (Quelle: Neue Stadtverwaltung Bern 1994, 4)

III. Strukturen der wirkungsorientierten Verwaltungsführung

2.1.1. Die Ebene der Leistungsfinanzierer

Finanzierer der öffentlichen Verwaltung sind die Steuerzahler einer Stadt, eines Kantons oder des Bundes. Die Aufgaben der Verwaltung und damit die Verwendung der Steuereinnahmen werden grundsätzlich durch Gesetze und Normen geregelt (daher auch *"normative Ebene"*). Sie sind Ausfluss des Willens des Volkes, entweder vertreten durch das Parlament, oder aber mittels Stimmentscheid. Daran ändert auch die wirkungsorientierte Verwaltungsführung nichts.

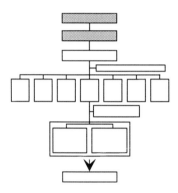

Abb. 37: Ebene der Leistungsfinanzierer im Strukturmodell

Die Finanzierer einer Organisation erwarten, dass aus ihren Aufwendungen ein bestimmter Nutzen resultiert (*value for money*). Dieser Nutzen kann unterschiedliche Formen annehmen; man denke nur an die breite Palette von Produkten, die von der öffentlichen Verwaltung erstellt werden. Weil die Leistungsfinanzierer oft, jedoch nicht immer, auch Leistungsempfänger sind, ergeben sich Vernetzungen und Rollenkonflikte zwischen Kunde und Leistungsfinanzierer. Die Leistungen, die Bürger und Parlament für ihr Geld erwarten, betreffen ausschliesslich Produkte, die die Verwaltung verlassen. Interne Produkte sind für diese Ebene nicht von Interesse. Allerdings gibt es verwaltungsintern ebenfalls Kunden-Lieferanten-Beziehungen, in denen Leistungsfinanzierer auftreten: Der Abnehmer eines internen Produkts (z.B. Ausbildung) finanziert dieses mit eigenen Mitteln. Diese Art der Finanzierung ergibt sich jedoch aus den verfügbaren Budgetmitteln und wird nicht weiter betrachtet.

Auf der Ebene der Leistungsfinanzierer werden die allgemeinen Ziele der Verwaltungspolitik bestimmt und in Gesetze und ein Leitbild gefasst. Ihre Organe sind die Bürger und das Parlament als Volksvertretung. Das Parlament bleibt dabei in der heutigen Struktur bestehen.

2.1.1.1. Bürger[2]

Die Frage, welche Veränderungen die wirkungsorientierte Verwaltungsführung für die Bürger bringt, wird in aller Regel knapp beantwortet: die demokratischen Instrumente sollen nicht angetastet werden, Bürger sollen vor allem als Kunden der Verwaltung bessere Leistungen erhalten. Ausserdem würden die Bürger neben ihren heutigen Rechten und Pflichten durch die periodischen *Befragungen* vermehrt in den politischen Entscheidungsprozess einbezogen.

Allerdings können sich für die Bürger - je nach Ausgestaltung des Modells - unter Umständen einige wesentliche Änderungen ergeben. Die Palette denkbarer Eingriffe ist weit und reicht von eher informellen Anpassungen bis zu einer denkbaren Neugestaltung der direktdemokratischen Instrumente. Die bisherige Darstellung des *Jahresergebnisses* eines Gemeinwesens, beispielsweise, dürfte sich deutlich verändern, wie die Jahresberichte aus Neuseeland, Deutschland und anderen Ländern zeigen. An die Stelle detaillierter Rechnungspositionen wird auch für die Einwohner eine attraktive Darstellung der Ziele, der Leistungen und der globalen finanziellen Aufwendungen des Gemeinwesens treten. Die Verwaltungsleistungen und deren Wirkungen werden transparent und verständlich dargestellt, so dass in einigen Ländern solche Jahresberichte sogar in Buchhandlungen verkauft werden können. Weitere Beispiele sind die üblicherweise aufliegenden *Fragebogen*, die die Zufriedenheit der Kunden mit der soeben erhaltenen Leistung der Verwaltung erheben sollen.

Problematischer ist die inputorientierte Ausgestaltung der *demokratischen Einflussmöglichkeiten*, die bei Umsetzung der wirkungsorientierten Verwaltungsführung natürlich nicht mehr systemkonform ist. Das *Finanzreferendum* ist ein eindrückliches Beispiel für ein inputorientiertes direktdemokratisches Instrument. Die Referendumsgrenze wird in aller Regel auf einen bestimmten Betrag festgelegt, ab dem das Volk befragt werden muss bzw. das Referendum ergriffen werden kann. Dabei sind die Kriterien stark *inputorientiert*: Massgebend ist der Charakter der *Ausgaben* (neu oder gebunden). Denkbar wäre hingegen eine outputorientiertere Ausgestaltung des bisherigen Finanzreferendums im Sinne eines *Produktreferendums*: Wird die Herstellung oder der Einkauf neuer Produkte der Verwaltung beschlossen, so könnte hiergegen das Referendum er-

---

[2] Wenn hier von Bürgern die Rede ist, so sind in aller Regel die Stimmberechtigten gemeint. Dies gilt insbesondere, wenn von demokratischen Instrumenten gesprochen wird.

griffen werden. Diese Frage kann und soll nicht an dieser Stelle vertieft werden; Priorität hat im Moment die Schaffung einer outputorientierten Basis in der Verwaltung.

Die direktdemokratischen Instrumente haben ihre Bedeutung nicht verloren, im Gegenteil: Sie sind heute mehr denn je das Fundament unserer hochentwickelten Demokratie. In diesem Sinn ist die Forderung nach Beibehaltung der vorhandenen demokratischen Instrumente berechtigt. Allerdings muss ihre *Ausgestaltung* auf Kompatibilität mit den neuen Steuerungsmodellen überprüft werden. Auch in diesem Bereich sollte sich die Schweiz keine Tabus leisten.

2.1.1.2. Parlament

Die neue Aufgabenzuteilung (weniger operative, mehr strategisch-normative Funktionen) bewirkt, dass sich die Tätigkeiten des Parlaments verändern werden. Durch die Ausrichtung der Steuerung an eigentlichen Produktgruppen mit gleichzeitiger globaler Finanzmittelzuweisung verlagert sich das Interesse des Parlamentes von der detaillierten Kreditsprechung und -kontrolle auf die Produktseite der Verwaltung. Dies mag auf den ersten Blick nach einem Verlust an Einfluss für die Parlamente aussehen. Bei näherer Betrachtung der neuen Informations- und Entscheidungsmöglichkeiten wird jedoch deutlich, dass die Parlamente grösseren Einfluss auf die tatsächlich erstellten Leistungen der Verwaltung erhalten, als dies bis anhin der Fall war. Erfahrungen, die in den Projekten gesammelt werden konnten, zeigen, dass sich den Parlamentariern Möglichkeiten eröffnen, die sie selbst nie erwartet hätten - insbesondere Massnahmen zur Kosteneindämmung erhalten eine ungeahnt hohe Qualität, wenn nicht mehr Detailbudgets allein als Information zur Verfügung stehen, sondern konkrete Produktgruppen mit ihren Kosten diskutiert, Qualitätsstandards definiert oder einzelne Produktgruppen an Private vergeben werden.

Diese qualitativen Anforderungen an die Parlamente führen dazu, dass neue Aufgaben auf vorberatende Kommissionen zukommen können. Um entsprechende Fachkenntnis aufzubauen, und um auch die Arbeit der Parlamente produkt- und nicht funktionsbezogen zu organisieren, müsste für jede Produktgruppe *eine* fachlich zuständige Kommission bezeichnet werden, ähnlich den bereits heute in vielen Parlamenten bestehenden Bildungskommissionen. Selbstverständlich ist die Anzahl solcher Kommissionen klein zu halten und mehrere Produktgruppen pro Kommission zusammenzufassen. Die Frage, ob dazu neue Kommissionen geschaffen werden oder Fachgruppen der Geschäftsprüfungskommission gebildet werden sollen, ist für das Funktionieren des Ganzen nicht entscheidend. Wichtig sind die Aufgaben, die durch solche Kommissionen wahrgenommen werden sollten (vgl. Neue Stadtverwaltung Bern 1994).

> *Im Tiefbauamt des Kantons Bern konnte aufgrund der neu eingeführten Kosten-Leistungsrechnung nachgewiesen werden, dass einige hunderttausend Franken gespart werden können, wenn der Standard für die Schneeräumung der Staatsstrassen von 4 Stunden auf 8 Stunden ausgedehnt wird.*
>
> *Die politischen Gremien können nun darüber entscheiden, ob sie diese Qualitätsverminderung hinnehmen möchten oder nicht. Durch die neuen Informationen über Produkte, ihre Wirkungen und ihre Preise entsteht eine Basis für politische Entscheide, die alle Beteiligten befähigt, die Folgen ihrer Beschlüsse sowohl in finanzieller als auch in leistungsmässiger Hinsicht abzuschätzen.*

In der *Voranschlagsphase* obliegt der Fachkommission die Begutachtung des durch die Regierung vorgeschlagenen Produktbudgets in ihrem Zuständigkeitsbereich, wonach sie Anträge zuhanden des Stadtrates stellt. Weil das Produktbudget sowohl Finanz- als auch Leistungsdaten enthält, wäre damit die Fachkommission für beide Aspekte zuständig.

Während des Jahres, d.h. während der *Produktion* in der Verwaltung, wäre die Fachkommission zuständig für die Überwachung der Ausführung. Sie kann dies im Sinne einer Systemprüfung tun, kann Berichte der Verwaltung oder der Prüfungsinstanzen einfordern oder kann sich vor Ort über die Einhaltung des Produktbudgets informieren.

Nach *Abschluss* des Jahres übernimmt die Fachkommission die Abnahme der Jahresrechnung und des Leistungsausweises in ihrem Bereich und stellt wiederum Antrag an das Parlament.

Die Prüfungstätigkeit der Kommissionen des Parlaments ist so mit jener der Regierung bzw. der Prüfungsinstanz zu koordinieren, dass Überschneidungen möglichst vermieden werden können. Insbesondere ist noch im Detail zu klären, welche Funktionen die Finanzkommissionen der Parlamente in Zukunft übernehmen werden (vorausgesetzt, die Fachkommissionen werden tatsächlich aus den GPK gebildet). Diese Frage ist nicht abschliessend geklärt.

III. Strukturen der wirkungsorientierten Verwaltungsführung

Weil die normative Ebene letztlich die Hoheit über die Steuergelder hat, tritt sie in die Funktion des Leistungsfinanzierers und hat als Gegenleistung Anspruch auf eine umfassende Information über die Verwendung der Gelder und deren Auswirkungen. Die Art ihrer *Entscheidfindung* wird sich in der wirkungsorientierten Verwaltung merklich verändern: Statt vieler Details werden zukünftig *strategisch wesentliche* Fragen mit qualitativ verbesserter Information behandelt. Ausserdem sollte dadurch, die enorme Belastung der Parlamente[3] deutlich reduziert werden. Die neuen Aufgaben und Kompetenzen dürften interessanter, wirkungsvoller und befriedigender sein als die heutige Situation, wie erste spontane Reaktionen aus den laufenden Projekten in der Schweiz bestätigen.

2.1.2. Die Ebene der Leistungskäufer

Die Exekutive ist mit ihren zugehörigen Departementen im Modell der wirkungsorientierten Verwaltungsführung sowohl planende (und somit geschäftsvorbereitende) als auch ausführende bzw. Leistungen einkaufende Instanz. Sie trägt die Verantwortung für die Einhaltung des Produktbudgets gegenüber dem Parlament und dem Volk, erhält dafür aber weitgehende Ausführungskompetenz in Bezug auf die Art und Weise der Leistungsbeschaffung (*make or buy*). Konsequenterweise müsste dies beispielsweise heissen, dass die Auswahl von Subventionsempfängern, die Leistungen im Auftrag des Gemeinwesens erstellen, Sache der Leistungskäufer ist und durch das Parlament nicht beeinflusst werden kann.[4] Im Gegenzug ist jedoch die Exekutive gegenüber der Legislative für die korrekte Leistungserstellung verantwortlich.

Hinter der Idee des Leistungskäufers steht das Konzept der *Enabling Authority* (Gewährleistungsverwaltung), das vor allem in Grossbritannien und Neuseeland breit Fuss gefasst hat (Reichard 1994, 11 ff). Demnach muss eine Verwaltung die Produkte nicht mehr selbst erstellen, sondern Gewähr für deren Erstellung - durch eigene oder fremde Leistungserbringer - bieten. Als Kernfunktionen der *Enabling Authority* werden genannt (Thomas 1994, 117):
- Sicherstellung eines bedarfsgerechten Leistungsangebots;
- Beschaffung der gewünschten Leistungen;

---

[3] In der Stadt Bern hat sich die Anzahl der Sitzungen in den letzten dreissig Jahren nahezu verdoppelt, ebenso die Anzahl behandelter Geschäfte; die Strukturen und Instrumente blieben jedoch praktisch unverändert.
[4] Nicht betroffen sind demzufolge Subventionen mit reinem Förderungscharakter, z.B. in der Landwirtschaft.

❏ Eigenständige Leistungserbringung, sofern dies notwendig oder wirtschaftlich gerechtfertigt ist;
❏ Schaffung marktorientierter Wettbewerbsbedingungen, auch innerhalb der Verwaltung.

Organisatorisch umfasst die strategische Ebene die Regierung und die Departemente (in grossen Verwaltungen ev. auch einzelne Ämter). Um die neue Art der Steuerung über Leistungsvereinbarungen praktisch umzusetzen, bedarf es einer neuen Struktur in den Leitungsgremien. Für die Regierung wird ein *zentraler Steuerungsdienst* geschaffen, der sowohl Führungsunterstützung als auch Konzernkoordination betreibt, und für die Departemente entstehen die *Departementsdienste*. Die Funktionen dieser neuen Stäbe, die vollumfänglich aus bestehenden Stellen gebildet werden und eher zu einem Ab- als Aufbau der Stabsmitarbeiter führen sollen, sind in den folgenden Abschnitten näher erläutert.

2.1.2.1. Regierung

Die Regierung ist wie bis anhin die Schnittstelle zwischen Politik und Verwaltung. Sie ist für die strategische Führung des Gemeinwesens verantwortlich. Als Kollegialbehörde obliegen ihr die Aufgaben einer Konzernleitung, die mit recht grossen Kompetenzen ausgestattet ist:

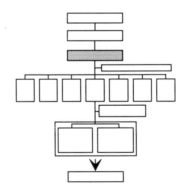

Abb. 38: Regierung im Strukturmodell

❏ Entwicklung und Durchsetzung der Konzernstrategie;
❏ Förderung einer einheitlichen Unternehmungspolitik bzw. -kultur;
❏ Ressourcenpolitik (v.a. Vermeidung von Suboptimierungen und Spartendenken);

III. Strukturen der wirkungsorientierten Verwaltungsführung

- Gesamtführung und Koordination der Aktivitäten der Departemente. Darin inbegriffen ist auch die Kontrolle der Einhaltung der Leistungsaufträge an die Departemente;
- Aufgabenverteilung an die Departemente;
- Sicherstellung einer optimalen Koordination mit dem Parlament und der Einhaltung des Produktbudgets;
- Rechenschaftsablage gegenüber Volk und Parlament.

Die Regierung greift nicht mehr im gleichen Ausmass in die operativen Geschäfte der Verwaltung ein, wie dies heute der Fall ist. Sie übt jedoch einen grossen Einfluss auf die formelle Gestaltung der Vereinbarungen aus. Bei aller Freiheit, die den Verwaltungseinheiten gewährt werden soll, bleibt die Regierung doch oberste Führungsinstanz der Verwaltung und fällt damit in vielen Fällen den letzten Entscheid in Führungsfragen (z.B. durch Vorgabe von Standards für die Personalarbeit). Sie ist auch die vorgesetzte Stelle des zentralen Steuerungsdienstes und diesem gegenüber voll weisungsberechtigt. Der zentrale Steuerungsdienst arbeitet im Auftrag der Regierung und hat selbst grundsätzlich kein Weisungsrecht gegenüber der Verwaltung.

Daneben hat jedoch die Regierung weiterhin repräsentative Funktionen wahrzunehmen und die Anliegen des Parlamentes in die Verwaltung einzubringen.

Es darf davon ausgegangen werden, dass auch in der Regierung eine deutliche Verwesentlichung stattfindet. Heute werden zuviele Detailentscheide in die obersten Verwaltungsgremien, d.h. Regierungskollegien, gebracht, so dass nicht selten Verzögerungen der wirklich wesentlichen Entscheide eintreten.

2.1.2.2. Zentraler Steuerungsdienst/Controllingdienst

Die Dezentralisierung der Verantwortlichkeit bewirkt zentrifugale Kräfte, d.h. die einzelnen Verwaltungseinheiten, die damit einen grösseren Spielraum in ihren Entscheidungen erhalten, streben automatisch nach vermehrter Selbständigkeit. Dies bringt die Gefahr mit sich, dass ihre Partikularinteressen die Gesamtinteressen der Verwaltung überwiegen und der *Dienstleistungsbetrieb Verwaltung* in kleinere, unkontrollierbare Einzelteile zerfällt.

Die neue Struktur

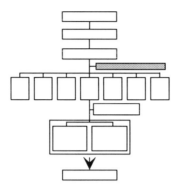

Abb. 39: Zentraler Steuerungsdienst im Strukturmodell

In aller Regel wird weder die politische noch die Verwaltungsführung ein Interesse daran haben, solche Entwicklungen zu fördern. Aus diesem Grund wird eine Institution geschaffen, die als starke Hand der Regierung gewisse Steuerungselemente zentral zusammenhält. Die Kapitäne in der Regierung erhalten somit zuverlässige und professionelle Steuerleute, die auch schwerfällige Schiffe auf dem richtigen Kurs zu halten in der Lage sind. Organisatorisch wird diese Crew in einem *zentralen Steuerungsdienst* zusammengefasst, der als Stab der Regierung dieser direkt unterstellt ist (ähnlich auch KGSt 1993, 19).

2.1.2.2.1. Aufgaben

Der zentrale Steuerungsdienst charakterisiert sich dadurch, dass er ausschliesslich jene Aufgaben übernimmt, die für die *Koordination* und *Kontrolle* der Gesamtverwaltung notwendig sind. Seine Hauptaufgabe besteht - nebst der direkten Führungsunterstützung - somit darin, für bestimmte Bereiche Kriterien und Standards vorzugeben, "die kommunizierbar sind und anhand derer der Erfolg der Strategien und die erwarteten Zielerfüllungsgrade gemessen werden" (Bleicher 1991, 194) können. Explizit davon ausgenommen sind alle Tätigkeiten mit reinem Dienstleistungscharakter für die Verwaltungseinheiten, die keine Koordinationsfunktion haben.

Steuerungsbereich	Steuerungsaufgabe	
	Ausführen	Anordnen
Personal	☞ Personalstrategische Richtlinien ☞ ganzheitliche Personalpolitik	☞ Normalarbeitsvertrag ☞ Lohnsystem ☞ Indikatoren
Rechnungswesen	☞ Finanzstrategie ☞ Finanzplan (4 Jahre) ☞ Investitionsprogramm ☞ Konsolidierung und Konzernrechnungswesen ☞ Finanzrahmen	☞ Richtlinien zur Kostenrechnung ☞ Budget- und Buchhaltungssystematik ☞ Richtlinien zur finanziellen Führung ☞ Indikatoren
Organisation und Technik	☞ Aufbauorganisation ☞ Zuweisung neuer Aufgaben ☞ Verfahrenskoordination	☞ Richtlinien Datensicherheit ☞ Standards Kommunikation ☞ Standards Infrastruktur ☞ Systematik Berichtswesen
Leistung	☞ Normative Planung ☞ Strategische Planung (4 jährig) ☞ Qualitätsmanagement ☞ Massnahmenplanung ☞ Leistungskontrolle	☞ Richtlinien Vereinbarungen ☞ Richtlinien Qualitätssicherung

Abb. 40: Aufgaben des Zentralen Steuerungsdienstes (Quelle: WOV Luzern)

Die Aufgaben des zentralen Steuerungsdienstes sind - trotz aller Beschränkung auf das absolut Notwendige - vielfältig. Im Kanton Luzern wird für die Pilotphase eine Trennung in ausführende und anordnende Aufgaben vorgenommen, um die notwendige Struktur des Steuerungsdienstes zu evaluieren. Ausführende Aufgaben bedingen naturgemäss einen grösseren ständigen Personalbestand als anordnende. Letztere könnten für spezielle Fragen auch durch Fachgremien - die bereits heute bestehen - erledigt werden.

2.1.2.2.2. Funktionen

❑ Planungsfunktion

Im Bereich der strategischen Planung sind vor allem zwei Bereiche wichtig: die Ausrichtung der Planung der Gesamtverwaltung auf langfristige, auf Erfolgspotentiale konzentrierte Strategien sowie die Koordination der Fachplanungen der einzelnen Departemente.

Die Fragestellungen der strategischen Planung umfassen in der Regel eine strategische Situationsanalyse und die Entwicklung einer Vorstellung über die zukünftige Position, die die Verwaltung bzw. ihre Einheiten in der Umwelt einnehmen möchten. Hier wird etwa festgelegt, in welchen Bereichen die Verwaltung weiter wachsen kann, muss oder möchte, wo andererseits Abbaupotential vorliegt, das es zu nutzen gilt, und wo strategische Allianzen eingegangen werden können. Dass solche Entscheide immer auch von erheblicher politischer Brisanz sind, ist klar. Umso mehr bedürfen sie einer Abstützung auf konsistente strategische Planungsarbeiten.

Aus den Vorstellungen über die zukünftige Stellung der Verwaltung in der Umwelt lassen sich Entwicklungspläne für Ressourcen und Fähigkeiten ableiten. Der Zweck solcher Pläne besteht in der Ausnützung von Synergieeffekten und damit der Steigerung der Effizienz der Gesamtverwaltung. Dies kann allerdings dem Ziel weitestgehender Dezentralisation von Verantwortlichkeiten widersprechen, und es gilt, im Einzelfall darüber zu entscheiden, welches Ziel prioritär sei: Delegation der Entscheidungskompetenz versus zentrale Führung mit dem Ziel, höchste Effizienz des Gesamtsystems zu erreichen. Beide Ziele können berechtigt sein, doch gilt es, den Entscheid auch aus der Sicht der Anreizthematik zu fällen. Nicht immer ist der kurzfristig effizientere Weg jener, der langfristige Effektivität verspricht, wenn dadurch beispielsweise der Anreiz für die einzelne Verwaltungseinheit verloren geht, sich den Bedürfnissen der Kundinnen und Kunden anzupassen. Das Argument der von oben aufoktroyierten Unzulänglichkeiten, die jeder kennt, aber keiner zu ändern vermag, darf keine zusätzliche Nahrung erhalten.

❑ Koordinationsfunktion

Was im Bericht der KGSt knapp als "Entwicklung und Vollzugskontrolle zentraler Leitlinien der Personal-, Organisations-, Finanz- und Automationspolitik" (KGSt 1993, 19) umschrieben wird, ist eine wichtige Funktion zur Erhaltung der Führungsfähigkeit der Verwaltung. Diese zentralen Leitlinien bestimmen beispielsweise darüber, ob

- die Personalpolitik nach wie vor von einer faktischen Arbeitsgarantie ausgeht, oder ob - als anderes, nicht anzustrebendes Extrem - in der Verwaltung eine "hire and fire"-Mentalität Einzug hält;
- alle Leistungen sämtlicher Zentrumsfunktionen an die beziehenden Verwaltungseinheiten weiterzuverrechnen sind, oder ob bestimmte obligatorische Leistungen "gratis" abgegeben werden;
- die in der Verwaltung angeschafften EDV-Mittel als reine Insellösungen funktionieren müssen, oder ob für bestimmte Informationen umfassende Gesamtlösungen entworfen werden sollen. Das hat wiederum Auswirkungen auf Kompatibilitätsanforderungen, die an EDV-Mittel zu stellen sind;
- die Verwaltungseinheiten ihre finanziellen Mittel selbständig verwalten können, oder ob ihre liquiden Mittel in einer zentralen Tresorerieabteilung verwaltet werden.

Alle diese Fragen bedürfen weiterer Erfahrungen, wobei sowohl Effizienz- als auch Effektivitätsüberlegungen zu berücksichtigen sind. Ein Vergleich mit der Privatwirtschaft zeigt, dass Extremvarianten beider Ausprägungen (vollständig zentral - vollständig dezentral) in aller Regel kein Erfolg beschieden ist. Letztlich geht es darum, die Verwaltung als Ganzes bei grösstmöglicher Verantwortlichkeitsdelegation trotzdem steuer- und führbar zu behalten. Dies nicht zuletzt deshalb, weil sie immer Teil des politisch-administrativen Systems sein wird und nicht davon auszugehen ist, dass die heute bestehenden demokratischen Mitwirkungsmöglichkeiten empfindlich eingeschränkt werden sollen.

- Berichtsfunktion

Das Berichtswesen umfasst die Konsolidierung der Departementsberichte in einen Konzernbericht, der sowohl finanzielle als auch Leistungs- und Wirkungsdaten enthält. Es ist somit eine der aufwendigsten ausführenden Aufgaben des Steuerungsdienstes. Je nach Ausgestaltung des Berichtswesens sind durch den Steuerungsdienst Quartals- oder Trimesterberichte für die Regierung, allenfalls die parlamentarischen Kommissionen, aufzubereiten. Ende Jahr erfolgt ein ausführlicher Schlussbericht für den externen Gebrauch.

❑ Sekretariats- und Archivierungsfunktion

Teil eines zentralen Steuerungsdienstes kann ein Sekretariat sein, das die Aufgaben bisheriger Staatskanzleien nimmt, soweit sie nicht anderweitig ausgeführt werden. Seine Aufgabe ist die Unterstützung der politischen Führungsorgane und der Verwaltung, wobei ausserdem Einsätze zugunsten des Parlamentes denkbar sind, wenn dieses nicht über eigene Kapazität verfügt. Aus heutiger Sicht steht noch nicht fest, ob der Steuerungsdienst tatsächlich die Aufgaben der Staatskanzleien übernehmen soll. Denkbar wäre auch ein Weiterbestehen letzterer, allerdings in schlankerer Form.

❑ Führungsunterstützungsfunktion

Parlament und Regierung sind im Rahmen der wirkungsorientierten Verwaltungsführung darauf angewiesen, dass sie rechtzeitig über sämtliche Informationen verfügen, die sie für die Wahrnehmung ihrer Führungsaufgaben benötigen. Es sei an dieser Stelle in Erinnerung gerufen, dass die Mehrzahl der Entscheide, die heute durch die Regierungen gefällt werden, operativer Natur sind und damit im System der wirkungsorientierten Verwaltungsführung nicht mehr dem Einfluss der Regierung unterliegen. Dieser *Verlust* der operativen Eingriffsmöglichkeiten muss durch eine Verstärkung der strategischen Entscheidungsfähigkeit kompensiert werden. Dies bedingt wiederum, dass schwache Signale allfälliger problematischer Entwicklungen frühzeitig erfasst und ausgewertet werden, um die zeitlichen Reaktionsmöglichkeiten der Regierung zu gewährleisten.

❑ Kontrollfunktion

Zur Kontrollfunktion des Steuerungsdienstes gehört die Überwachung der Einhaltung von Leistungsaufträgen durch die Departemente. Ausserdem gilt es, die Durchsetzung der eigenen Richtlinien sicherzustellen. Die Entwicklung von Standards für die interne Revision der Departemente ist eine weitere wichtige Funktion, denn die Bedeutung einer gut funktionierenden internen Revision auf Ebene der Departemente dürfte durch die wirkungsorientierte Verwaltungsführung deutlich zunehmen.

❑ Qualitätsfunktion

Der Steuerungsdienst ist die oberste Qualitätssicherungsinstitution des *Konzerns Verwaltung*. Ihm obliegt insbesondere die Überwachung der Systeme, die in den Departementen zur Qualitätssicherung eingeführt werden. Auf städtischer Ebene, wo der direkte Kontakt zu den

III. Strukturen der wirkungsorientierten Verwaltungsführung

Einwohnerinnen und Einwohnern eher vorhanden ist als auf kantonaler Ebene oder im Bund, gehört die Veranlassung der jährlichen Einwohnerbefragung als ausführende Funktion dazu. Dabei können selbstverständlich bestimmte Arbeiten durch andere Verwaltungsstellen erledigt werden.

2.1.2.2.3. Organisatorische Eingliederung des Steuerungsdienstes

Eine Dienststelle, die über so viele für den Konzern wichtige Informationen verfügt, muss direkt der Regierung unterstellt sein. Sie sollte so klein als möglich gehalten werden, um den Prinzipien der schlanken Verwaltung gerecht zu werden. Die Regierung prüft periodisch, ob sich der zentrale Steuerungsdienst auf seine Kernfunktionen beschränkt.

Schon heute besteht in den meisten kantonalen Verwaltungen eine Kommission, die sich für die Kooperation und die Kommunikation in der Gesamtverwaltung einsetzt: die Konferenz der Departementssekretäre. Diese ausserordentlich wichtige Institution soll nicht durch den Steuerungsdienst abgelöst oder geschwächt werden. Vielmehr soll letzterer den Departementssekretären neue, wichtige Informationen über den Gesamtkonzern aufbereiten können, um die Koordination auf Führungsebene zu verbessern.

Aufgrund der oben angeführten Überlegungen wäre es problematisch, den Steuerungsdienst in einem Departement anzusiedeln. Tatsächlich sollte der Steuerungsdienst möglichst von einem einzelnen Departement unabhängig und der Regierung direkt unterstellt sein, ähnlich etwa einer Staatskanzlei in einem Kanton. Damit wird auch die Führungsfunktion der Gesamtregierung als Kollegialbehörde aufgewertet. Der Leiter des Steuerungsdienstes nimmt die Rolle des Chef-Controllers im Konzern ein, könnte den Departementssekretären gleichgestellt werden und nähme auch als regelmässiges Mitglied an den entsprechenden Koordinationskonferenzen teil.

Die Mitarbeiter des Steuerungsdienstes sollten die folgenden Funktionen abdecken:

❑ Konzern-Finanzwesen;
❑ Personal;
❑ Kommunikation, Technik und Organisation;
❑ Leistungsbereich.

Es ist denkbar, dass in kleineren Gemeinwesen gewisse Aufgaben in Personalunion ausgeführt werden. Es wäre weiter nicht ausgeschlossen, gewisse Aufgaben im Auftragsverhältnis durch bestehende Querschnittsämter ausführen zu lassen, so lange kein Interessenkonflikt zwischen Koordination und Dienstleistung entsteht.

Die Frage, wie gross der Steuerungsdienst sein sollte, lässt sich zum heutigen Zeitpunkt nicht abschliessend beantworten. In den Niederlanden sind bis zu 40 Personen für eine grössere Stadt bekannt, doch scheint dies für schweizerische Verhältnisse - bei einem Aufgabenspektrum, wie es oben beschrieben wurde - zu umfangreich. Dies gilt zumindest für die kommunale Ebene; auf Kantons- oder Bundesebene müssten hierzu noch Erfahrungen gesammelt werden.

Die Spielarten, die sich aus den möglichen Aufgabenzuordnungen ergeben, sind vielfältig. Die Spannweite reicht von einem projektmässig organisierten Gremium nebenamtlicher Mitglieder bis zu einer Vollintegration sämtlicher zentraler Aufgaben des Konzerns. Ersteres könnte allenfalls auf die bereits vielfach vorhandenen ständigen Kommissionen abstützen, letzteres würde auch den Einbezug der Sekretariatsdienste für Parlament und Regierung, der ausführenden Tätigkeiten von Personal- und Finanzdiensten u.ä. bedeuten. Konsequenterweise müsste damit das bestehende Finanzdepartement zu einem Dienstleistungsdepartement umgebaut werden, das nur noch interne Dienstleistungen anbietet.

Aus realpolitischen Überlegungen scheint die Schaffung einer neuen, schlanken Stabsstelle durch Umverteilung bereits bestehender Kapazitäten die am ehesten durchsetzbare Lösung. Die wichtige politische und administrative Funktion des Finanzdepartementes sollte nicht unterschätzt werden, auch wenn seine übermächtige Stellung in einzelnen Gemeinwesen sicherlich hinterfragt werden darf.

2.1.2.3. *Departemente*

Die Departemente sind verantwortlich für die Beschaffung von Produkten für die Kunden der Verwaltung. Dabei ist unerheblich, ob sie die Produkte bei Dritten einkaufen oder durch die Verwaltung erstellen lassen wollen. Sie tragen allerdings die politische Verantwortung für die Produkte in bezug auf Qualität, Quantität, zeitliche Verfügbarkeit und Zugang für die Kunden. Sie haben damit die *Führungsverantwortung* im Falle einer Abweichung bzw. Nichteinhaltung von Kontrakten wahrzunehmen und sind gezwungen, die Leistungserbringer gut auszuwählen und zu überwachen.

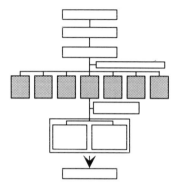

Abb. 41: Departemente im Strukturmodell

In den Departementen wird sich nach und nach neues Know-how für die Gestaltung und Überwachung von Kontrakten mit den Leistungserbringern aufbauen, wofür *Departementsdienste* als organisatorische Gefässe eingerichtet werden.

Bisweilen wird die Frage aufgeworfen, ob im Zuge der Bildung von Konzernstrukturen auf die departementale Struktur verzichtet werden könne. In der Tat wäre es denkbar, die Regierung als Kollegialbehörde zu verstärken, indem die fixe Zuteilung eines Departements an je ein Regierungsmitglied aufgehoben würde. Damit könnte auch im politisch-administrativen System das privatwirtschaftliche Modell der Strategie-Holding nachgebildet werden, bei dem in der Konzernzentrale (entspricht der Regierung als Kollegialbehörde) die strategische, in den Tochtergesellschaften (Agenturen, Verwaltungseinheiten) die operative Führung angesiedelt würde (Grünenfelder 1995, 287). Grundsätzlich könnten die Agenturen dann ohne departementale Zwischenstufe der Regierung unterstellt werden.

Unter den gegebenen politischen Umständen ist der pragmatischere Ansatz für ein mittelfristig anzustrebendes Ziel wohl jener einer *departementsorientierten* Regierung, deren Mitglieder zumindest fachlich für je ein Departement verantwortlich zeichnen, die eigentliche Führung des Departements jedoch einem Departements-Generaldirektor überlassen. So lässt sich eine echte Trennung zwischen (politischer) strategischer und (unpolitischer) operativer Ebene erzielen (Grünenfelder 1995, 288 ff).

Die hier aufgezeichnete Lösung lehnt sich stark an die vorhandenen Strukturen in grösseren Gemeinwesen an und ist damit geeignet, kurzfristig umgesetzt zu werden. Diese starke Departementsorientierung ist zwar nicht ideal, weil sie nach wie vor operative Eingriffe durch demokratisch gewählte Führungspersonen (Politiker) ermöglicht. Sie erlaubt jedoch erste schnelle Lösungsvarianten, ohne den Wagen zu überladen, indem mit der wirkungsorientierten Verwaltungsführung eine umfassende Regierungsreform an die Hand genommen werden soll.

2.1.2.4. *Departementsdienste*

Die Departementsdienste nehmen alle Aufgaben wahr, die für die Führung der Departemente notwendig sind, also auch Querschnittsfunktionen, die bis anhin durch eigene Ämter durchgeführt wurden. Darin enthalten sind insbesondere Aufgaben im Bereich Controlling. Diese können etwas detaillierter umschrieben werden:

- Analyse der bestehenden Strukturen und Abläufe im Departement;
- Durchführung von Ausschreibungen, sofern neue Offerten für Kontrakte eingeholt werden sollen;
- Beurteilung der Offerten und Vorbereitung des Auswahlentscheids durch die Departementsleitung;
- Vorbereitung der Kontrakte mit den Leistungserbringern;
- Überwachung der Kontrakteinhaltung durch die Leistungserbringer;
- Sammlung und Auswertung der Quartals- und Jahresberichte der Leistungserbringer;
- Erstellen von Quartals- und Jahresberichten zuhanden der Regierung;
- Vorbereiten von Massnahmen bei ausserordentlichen Vorfällen;
- allgemeine Führungsunterstützung für die Departementsleitung.

Die Entwicklungsarbeiten sind in der Schweiz noch nicht so weit fortgeschritten, dass abschliessend beurteilt werden kann, wieviele Personen mit welchen Qualifikationen in den Departementsdienst Eingang finden. Schon heute ist jedoch erkennbar, dass bestimmte Aufgaben Kenntnisse voraussetzen, die bislang in der Verwaltung kaum benötigt wurden (z.B. Kontraktmanagement oder Bewirtschaftung eines Management-Informationssystems).

III. Strukturen der wirkungsorientierten Verwaltungsführung

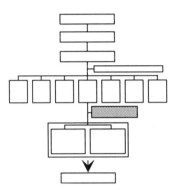

Abb. 42: Departementsdienste im Strukturmodell

2.1.3. Die Ebene der Leistungserbringer

Die Ebene der Leistungserbringer (*operative Ebene*) umfasst jene Organisationseinheiten, die im Kontraktverhältnis mit den Departementen bzw. den Ämtern stehen. Sie können unterschiedliche *Organisationsformen* des öffentlichen oder privaten Rechts aufweisen. Ihre Rechtsform ist im Grunde für das Funktionieren des Modells unerheblich, wichtig ist ein regelmässiger und fairer Wettbewerb zwischen den Bewerbern. Die Voraussetzungen dazu sind durch genaue Regelungen zu schaffen.

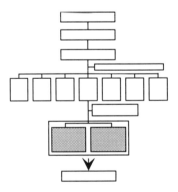

Abb. 43: Leistungserbringer im Strukturmodell

Die Leistungserbringer übernehmen oft Aufgaben, die nicht nur Dienstleistungscharakter haben, sondern im Zusammenhang mit hoheitlichen Funktionen stehen. Je nach Situation können sie damit auch die

Kompetenz erhalten, gegenüber Dritten Richtlinien festzulegen. Ausserdem ist es denkbar, dass die Leistungserbringer ihrerseits weitere Personen oder Institutionen beauftragen, in der Leistungserstellung mitzuwirken. Diese Möglichkeit muss insbesondere bei grösseren Aufgabenbereichen geschaffen werden, um grösstmögliche Flexibilität zu erreichen.

2.1.3.1. *Verwaltungseinheiten*

Die Verwaltungseinheiten geniessen in der wirkungsorientierten Verwaltungsführung einen hohen Grad an Autonomie. Sie sind operativ weitgehend selbständig und agieren im Rahmen der Vorgaben des jeweiligen Kontraktes. Sie übernehmen damit die Funktion der Leistungsanbieter.

Die operative Selbständigkeit bedeutet für die Verwaltungseinheiten, dass sie über Art und Weise, wie sie eine bestimmte Palette vereinbarter Leistungen erstellen wollen, eigenständig entscheiden können. Darin enthalten sind personelle Entscheide, beispielsweise über Anstellung, Beförderung oder Ausbildung, aber auch Entscheide der Finanzmittelverwendung und Sachmittelbeschaffung. Das hat zur Folge, dass etwa Stellenpläne, die heute von den Parlamenten bewilligt werden, zwar als Mittel der Konzernsteuerung noch eingesetzt werden *können*, als Instrument der politischen Einflussnahme hingegen ihre Bedeutung verlieren werden, weil sie als klassische Input-Regelung dem System zuwider laufen.

In Gesprächen mit Praktikern wird oft die Frage aufgeworfen, ob die Verwaltungseinheiten in unselbständige Anstalten, selbständige Anstalten des öffentlichen Rechts oder private Unternehmen umgewandelt werden müssen, um einen möglichst hohen Grad an Autonomie zu erhalten. Tatsächlich ist diese Frage für die Autonomie aber nicht von grosser Bedeutung. Wesentlicher ist das Ausmass der operativen Handlungsfreiheit, die der Verwaltungseinheit zugestanden wird.

2.1.3.2. *Andere Anbieter*

Verschiedene Leistungen, die heute durch die Verwaltung selbst erbracht werden, sind auch in der Privatwirtschaft oder in anderen Verwaltungen zu finden. Es besteht daher grundsätzlich die Möglichkeit, dass sie von der Verwaltung "eingekauft" werden. In diesem Fall sprechen wir - insbesondere im Zusammenhang mit EDV-Leistungen - von einem *Outsourcing*. Solche Beispiele sind heute in der Schweiz bereits zu finden.

III. Strukturen der wirkungsorientierten Verwaltungsführung

Das Rechenzentrum des Kantons St. Gallen stellt beispielsweise seine EDV-Dienstleistungen anderen Gemeinwesen in der näheren und weiteren Umgebung zur Verfügung, wie dies auch die Organisations- und Informatikdienste des Kantons Luzern für die Gemeinden im Kanton machen.

Weit verbreitet ist bereits heute die Zusammenarbeit des Staates mit *Nonprofit-Organisationen (NPO)*, die im dritten Sektor angesiedelt sind (Schwarz/Purtschert/Giroud 1995, 22). Sie gehören damit weder zum rein staatlichen noch zum rein privatwirtschaftlichen Bereich, gelten aber ebenfalls als zielorientierte Organisationen, die im Auftrag eines Gemeinwesens direkt gegenüber Leistungsempfängern auftreten können.

Die in der Schweiz zahlreichen *Zweckverbände* - oft NPO-ähnlich organisiert - können als Mischform des Outsourcing mit eigenen Mitteln betrachtet werden, indem sich verschiedene Gemeinden zu einer fachlichen Einheit zusammenschliessen und eine Leistungskategorie von dieser spezialisierten Einheit - eben dem Zweckverband - beziehen. Die Tätigkeitsbereiche solcher Zweckverbände sind vielfältig. Sie reichen von Schulverbänden über Abfallentsorgung, Ab- und Zuwasserverbänden bis zu Zweckverbänden für regionale Alters- und Pflegeheime. Obwohl solche Organisationsformen gerade in der kommunalen Landschaft der Schweiz, die durch viele für sich kaum lebensfähige Kleinstgemeinden geprägt ist, einen grossen ökonomischen Nutzen haben, kämpfen sie mit dem Problem, dass sie monopolistisch organisiert sind. In aller Regel sind ihre Mitglieder verpflichtet, die Leistungen des Zweckverbandes zu beziehen, wobei der Preis oft einseitig durch den Verband festgelegt wird. Ein Marktdruck fehlt meist, da selbst bei tiefen (marktgerechten) Preisen, wenn sie nicht kostendeckend sind, letztlich die Mitglieder über die Defizitdeckung zur Kasse gebeten werden. Dabei können allerdings elementare Mitsprache- und Demokratiedefizite entstehen.

Ein vom Outsourcing zu unterscheidendes Instrument der Zusammenarbeit mit anderen Anbietern ist das *Contracting Out* (vgl. die Ausführungen in Kap. VI). Hier wird mit Dritten über detaillierte Leistungsvereinbarungen - wir nennen sie Kontrakte - vereinbart, welche Leistungen sie an die Kunden der Verwaltung abzugeben haben.

2.2. Das City Manager - Modell: Ein Ansatz für kleinere Schweizer Gemeinden?

Die beschriebene Struktur ist auf Gemeinwesen zugeschnitten, die eine Legislative mit Parlament kennen. Eine andere, für die Schweiz jedoch durchaus typische Situation ist das Fehlen eines eigenen Parlamentes. Der dann vorherrschende Typus ist die Gemeindeversammlung als Legislative, eine in aller Regel nebenamtliche Regierung als Exekutive mit einer zumindest teilweise vollamtlichen Verwaltung als ausführende Institution. Wollte man in dieser Organisationsform die gleichen Strukturen einführen wie beispielsweise in der Stadt Bern, so hiesse dies, mit Kanonen auf Spatzen zu schiessen. Trotzdem kann sich die Struktur verändern, wenn die Verwaltung vermehrt wirkungsgeführt ausgestaltet werden soll.

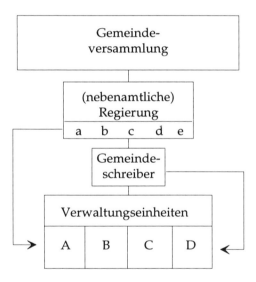

Abb. 44: Direkte Führung der Verwaltung durch die Regierungsmitglieder (und z.T. den Gemeindeschreiber)

Die heutige Situation ist auch in kleineren Gemeinden oft durch direkte Führungseingriffe der Regierungsmitglieder in die operativen Geschäfte der Verwaltung geprägt. Der Gemeindeschreiber ist zwar meist der höchste Beamte in der Gemeinde, hat aber je nach Ausgestaltung seiner Kompetenzen einen mehr oder weniger grossen Einfluss auf die Verwaltungstätigkeit. Oft bestimmt er faktisch das Tagesgeschäft, während die Regierung sich auf strategische Vorgaben beschränkt; in der

Mehrzahl der Gemeinden der Schweiz dürfte dies jedoch nicht der Fall sein. Dies führt dazu, dass viele Regierungsmitglieder, die ihr Amt neben einer Vollzeitbeschäftigung im Beruf ausüben, chronisch überlastet sind.

Eine Alternative dazu könnte auch hier eine Trennung von politischer *Was*-Vorgabe und administrativer Umsetzung (*Wie?*) darstellen, wobei das im anglo-amerikanischen Raum verbreitete City Manager - Modell auch für die Schweiz von Bedeutung sein könnte. Beide Gewinner des Carl-Bertelsmann-Preises für die bestgeführte Stadt der Welt, Christchurch (NZ) und Phoenix (USA), sind nach diesem Modell organisiert, und die Fachwelt ist sich einig, dass die Elemente der wirkungsorientierten Verwaltungsführung sich in diesem Organisationsmodell besonders gut umsetzen lassen. Aus diesem Grund soll die Grundstruktur anhand der Organisation in Christchurch kurz aufgezeigt werden (vgl. *Abb. 45*).[5]

Nach diesem Modell ist die Trennung zwischen Politik und Verwaltung vollständig verwirklicht. Dies wird in vielen Gemeinwesen des anglo-amerikanischen Raums, die sich erfolgreich wirkungsorientiert organisieren, konkret vorgeschrieben. Eine politische Betätigung oder Parteimitgliedschaft der Verwaltungsspitze wie auch der Verwaltungsmitarbeiter wird oft ausgeschlossen (Grünenfelder 1995, 288). Die Suche nach geeigneten Personen für leitende Positionen wird häufig einer unabhängigen Headhunter-Unternehmung übertragen, um politische Seilschaften zu verhindern.

Der City Manager erhält weitgehende Kompetenzen, die er zur Organisation der Gemeindeverwaltung benötigt. Er wird auf befristete Zeit vom Rat (vergleichbar mit dem Gemeinderat) gewählt und bestellt sodann alle weiteren Mitarbeiter der Verwaltung in eigener Kompetenz.

"Die Verantwortung der Räte gegenüber der Verwaltung ist klar abgegrenzt. Das Management der Verwaltung und aller mit der Umsetzung politischer Vorgaben zusammenhängenden Massnahmen liegt in der gesetzlich verankerten, alleinigen Verantwortung und Weisungsbefugnis eines City Managers. Verantwortung wird dabei weiter auch als Rechenschaftspflicht definiert, Rechenschaft vor allem gegenüber dem Bürger oder, als Zwischeninstanz, den politischen Vertretern der Bürger" (Gray/Dumont du Voitel o.J., 9).

---

[5] Für ausführliche Darstellungen der beiden Führungsmodelle sei auf die Beschreibungen von Gray und Dumont du Voitel (für Christchurch) sowie Fairbanks und Dumont du Voitel (für Phoenix, Arizona) verwiesen.

Die neue Struktur

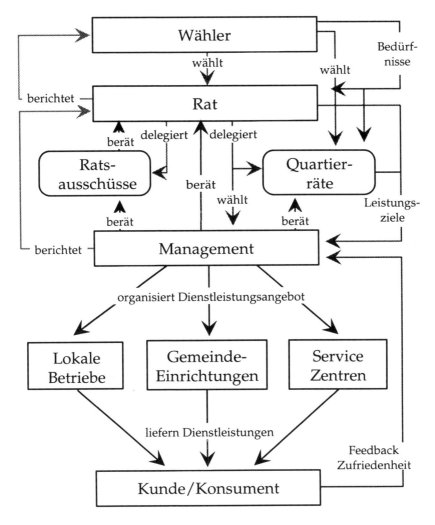

Abb. 45: Gemeindeorganisation in Christchurch, Neuseeland (Gray/Dumont du Voitel o.J., 10)

Aus der Grösse der Stadt Christchurch (ca. 300'000 Einwohner) ergibt sich, dass sie die Verwaltung zum Teil dezentralisieren muss, um näher zu ihren Einwohnern zu gelangen. Zu diesem Zweck wurden Quartierräte (*Community Boards*) und Ratsausschüsse (*Council Committees*) geschaffen, die gewisse Aufgaben dezentral übernehmen und teilweise direkt gewählt, teilweise aus dem Rat bestimmt werden. Ausserdem hat man in

III. Strukturen der wirkungsorientierten Verwaltungsführung

den Quartieren sog. Service Zentren eingerichtet, wo die Einwohner sämtliche Kontakte mit den Behörden an einem Ort vornehmen können (ähnlich den Bürgerämtern in Deutschland).

Diese Art der Dezentralisierung dürfte für die Mehrzahl der Gemeinden in der Schweiz nicht notwendig sein. Jedoch liesse sich durchaus ins Auge fassen, das City Manager Modell grundsätzlich zu übernehmen (vgl. *Abb. 46*), indem die heutige Funktion des Gemeindeschreibers aufgewertet wird, seine Aufgaben über einen Leistungsauftrag definiert und seine operativen Kompetenzen deutlich ausgeweitet werden. Solche Modelle müssten für die Schweiz noch entwickelt werden, sobald sich konkrete Möglichkeiten eines entsprechenden Versuchs eröffnen.

Im Grundsatz funktioniert dieses Modell nach den gleichen Prinzipien wie das vorne detailliert erläuterte Parlamentsmodell. Die politische Ebene steuert die Verwaltung über den Output mittels Leistungsaufträgen und Globalbudgets, wobei ihr dazu ausführliche Leistungsinformationen von der Verwaltung zugestellt werden.

Auch in diesem Modell ist der City Manager frei, wie er seine Aufgaben bewältigen will. Die Wahl der Leistungserbringer ist ihm grundsätzlich überlassen. Der grosse Unterschied zum Parlamentsmodell besteht in der einfacheren Struktur, die durch *eine* verantwortliche Person gekennzeichnet ist, während ersteres eine in Departemente zerteilte Regierung und Verwaltung kennt und damit ungleich komplexere Führungs- und Informationsprobleme aufweist. Die internationalen Erfahrungen zeigen denn auch, dass Städte mit City Manager - Modellen einfacher auf die neuen Steuerungsmodelle umstellen können als andere.

Die neue Struktur

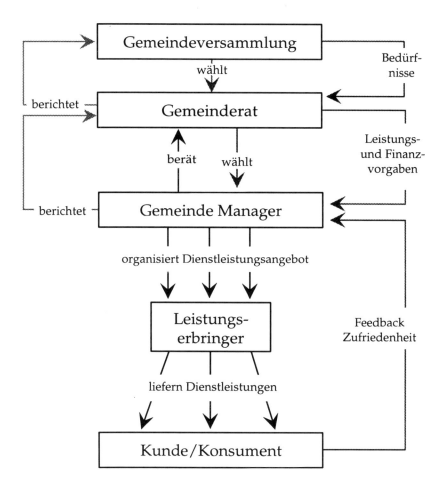

Abb. 46: City Manager - Modell für eine Schweizer Gemeinde ohne Parlament

3. ZUSAMMENFASSUNG DES KAPITELS III

Die Strukturen des politisch-administrativen Systems ändern sich in der wirkungsorientierten Verwaltungsführung insofern drastisch, als die heute bestehenden Verflechtungen zwischen strategischen und operativen Entscheidungs- und Handlungselementen aufgelöst und eine klarere Trennung zwischen Strategie und Ausführung angestrebt wird. Der *saubere Schnitt* wird freilich kurzfristig nicht durchführbar sein. Vielmehr wird versucht, anhand des Strukturmodells Schwergewichte zu bilden, die einer schrittweisen Entflechtung dienen.

Jedem der aufgezeigten Strukturelemente wird eine klarere *Rolle* zugeteilt:

- den Bürgern und dem Parlament jene der Leistungsfinanzierer;
- der Regierung und den Departementen sowie ihren Stabsorganisationen, dem zentralen Steuerungsdienst und den Departementsdiensten, jene der Leistungskäufer;
- den Verwaltungseinheiten und anderen Anbietern jene der Leistungserbringer.

Gleichzeitig wird als Gegenpol zur Dezentralisierung ein starkes Controlling aufgebaut, das über die erwähnten Stabsorganisationen verläuft und vermehrt mit der Privatwirtschaft vergleichbare Aufgaben übernimmt. Erst dieses neue Instrument ermöglicht weiterhin eine zielgerichtete Führung des Konzerns Verwaltung.

Im nächsten Kapitel werden die Steuerungselemente der wirkungsorientierten Verwaltungsführung aufgezeigt, die Teil des Controlling in der modernen Verwaltung sind.

IV. Steuerungselemente der wirkungsorientierten Verwaltungsführung

IV. Steuerungselemente der wirkungsorientierten Verwaltungsführung

Die wohl herausragendste Veränderung, die mit der wirkungsorientierten Verwaltungsführung eingeleitet wird, ist eine Neugestaltung der Steuerungsabläufe in der Verwaltung. Nicht ohne Grund wird in Deutschland dafür der Begriff des *Neuen Steuerungsmodells* verwendet (KGSt 1993). Auch die laufenden Projekte in der Stadt Bern und in den Kantonen Bern, Luzern, Wallis und Zürich richten einen Hauptteil des Augenmerks auf die Veränderung dieser Steuerungsmechanismen. Es geht dabei nicht zuletzt darum, die neuen Modelle auf ihre Tauglichkeit für den Einsatz in der Schweiz zu testen und die für unsere Breitengrade notwendigen Steuerungselemente zu entwickeln.

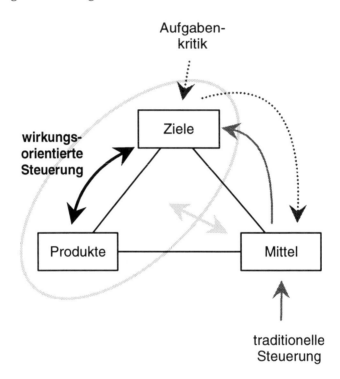

Abb. 47: Wirkungsorientierte Steuerung über Produkte, traditionelle Steuerung über Mittel (Ressourcen, Inputs)

Als *Grundsatz* der neuen Steuerung kann die Ablösung der reinen Inputbetrachtung durch eine Wirkungsorientierung genannt werden. Alle folgenden Regelungen, Neuordnungen und Instrumente leiten sich aus diesem Grundsatz ab, und ihre Tauglichkeit kann daran gemessen werden. *Steuerungsgegenstand* sind damit nicht die Mittel, sondern die Produkte der Verwaltung. Wurde in der traditionellen Steuerung davon ausgegangen, dass zwischen Mitteln und der Erreichung von Zielen ein (direkter oder indirekter) Zusammenhang besteht, so wird in der wirkungsorientierten Verwaltungsführung dieser Zusammenhang durch die Definition von Produkten geschaffen. Die Führung wird so direkter, die Einflussmöglichkeiten der politischen Instanzen auf die *Ergebnisse* (z.B. Zielerreichung) stärker.

Die Instrumente der wirkungsorientierten Verwaltungsführung sind vereinfacht in *Abb. 48* dargestellt. Die horizontalen Balken symbolisieren die veränderten *Instrumente* der Steuerung, die über alle *Ebenen des politisch-administrativen Systems* wirken. Die Ebenen sind ihrerseits in den vertikalen Kasten dargestellt.

Instrumente	
	Leistungssteuerung (Vereinbarungen)
	Finanzielle Steuerung (Globalbudgetierung)
	Berichtswesen
	Wirkungsprüfung
	Marktmechanismen und Wettbewerb
	Struktur- und Kulturveränderung

Vereinbarungsebenen: Bürger mit Parlament | Parlament mit Regierung | Regierung mit Departementen | Departemente mit Leistungserbringern | Leistungserbringer mit Kunden

Abb. 48: Steuerungsinstrumente der wirkungsorientierten Verwaltungsführung

In diesem und den nachfolgenden Kapiteln wird vertieft auf die hier dargestellten Steuerungsinstrumente und -ebenen eingegangen. Dabei werden hier vorerst die unmittelbar wirkenden (Controlling-) Instrumente für die Steuerung von Leistungen und Finanzen aufgegriffen, in späteren Kapiteln wird dann auf die Wirkungsprüfung und die Steuerung über Wettbewerbs- und Marktmechanismen eingegangen.

1. LEISTUNGSVEREINBARUNGEN

Durch die Trennung der verschiedenen Entscheidungsebenen entsteht eine neue Rollenverteilung zwischen den politischen und administrativen Organen. Die bislang streng hierarchische Abstufung mit Weisungskompetenz der übergeordneten Stelle wird durch verstärkte Kommunikation zwischen - wenn auch nicht vollwertig gleichberechtigten - Partnern abgelöst (Hill 1994, 309). Der Verlust der permanenten operativen Mitsprachemöglichkeit führt zu einer gewissen Verselbständigung der Verwaltungseinheiten, die durchaus gewünscht ist. Sie birgt aber auch die Gefahr eines zu weit gehenden Verlusts der politischen Steuerung im Verwaltungsapparat (strategische Steuerung).

Dieser Gefahr kann durch die Formulierung von Quasi-Verträgen, sogenannten Leistungsvereinbarungen, entgegengewirkt werden. Im deutschen Sprachraum wird oft von Kontrakten gesprochen. Dieser Ansatz bedeutet eine neue Ausrichtung für die Verwaltungsführung: Nicht obrigkeitliche Weisungen, sondern partnerschaftliche Willensbildung bestimmt das Kosten-Leistungs-Verhältnis. Wo der operative Entscheid dem Ausführenden überlassen bleibt, bildet der Kontrakt seine Richtschnur für die Leistungserstellung. In ihm sind Qualität, Quantität und zeitliche Verfügbarkeit der zu erstellenden Produkte enthalten, ebenso wie eine Kontraktsumme, die dem Leistungserbringer zur Verfügung steht. Die inhaltliche Legitimation erhält der Kontrakt durch hierarchisch höher angesiedelte Vereinbarungen, in denen verdichtete Vorgaben festgelegt werden.

Aufgabe des Parlaments ist es, politisch-normative Ziele in einem strategischen Plan festzulegen. Die finanziellen Mittel werden global genehmigt, wobei die Berechnung dieser Mittel offengelegt sein muss. Die Regierung ist für die Formulierung von Leistungsaufträgen für die Verwaltung verantwortlich, die durch das Parlament genehmigt werden. Anschliessend kauft diese die Leistungen ein. Dieses System der Vereinbarungen sieht die Möglichkeit vor, Aufträge auch an private Anbieter erteilen zu können. Entschieden wird aufgrund von Kosten- und Qualitätsüberlegungen, d.h. es wird der billigste Anbieter gewählt, welcher die Produktion im gewünschten Ausmass in einer minimalen Qualität sicherstellen kann.

Die Vorteile dieses Systems können wie folgt zusammengefasst werden:

- Vergrösserung der Flexibilität;
- Grössere Motivation und Verantwortung des Personals;
- Verringerung staatlicher Monopole, wenn Wettbewerb herrscht;
- Wirksame Aufgabenerledigung;
- Förderung des Kostendenkens;
- Objektivierung der Interessenskonflikte zwischen Leistungskäufer (Regierung) und Leistungsfinanzierer (Parlament).

Den erwähnten Vorteilen stehen jedoch *Probleme* gegenüber:

- Vor allem auf der politischen Ebene ist ein Umdenken notwendig, damit die neue Rollenverteilung erfolgreich spielen kann;
- In Einzelfällen könnten Verfassungsänderungen notwendig werden; sicher sind ganze Rechtsbereiche direkt betroffen (z.B. Finanzhaushaltsrecht, Personalrecht, Organisationsrecht);
- Aufwendigere Kontrollmechanismen müssen die Einhaltung der Vereinbarungen sicherstellen;
- Die Umstellung auf das neue Modell erfordert die volle Unterstützung durch die Exekutive, selbst wenn sie von den Reformgegnern angegriffen wird.

Abb. 49 zeigt fünf mögliche Modelle eines Einsatzes von Leistungsvereinbarungen. Sie sind nicht als entweder-oder zu verstehen, sondern können je nach Bedarf eingesetzt werden. Die Einflussmöglichkeiten des Amtes nehmen zugunsten jener der Kunden von 1 bis 5 kontinuierlich ab, womit ein "massgeschneiderter" Einsatz ermöglicht wird.

Es versteht sich, dass die dargestellten Modelle situationsabhängig ausgesucht werden müssen. In der Schweiz sind alle fünf Anwendungen denkbar, wobei etwa die folgende Zuteilung gelten könnte:

1. Das *exklusive Franchise-Modell* ist die einfachste Form der Vereinbarung, da nur gerade zwei Vereinbarungspartner bestehen: die Regierung und das Amt. Dieses Modell könnte etwa für Querschnittsämter mit hoher Priorität bzw. Vertraulichkeit (z.B. Interne Revision) Anwendung finden;

IV. Steuerungselemente der wirkungsorientierten Verwaltungsführung

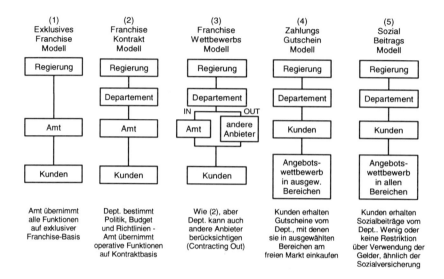

Abb. 49:   Modelle von Leistungsvereinbarungen (NSW Treasury 1993, 30)

2. Das *Franchise-Kontrakt Modell* unterstellt das Amt einem Departement. Damit wird ein Ort geschaffen, wo Politik, Budget und Richtlinien für die Leistungserstellung festgelegt werden. Das Amt übernimmt die operativen Funktionen auf Vereinbarungsbasis, bleibt jedoch der einzige Anbieter. Dieses Modell dürfte für hoheitliche Funktionen (z.B. Polizei) verwendet werden, die durch ein Departement koordiniert werden und für die keine Möglichkeit besteht, weitere Anbieter zu berücksichtigen;

3. Ein Schritt weiter geht das *Franchise Wettbewerbs Modell*, das zusätzlich zur Version 2 sowohl interne (*Contracting In*) als auch externe (*Contracting Out*) Anbieter berücksichtigen kann. Es eignet sich für alle Funktionen der Leistungsverwaltung und - bei entsprechender Ausgestaltung - auch weitgehend für Funktionen der Hoheitsverwaltung (z.B. Baubewilligungen). Dies ist sicher die grösste Gruppe von Anwendungsmöglichkeiten und die klassische Variante zur Umsetzung des wettbewerblichen Managements (vgl. Kap. V).

4. Im *Zahlungsgutschein-Modell* löst sich die Verwaltungsführung von der Kompetenz zur Auswahl des Anbieters. Für diese besteht ein freier Markt, an dem die Kunden ihre Bedürfnisse selbständig befriedigen, d.h. Leistungen beziehen. Wesentlich ist jedoch, dass die Gutscheine weder personell noch sachlich übertragbar sind. Sie müssen daher nicht physisch abgegeben werden, sondern können auch die Form von

Beiträgen pro Leistung haben. Die Vereinbarung bezieht sich damit auf Leistungen, die gegen Gutscheine des Gemeinwesens angeboten werden. Dieses Modell eignet sich besonders für Funktionen der Leistungsverwaltung, die sich an gesellschaftlichen Zielen orientieren und für die ein Markt mit minimaler Transparenz geschaffen werden kann (z.B. Soziales, Gesundheit, Schule);

5. Das *Sozialbeitragsmodell* ist schliesslich die freieste Form der Vereinbarung, da nur wenig Möglichkeiten für die Beeinflussung des Konsumverhaltens der Kunden mit den Mitteln des Staates bestehen. Es ist damit als planbare Steuerung kaum geeignet. Denkbar ist die Anwendung dieses Modells im Bereich der Sozialhilfe durch Garantie von Mindest-Einkommen. Eine eigentliche Leistungsvereinbarung ist davon nur indirekt betroffen.

Die Formulierung von Leistungsvereinbarungen muss im Detail in den konkreten Anwendungen geklärt werden. Wesentlich ist jedoch, dass die *Vorbereitung* von Leistungsvereinbarungen aller Stufen - wie bisher die Leistungsplanung - durch die Departemente erfolgt, wo das Knowhow angesiedelt ist. Dabei zeichnet sich *modellhaft* folgendes *Prozedere* ab:

1. In den *Departementen* werden - wie bereits heute - in Abstimmung mit den Leistungserbringern die planerischen Vorarbeiten für das konsolidierte Produktbudget geleistet. Dieser Prozess ist *vernetzt* und weist sowohl Komponenten eines Top-down- als auch jene eines Bottom-up-Prozesses auf. Gleichzeitig ist er geprägt von den Vorgaben des zentralen Steuerungsdienstes, die die strategische Sicht in die Planung hineintragen;
2. Unter Berücksichtigung der verschiedenen politischen Vorstösse im Parlament und der Vorgaben der Regierung sowie aufgrund der Vorarbeiten in den Departementen erstellt der Steuerungsdienst das konsolidierte *Produktbudget* für das neue Jahr zuhanden der Regierung;
3. Die Regierung entscheidet über den Vorschlag und präsentiert ihn dem Parlament, wo die vorberatenden Fachkommissionen ihre Bereiche behandeln und allfällige Abklärungen treffen;
4. Auf Antrag der Fachkommissionen genehmigt das Parlament das Produktbudget. Werden Änderungen verlangt, so ist es die Aufgabe des Steuerungsdienstes, schnellstmöglich die finanziellen Konsequenzen dieser Änderungen zu berechnen bzw. durch die Departemente berechnen zu lassen. So kann sichergestellt werden, dass den Parlamentariern die finanziellen Folgen ihrer Handlungen bekannt sind;

IV. Steuerungselemente der wirkungsorientierten Verwaltungsführung

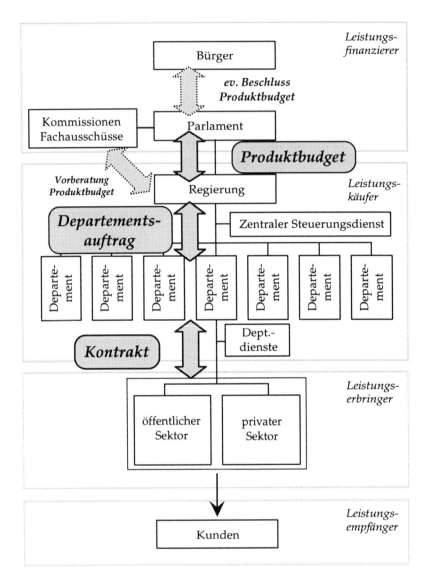

Abb. 50: Ebenen der Leistungsvereinbarung

5. Die Regierung passt (aufgrund des genehmigten Produktbudgets) die *Leistungsaufträge* für die Departemente an. Im wesentlichen geht es darum, die Verantwortung für die Beschaffung der Produkte sowie

die dafür zur Verfügung stehenden Mittel auf die einzelnen Departemente zu verteilen;
6. Es obliegt nun den Departementen, mit den Leistungserbringern *Kontrakte* für die Herstellung der Güter und Dienstleistungen abzuschliessen und deren Ausführung zu überwachen.

1.1. *Produktbudget - der politische Auftrag*

Das Produktbudget ist die für das Parlament erarbeitete Zusammenstellung von Leistungen, die innerhalb eines Jahres durch die Verwaltung zu erstellen sind, unter Angabe ihrer Kosten bzw. des (Netto-) Aufwandes. Es stellt damit die hierarchisch höchste formell festgehaltene Vereinbarungebene im politisch-administrativen System dar. Es enthält alle Informationen, um dem Parlament die strategische Steuerung zu ermöglichen. Seine Informationsdichte ist so gestaltet, dass die Parlamentarierin und der Parlamentarier direkt und verständlich an die wesentlichen Führungsinformationen gelangt. Das heisst, dass operative Daten (z.B. detaillierte Budgetpositionen, Anzahl Personalstellen) bewusst weggelassen werden. Das *Prinzip der Trennung von strategischer und operativer Steuerung* findet im Produktbudget seine konkrete Umsetzung.

Im Produktbudget sind folgende Informationen angegeben:

- Übergeordnete Sachziele, abgeleitet aus Gesetz, Leitbild und normativer Zielsetzung des Parlamentes;
- Bezeichnung der Produktgruppen;
- Aufstellung der erwarteten Kosten und Erlöse pro Produktgruppe, somit die benötigten Netto-Mittel aus staatlicher Finanzierung (Globalbudgets);
- Vorgaben für Qualität, Quantität und zeitliche Verfügbarkeit der Leistungen (operative Ziele);
- Indikatoren, die Hinweise über die Einhaltung des Produktbudgets geben.

Die knappe Darstellung im Produktbudget ermöglicht es dem Parlament, sich auf wesentliche Veränderungen bzw. grundsätzliche Entscheide zu konzentrieren. Sie schliesst jedoch nicht aus, dass die zuständigen Fachkommissionen über das angegebene Mass hinaus weitere, detailliertere Informationen verlangen können. Diese Möglichkeit muss im

IV. Steuerungselemente der wirkungsorientierten Verwaltungsführung

Sinne einer demokratisch legitimierten Überwachung weiterhin gegeben sein.

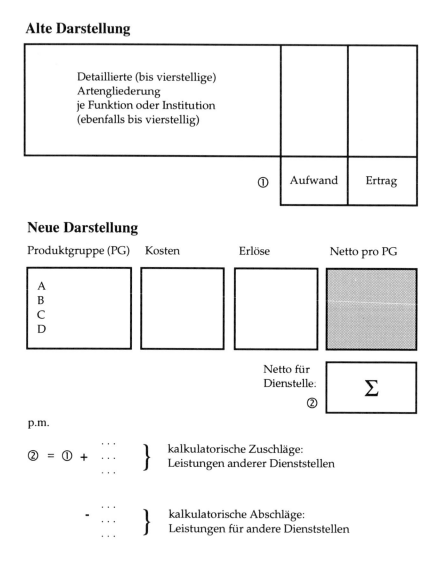

Abb. 51: *Gegenüberstellung von Detail- und Produktbudget in der Pilotphase*

Der Übergang vom traditionellen Detailbudget zum Produktbudget ist sowohl für die Verwaltung als auch für die Parlamentarier ungewohnt und bedarf - zumindest in einer Einführungs- oder Pilotphase - zusätzlicher Aufklärung. Um den Unterschied im Informationsgehalt des neuen im Vergleich zum alten Budget aufzuzeigen, drängt sich eine Gegenüberstellung für beispielhafte Bereiche auf. Diese kann im Sinne der in *Abb. 51* vorgeschlagenen Form erfolgen. Neben die alte, detaillierte Darstellung wird das Produktbudget gelegt, wobei die Abweichungen zwischen den Netto-Aufwendungen zu begründen sind: Kalkulatorische Zuschläge für Leistungen anderer Dienststellen, die neu intern verrechnet werden und kalkulatorische Abschläge für Leistungen an andere Dienststellen, die neu interne Erträge auslösen. Ist die Kostenrechnung noch nicht in der Lage, diese Zahlen detailliert zu berechnen, so müssen diese Positionen aus didaktischen Gründen geschätzt und zumindest *pro memoria* aufgeführt werden.

Im Produktbudget werden die bis anhin getrennten Funktionen der Budget- bzw. Kreditsprechung und des Sachentscheids miteinander verknüpft. Wird am Prinzip der Jährlichkeit des Budgets festgehalten, was beispielsweise in den USA bereits heftig debattiert wird,[1] so führt dies dazu, dass die Mehrheit der Sachentscheide auf das jährliche Vereinbarungsprozedere zugeschnitten wird. Entscheide, die die Leistungs- bzw. Produktpalette der Verwaltung während des Jahres verändern sollen, sind zwar weiterhin möglich, stören aber prinzipiell den Leistungsplanungs- und -erstellungsprozess.

Die Frage, ob Investitionen getrennt geplant und bewilligt werden, oder ob sie als integrierter Bestandteil des Globalbudgets aufgebaut werden sollen, ist noch nicht abschliessend geklärt. Für eine Integration spricht das Prinzip der verstärkten Eigenverantwortung, für eine Trennung spricht die Notwendigkeit, den *Konzern Verwaltung* finanziell zu steuern. Die Integration bedingt, dass eine Kostenrechnung geführt wird, die auch die Reinvestitionskosten miteinbezieht. Gleichzeitig müsste sichergestellt werden, dass Unterhaltsarbeiten, z.B. an Maschinen und Geräten, weiterhin ausgeführt werden, um nicht den Anreiz zu schaffen,

---

[1] Sunnyvale, eine kalifornische Stadt, die als besonders erfolgreich und dynamisch gilt und damit zum Vorbild vieler amerikanischer Städte geworden ist, budgetiert beispielsweise zweijährlich und erstellt einen zehnjährigen Finanzplan (Mercer 1994, 54 ff). Als Vorteile der zweijährlichen Budgetierung wird unter anderem die Entlastung der Verwaltung genannt, sodass in den Zwischenjahren vermehrtes Gewicht auf die Entwicklung und Pflege von Qualitätsmassnahmen gelegt werden kann. Innerhalb dieser zwei Jahre ist es zudem möglich, Kredite zu übertragen, obwohl im Grunde eine gleichmässige Verteilung der Aufwendungen auf die beiden Jahre vorgesehen ist. Die Idee der zweijährigen Budgetierung ist in der Schweiz noch nicht aufgegriffen worden, könnte aber in näherer Zukunft insbesondere für kleinere Gemeinwesen Bedeutung erlangen.

Gewinne auf Kosten der Substanzerhaltung zu erzielen. Die Trennung wiederum bedingt, dass Investitionen, die zu Rationalisierungen führen, unbürokratisch vorgenommen werden können, auch wenn sie nicht im Investitionsplan vorgesehen sind. In allen Projekten ist eine solche Flexibilisierung machbar und stösst auf keine grösseren Widerstände. Auf kurze bis mittlere Frist ist vor diesem Hintergrund die Trennung der mittelfristigen Investitionsplanung von der Globalbudgetierung vorzuziehen.

Die Informationen, die dem Parlament mit dem Produktbudget zur Verfügung gestellt werden, können deutlich detaillierter sein als jene, die der Bevölkerung mit einem externen Budget unterbreitet werden. Wenn die Diskussion im Parlament tatsächlich neu über die Produkte statt über generelle Mittelzuteilungen (im Moment v.a. Kürzungen) stattfinden soll, so sind dem Parlament die Angaben über die einzelnen Produkte und deren Kosten mitzuteilen. Dies kann sowohl in der Form detaillierter Aufstellungen als auch über Leistungsindikatoren erfolgen.

1.2. *Departementsauftrag - der Beschaffungsauftrag*

Aufgrund des Produktbudgets beauftragt die Regierng die einzelnen Departemente, in ihren Bereichen eine bestimmte Produktepalette zu *beschaffen*. Sie erhalten dazu ebenfalls Globalbudgets zugeteilt. In einigen Fällen kann der jeweilige Abschnitt des Produktbudgets als Leistungsauftrag an das Departement interpretiert werden. Viele Aufgaben sind jedoch nicht im Produktbudget enthalten, z.B. die Querschnittsaufgaben. Um den *Konzern Verwaltung* führen zu können, erteilt die Regierung daher zusätzliche Aufträge an die Departemente, die verwaltungsinternen Leistungen zu erstellen. Denkbar ist jedoch auch, dass die Regierung vom zentralen Steuerungsdienst zu einzelnen Problemstellungen Ergänzungen anfügen lässt. Insbesondere sind ständige Weisungen für bestimmte Vorgehen (beispielsweise die Ausgestaltung und Überwachung von Kontrakten) vom Steuerungsdienst auszuarbeiten und deren Einhaltung zu überprüfen. Folgende Punkte sind in einem Departementsauftrag bzw. den ständigen Weisungen dazu aufgeführt (minimale Anforderungen):

- ❑ Übergeordnete Sachziele des Departements (ähnlich einer Kundensegmentierung);
- ❑ Spezielle Departementsziele (Pendenzen aus dem Vorjahr, Jahresziele);

- Bezeichnung der Produktgruppen, für die das Departement federführend verantwortlich ist;
- Total der Budgets des Departements;
- Vorgaben für Qualität, Quantität und zeitliche Verfügbarkeit der Leistungen, soweit sie nicht im Produktbudget definiert sind;
- Kompetenzvorbehalte der Regierung.

Es ist denkbar, der Departementsleitung eine bestimmte Summe als Führungsreserve zur Verfügung zu stellen. Sie erhöht die Flexibilität der Departementsführung, für kleinere Ausgaben selbständig reagieren zu können.

Nicht abschliessend geklärt ist, wie gross die Möglichkeiten der Departementsführung sein sollen, Mittel von einer Dienststelle auf eine andere zu übertragen. Hier wird ausschlaggebend sein, ob die Mittel einer Dienststelle als Nettobetrag zugesprochen werden, oder ob sie je Produktgruppe gebunden sind.

1.3. Kontrakt - der Produktionsauftrag

Die Verwaltung steht bei vielen Aufgaben - besonders im Sozial- und Gesundheitsbereich, in Kultur, Bildung, Transport, Versorgungs- und Entsorgungsbereich, Sport und in der Wirtschaftsförderung - im Wettbewerb mit anderen öffentlichen, aber auch mit gemeinnützigen und privaten Leistungsanbietern. In Bereichen, wo der Markt nicht direkt mitspielt, werden Wettbewerbssurrogate angewandt. Dazu gehören interkommunale Vergleiche und Vergleiche mit Anbietern ähnlicher Produkte im Privatsektor (*Benchmarking*). Die Entscheidung, ob die Leistungserfüllung bei der Stadt, ausserstädtisch oder bei privaten Unternehmungen stattfinden soll, wird im Rahmen einer öffentlichen Ausschreibung getroffen. Zuständig ist das jeweilige Departement.

Der vertikale Kontrakt wird zwischen Departement und Leistungserbringer abgeschlossen und ist zeitlich beschränkt (i.d.R. nicht mehr als 2-5 Jahre[2]), damit der Wettbewerb gewahrt bleibt. Nach Ablauf der Frist erfolgt in der Regel eine neue Ausschreibung, womit die Marktsituation

---

2   Die Dauer des Vertrages hängt vom Auftragstyp ab. Im Fall von Aufträgen mit besonders teuren Investitionen sind die Fristen so anzusetzen, dass es auch für eine private Unternehmung möglich ist am Markt teilzunehmen. Die Fristen sollten grundsätzlich keine Markteintrittsbarriere darstellen.

nochmals überprüft wird. Bleibt eine erneute Ausschreibung aus, so ist durch Benchmarking sicherzustellen, dass die Kontraktbedingungen effiziente Leistungserstellung bewirken.

Rahmenkontrakt
1. *Hinweise auf generelle Regelungen (Verordnungen etc.)*
2. *Kontraktparteien*
3. *Dauer des Rahmenvertrags (i.d.R. 4 Jahre)*
4. *Produktegruppen, mit*
   - *operativen Zielen*
   - *Zielgruppen, Abnehmer der Produkte*
   - *Zugang zu den Produkten*
   - *Leistungen an Dritte*
5. *Besondere Regelungen (abweichend/ergänzend)*
   - *Personal*
   - *obligatorische Leistungen (Gewinnvortrag)*
   - *kommerzielle Leistungen*
     (Umsatzlimite für kommerzielle Betätigung)
   - *Investitionen und Anlagebenützung*
   - *Zahlungskonditionen*
   - *Beiträge an und von Dritten (Subventionen)*
   - *Versicherungen*
6. *Kompetenzen und Kompetenzvorbehalte*
   - *Kontrolle bei Privaten*
   - *Subkontrakte*
7. *Qualitätssicherungsmassnahmen*
8. *Änderungen und Auflösung des Kontraktes*

Jahreskontrakt
1. *Übersichtsliste der Produkte geordnet nach Produktgruppen, mit Menge, Erlösen und Kosten (netto)*
2. *Kontraktsumme*
3. *Jahresziele für Spezialprojekte*

Abb. 52: Raster für den Kontrakt

Im Kanton Luzern wurde ein Raster für den Abschluss von Kontrakten erarbeitet, der auf zwei Säulen basiert: Ein mehrjähriger *Rahmenkontrakt* (i.d.R. 4 Jahre) regelt das grundsätzliche Verhältnis zwischen Departement und Leistungserbringer. Er bildet das mittelfristige Gerüst für die Geschäftsbeziehung. Ein zusätzlicher *Jahreskontrakt* enthält sodann die detaillierten Angaben über Produkte in Menge, Qualität, finanzielle Zusammenhänge und das Total der Kontraktsumme für das betreffende Jahr. Ausserdem führt er besondere Jahresziele auf, die sich beispielsweise aus Spezialprojekten ergeben.

Eine ähnliche Anwendung liesse sich für alle Leistungsvereinbarungen vorstellen. Die heute üblichen Subventionsverträge würden damit qualitativ erheblich aufgewertet und zu starken Führungsinstrumenten ausgebaut. Aufgrund dieses Rasters und einer eigens formulierten Richtlinie (WOV Luzern) oder Verordnung (Neue Stadtverwaltung Bern) über den Abschluss von Kontrakten lässt sich für die Abschlussphase eine Checkliste erstellen, die es dem Departement und dem Leistungserbringer erlauben, den Kontrakt auf Vollständigkeit zu prüfen (vgl. Anhang 2; auch Barth 1994, 80 f).

Der Prozess der Vereinbarung auf Kontraktebene wird im Verwaltungsalltag mehrheitlich durch kleinere Anpassungen in den Kontrakten geprägt sein. Wenn grundlegende Änderungen anstehen oder von anderen Anbietern insgesamt bessere Konditionen erwartet werden, wird eine neue Ausschreibung in Betracht gezogen. Dies setzt natürlich voraus, dass die Departemente eine gute Übersicht über den aktuellen Markt haben. Ist dies nicht der Fall, so sind so oder so periodische Ausschreibungen vorzunehmen.

Dieser Vorgang lässt sich auch in Neuseeland beobachten, wo insbesondere im Gesundheitswesen einige Erfahrungen mit Vereinbarungen gesammelt werden konnten (vgl. *Abb. 53*). Ist es aufwandmässig nicht denkbar, sämtliche Leistungen immer wieder auszuschreiben (in Neuseeland hat jede Arztpraxis einen Kontrakt), kann eine Selektion der notwendigen Bereiche, die ausgeschrieben werden müssen, vorgenommen werden. Die Verantwortung für diese Auswahl liegt in diesem Fall beim Departement.

IV. Steuerungselemente der wirkungsorientierten Verwaltungsführung

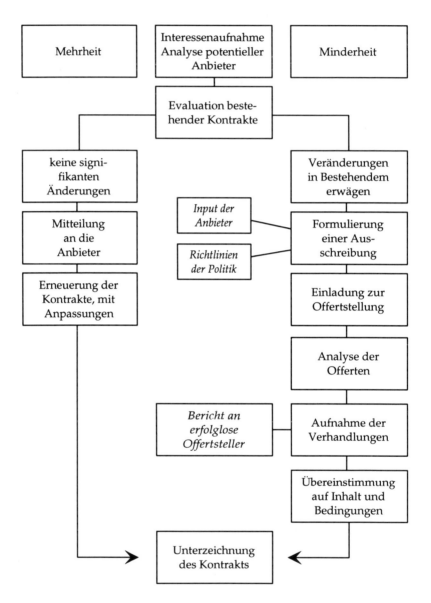

Abb. 53: Vereinbarungsprozess im Gesundheitswesen in Neuseeland (North Health o.J., 4)

1.4. Abweichungen von Leistungsvereinbarungen

Kontrakte haben in der Regel eine Laufzeit von einem (Jahreskontrakt) bzw. vier Jahren (Rahmenkontrakt). Während dieser Zeit wird gefordert, dass sich die Politik nicht in die Art und Weise der Kontrakterfüllung einmischt, die Verwaltung hingegen die geforderten Leistungen erbringt. Die Realität wird diesem Idealbild nicht in jedem Fall entsprechen: Abweichungen sind beiderseits möglich, indem sich entweder die Forderungen der Politiker verändern, oder indem die Verwaltungseinheit die geforderten Leistungen nicht oder schlecht erfüllt. Auf diese Möglichkeiten wird in den nächsten Abschnitten eingegangen (eine bessere Erfüllung ist nicht problematisch, kann daher an dieser Stelle vernachlässigt werden).

1.4.1. Änderung der geforderten Leistungspalette

Die geforderte Zurückhaltung der Politik bezüglich operativer Mitsprache führt dazu, dass viele Politiker befürchten, während des Jahres keinen Einfluss mehr auf die Produktpalette nehmen zu können. Dies würde bedeuten, dass sie ihre Prioritäten und ihre Politik für ein Jahr unverändert festlegen müssten. Weil aber auch während des Jahres gesellschaftspolitische Veränderungen stattfinden, muss es der Politik möglich sein, im Bedarfsfall den Kontraktinhalt auch während des Jahres zu verändern. Zu diesen Schlussfolgerungen ist man auch in den Niederlanden gelangt:

"Kontraktmanagement ist keineswegs ein Instrument, um die Politik aus der Verwaltung zu verdrängen. Allerdings wird erwartet, dass politische Interventionen in enger Abstimmung und nach Erörterung möglicher Konsequenzen mit dem Dienstdirektor [in der Schweiz der Leiter der Verwaltungseinheit, K.S.] erfolgen. Dabei ist es wichtig, eine neue Prioritätenrangfolge zu definieren" (KGSt 1992, 146).

Die Umsetzung dieser Forderung führt dazu, dass Änderungsbedürfnisse der Politiker zwar berücksichtigt werden, eine *einseitige* Abänderung des Kontrakts jedoch ausgeschlossen bleibt. Jeder Wechsel in der Leistungspalette muss auf seine finanziellen Konsequenzen überprüft und die finanziellen Mittel entsprechend dazu angepasst werden. Produkte und Budget stehen auch hier in einem engen logischen Zusammenhang.

1.4.2. Nicht- oder Schlechterfüllung der Vereinbarung

Die andere Kontraktpartei, der Leistungserbringer, kann ihrerseits Abweichungen vom Kontrakt verursachen, indem sie ihn über- oder untererfüllt. Eine problematische Situation entsteht dabei durch die Nicht- oder Schlechterfüllung der vereinbarten Leistung.

Fischer (1995) fordert die klare Unterscheidung von Soll- und Standardkosten im Rahmen der Kostenrechnung, denn nur damit lässt sich das Budget wirksam auf die tatsächlich erstellte Leistungsmenge abstimmen. Während die Sollkostenrechnung nämlich von einer fixen Menge ausgeht und lediglich *Kostenabweichungen* erfasst, sind in der Standardkostenrechnung auch die *Mengenabweichungen* berücksichtigt. Gerade im Fall grosser, nicht beeinflussbarer Schwankungen der Menge, wie dies für viele Verwaltungsbereiche typisch ist, muss die Mittelallokation und -kontrolle in der Lage sein, diese Schwankungen finanziell aufzufangen und nachzuvollziehen.

Eine solchermassen flexible Ausgestaltung des Kontrakts ist denkbar, wenn sie auch für die Budgetierung eher mühsam sein dürfte. Hier ist noch einiges an Umgewöhnung zu vollziehen. Eine Kürzung des Budgets aufgrund kleineren Ausstosses, die im Kontrakt vorgesehen ist, dürfte trotzdem keine grösseren Probleme verursachen. Echt problematisch ist die Situation dann, wenn Mengenabweichungen aufgrund eigenen Verschuldens der Verwaltungseinheit entstehen, d.h. wenn versprochene Leistungen nicht oder in schlechter Qualität geliefert werden.

Dieser Fall ruft nach Verbesserungs- und Sanktionsmöglichkeiten. Weil der Kontrakt - entgegen dem eigentlichen Wortstamm - nach heutiger Auffassung vieler Juristen keinen formalen Vertrag darstellt,[3] sondern wohl eher eine Vereinbarung, an die sich beide Parteien anständigerweise halten, ist die Frage nach Sanktionen noch ungeklärt. Denkbar sind insbesondere Sanktionen gegen den Leiter der Verwaltungseinheit. Als Verantwortlicher für die Leistungen seiner Einheit hat er Sanktionen

---

[3] Heute ist nicht abschliessend geklärt, ob und wie die Departemente mit ihren (unterstellten) Verwaltungseinheiten überhaupt Verträge abschliessen können. In der Bundespraxis werden zwar schon heute Verträge zwischen Verwaltungseinheiten abgeschlossen, von denen mindestens eine nicht rechtsfähig ist (z.B. im Bereich der Ressortforschung), aber in diesen Fällen fehlt die für den vorliegenden Fall typische Unterstellung, die zwar idealerweise durch ein partnerschaftliches Verhältnis ersetzt würde, in der Realität jedoch weiterhin - zumindest teilweise - bestehen bleibt. Eine vertiefte Betrachtung des Themas aus Sicht der Jurisprudenz wird hier ohne Zweifel mehr Licht ins Dunkel bringen.

zu gewärtigen, wenn er die vereinbarten Produkte nicht erstellt. Ob es jedoch legitim ist, ihn für Fehlleistungen seiner gesamten Einheit verantwortlich zu machen, bleibt im Moment eine offene Frage. Der *Managerialismus* würde dies bejahen.

Im Ausland wurde bisweilen vorgeschlagen, als *Sanktion* die Budgets der betroffenen Verwaltungseinheiten zu kürzen. Die Folgen eines solchen Vorgehens sind jedoch angedenk der angestrebten Verbesserung eher fragwürdig: Führt eine Kürzung des Budgets im nächsten Jahr zu einer Verbesserung der Leistungen?

Dasselbe Problem stellt sich, wenn bei Nichterfüllung die Budgets ausgeweitet werden, um bessere Leistungen zu ermöglichen. Hier stellt sich die Frage, ob - in Abwandlung eines Banquier-Satzes - dem schlechten Geld gutes Geld nachgeworfen werde, oder anders: Wird die Ineffizienz nicht weiter verstärkt, wenn ich noch mehr Mittel bereitstelle?

Die Antwort liegt auf der Hand: Es ist eine unabdingbare Führungsaufgabe des Departementes, die Ursachen für die Abweichungen zu erforschen und fallweise die richtigen Massnahmen zu ergreifen. Allgemeingültige, quasi-automatische Regelungen führen nicht zum gewünschten Erfolg. Damit ist eine wichtige Einschränkung angesprochen, die allgemein gilt: *Die wirkungsorientierte Verwaltungsführung kann gutes Management (politische Entscheide) nicht ersetzen* (auch KGSt 1992, 148).

1.5. *Uneinigkeit im Vereinbarungsprozess*

Eine weitere noch offene Frage stellt sich im Zusammenhang mit dem Prozess der Vereinbarung: Was geschieht, wenn sich die beiden Parteien über den Inhalt des Kontraktes (bezüglich Produkten oder bezüglich Preisen) uneinig sind? Eine vereinfachende Antwort könnte auf die Möglichkeit einer Ausschreibung verweisen. Dann würde eine Uneinigkeit dazu führen, dass sich das Departement einen anderen Kontraktpartner aussucht. In der Tat ist dieser Ansatz denkbar, allerdings nur dann, wenn Ausschreibungen und Vergabe an Dritte unter Wettbewerbsbedingungen möglich sind.

In all jenen Bereichen der Verwaltungstätigkeit, die weiterhin als Monopol funktionieren werden (z.B. Polizei), kann das Departement nicht auf andere Anbieter ausweichen. Tritt hier Uneinigkeit ein, so bieten sich als Varianten an:

❑ *Schaffung einer Schlichtungsstelle:* Diese Stelle hätte wie in der Privatwirtschaft die Aufgabe, die beiden Parteien durch Vermittlung zu einer Einigung zu bewegen. Als Grundlage dienen die Vorgaben des Produktbudgets, die gesetzlichen Rahmenbedingungen und die von beiden Seiten definierten übergeordneten Zielsetzungen (strategische Ziele).

❑ *Weisungsrecht des Departements:* Die vollständige Ablösung der Hierarchie durch partnerschaftliche Beziehungen stösst an ihre Grenzen, wenn sich die Partner auch nach einem Schlichtungsversuch nicht einigen können. Da das Departement die Verantwortung für die Leistungsbeschaffung trägt, muss es die Möglichkeit haben, Einfluss auf die Leistungserbringung nehmen zu können. Ist der Anbieter Monopolist, heisst dies, dass die vertikale Eingriffsmöglichkeit grösser sein muss als in einer Marktsituation, weil das Departement keine Alternative hat. Damit bleibt ein *Unterordnungsverhältnis* bestehen, in dem das Departement ein Weisungsrecht gegenüber dem Leistungserbringer behält. Diese Situation zeigt die Grenzen einer strikten Trennung zwischen Leistungserbringer und Leistungskäufer, die auch in der wirkungsgesteuerten Verwaltung nicht unbesehen auf alle Bereiche angewendet werden kann.

❑ *Versetzung oder Entlassung des Leiters* der Verwaltungseinheit: Kontraktpartner des Departements ist grundsätzlich die Organisationseinheit des Leistungserbringers, in diesem Fall also die Verwaltungseinheit. Da der Leiter der Einheit für ihren Erfolg die Verantwortung trägt, wäre es denkbar, den Leiter zu entlassen, wenn er die Bedingungen des Departements nicht erfüllen kann. Dies birgt allerdings die Gefahr, dass politisch ungeliebte Amtsleiter auf dem Wege überrissener Kontraktbedingungen, die sie nicht einzugehen in der Lage sind, von der Stelle entfernt werden. Wird diese Möglichkeit geschaffen, dann ist eine Sicherung einzubauen, die solches verhindert, denn die Mitarbeiter sollen gerade vor politischer Willkür auch weiterhin geschützt werden.

1.6. Notwendige Qualifikationen für das Vereinbarungsmanagement

Die Notwendigkeit, für praktisch alle Produkte der öffentlichen Verwaltung recht detaillierte Kontrakte abschliessen zu müssen, führt dazu, dass sich in den Departementen ein Stab von Fachleuten ansiedelt, die in der Lage sind, solche Kontrakte auszuarbeiten. Diese Kompetenz ist heute in den Departementen in aller Regel nicht vorhanden. Im Gesundheitswesen liegt beispielsweise die fachliche (medizinische) Kompetenz oft allein bei den Spitälern. Dieser Informations- und Wissensvorsprung führt konsequenterweise dazu, dass für die Departemente eine zentrale Steuerung, wenn auch nur der Mengengerüste, über Vereinbarungen mit den Spitälern ausserordentlich schwierig ist. Um der faktischen *Übermacht* der Spitäler entgegentreten zu können, braucht das Gesundheitsdepartement medizinisch und betriebswirtschaftlich geschultes Personal, das

- die Leistungsvereinbarungen (Kontrakte) einzugehen und
- die Kontrakterfüllung bezüglich Qualität und Quantität nach rein wirtschaftlichen Kriterien zu beurteilen

in der Lage ist. Weil es gerade in einem so komplexen und sich schnell verändernden Umfeld wie dem Gesundheitswesen ausserordentlich schwierig ist, zentral alles notwendige Fachwissen bei gleichzeitig vernünftigen Kosten der Kontraktbewirtschaftung vorzuhalten, muss es für die Verwaltungen auch denkbar sein, mit *externen Spezialisten* (z.B. für die Qualitätsbeurteilung) zu arbeiten. Diese Art des Qualitätsmanagements hätte zudem den Vorteil, dass kantonsübergreifende Vergleiche zu einem ähnlichen Effekt führen könnten, wie er durch das Benchmarking angestrebt wird: Die Entdeckung und Verbreitung der *best practice*.

2. FINANZIELLE STEUERUNG

Eines der hervorstechendsten Merkmale der wirkungsorientierten Verwaltungsführung ist die Veränderung der finanziellen Steuerung in der öffentlichen Verwaltung. Der Verzicht der inputorientierten Steuerung über detaillierte Budgets führt zu einer Reihe von Anpassungen im Bereich des Finanzmanagements. Damit werden die folgenden Zwecke verfolgt:

- Vergrösserung der *Verantwortlichkeit* der einzelnen Verwaltungseinheiten;
- Vergrösserung des *Entscheidungsspielraums* für die Leiter der Verwaltungseinheiten;
- Verkürzung der *Entscheidungswege*, damit Abbau von Bürokratie und Effizienzsteigerung;

❑ Ablösung der Ressourcenorientierung durch eine *Produktorientierung* im finanziellen Management.

Obwohl in der Folge die finanzielle Steuerung getrennt von der oben behandelten Leistungssteuerung betrachtet wird, ist festzuhalten, dass das Eine nicht ohne das Andere sinnvoll ist. Die Einführung einer Globalbudgetierung allein, ohne gleichzeitig die Leistungssteuerung zu verbessern, ist auf längere Frist nicht zu verantworten. Als Regel gilt daher: *Kein Globalbudget ohne Leistungsvereinbarung.* Die hier geforderte Kombination findet sich natürlich auf allen Vereinbarungsebenen, nämlich im Produktbudget, im Departementsauftrag und im Kontrakt. Sie alle zeichnen sich durch klare Leistungsdefinition und Globalbudget aus.

2.1. Globalbudgetierung

Eine wesentliche Voraussetzung für die Dezentralisierung von Ressourcenkompetenzen ist nach Auffassung vieler Experten die Einführung der Globalbudgetierung in der öffentlichen Verwaltung. Damit soll die Mehrzahl der heute geltenden Budgetprinzipien von der Input- auf die Outputorientierung gerichtet werden, was oft radikal als Abweichung oder gar Auflösung von geltenden Prinzipien interpretiert wird (Stalder 1995, 8 ff; NEF 2000, 9 ff; Saile 1995, 7 ff; für das Bundesrecht Bolz 1994, 22 ff). Tatsächlich handelt es sich jedoch vielmehr um eine *Neuausrichtung* der Betrachtungsweise:

❑ *Qualitative Budgetbindung:*[4] Sie generiert ein Verbot der Kreditverschiebung von einer Position auf eine andere. Dieser Grundsatz wird - soweit er *inputorientiert* ist - mit dem Globalbudget fallen gelassen, weil durch die Aufgabe der Spezifikation die detaillierte Aufgliederung überhaupt fehlt. Eine neue qualitative Bindung entsteht jedoch im Produktbereich, indem die Kontraktsumme mit *Produktgruppen* verknüpft wird. Es wäre durchaus systemkonform, eine Übertragung zwischen den Produktgruppen zu verbieten, auch wenn die laufenden Projekte in der Schweiz eine Übertragung innerhalb der Verwaltungseinheiten eher erlauben werden.

❑ *Quantitative Budgetbindung:* Auch die quantitative Bindung an das Budget muss differenziert betrachtet werden - sie wird nicht ersatzlos

---

[4] In diesem Zusammenhang wird oft auch vom *Grundsatz der Spezifikation* oder der *Spezialität* gesprochen. Diese umfasst die drei Säulen der qualitativen, quantitativen und zeitlichen Bindung, die hier besprochen werden (Vallender 1983, 44 ff).

aufgegeben. Allerdings besteht die Bindung nicht mehr auf den Detailpositionen in den Budgets, sondern auf der Kontraktsumme, die naturgemäss globaler ausfällt. An die *Kontraktsumme* ist der Leistungserbringer jedoch strikte gebunden, so lange die vereinbarte Leistungspalette keinen Änderungen unterliegt. Auch hier muss ein Nachtragskredit eingeholt werden, sollte die geplante Summe nicht ausreichen.

❏ *Zeitliche Budgetbindung:* Das Verbot einer Übertragung von Kreditresten auf das folgende Jahr wird aufgehoben, um die bestehenden Anreize für die Ausschöpfung der Budgets vor Jahresende (*Dezemberfieber*) abzuschaffen. Die Voraussetzung für eine Übertragung ist allerdings, dass die vereinbarten Leistungen erstellt wurden. Das Ausmass der Übertragung ist unterschiedlich: ob die Mittel zu 100 % übertragbar sind, oder ob das Gemeinwesen einen Teil abschöpft, hängt von der individuellen Regelung ab und hat konkrete Auswirkungen auf die Anreizsituation der Verwaltungseinheit.

❏ *Bruttoprinzip:* Das Bruttoprinzip wird insofern aufgegeben, als nicht mehr die im Budget ausgewiesenen Bruttopositionen rechtlich bindend sind, sondern nur noch die Nettoaufwendungen für die einzelnen Produktgruppen. Der Leistungserbringer kann somit höhere Aufwendungen haben als budgetiert, sofern er sie über zusätzliche Erträge finanziert. Als *Prinzip der Rechnungslegung* hat die Brutto-Erfassung sämtlicher Vorfälle nach wie vor *uneingeschränkte Gültigkeit*. Die anerkannten Grundsätze kaufmännischer Rechnungslegung sind vom Globalbudget nicht betroffen.

❏ *Jährlichkeit des Budgets:* Im Zusammenhang mit dem Abschluss von Rahmenkontrakten wird sich das Departement überlegen müssen, ob es weiterhin an der Jährlichkeit der Budgets festhalten möchte. Zukünftig ist den mehrjährigen Finanz- und Leistungsplänen eine grössere Bedeutung einzuräumen, während die jährliche Steuerung über das Budget eher an Gewicht verlieren sollte.

Das so verstandene Globalbudget ist nicht so revolutionär wie es den Anschein macht. Ein ähnlicher Ansatz liegt etwa vor, wenn ein Projektkredit (z.B. für die Renovation eines Schulhausdaches) als Nettokredit gesprochen wird, d.h. ohne detaillierte Aufteilung in einzelne Aufwandarten und abzüglich der zu erwartenden Beiträge von anderen Gemeinwesen. Auch bei Subventionen an Dritte, die im Auftrag des Gemeinwesens Leistungen erbringen, handelt es sich im Prinzip um Globalbudgets.[5] Allerdings fehlen hier regelmässig die für eine outputorientierte Steuerung notwendigen Leistungsvereinbarungen.

2.1.1. Varianten der Globalbudgetierung

Die erwähnten Neuregelungen können mit unterschiedlichem Ausmass eingeführt werden. Dabei entstehen verschiedene Formen von Globalbudgets, die in der Schweiz bereits diskutiert und daher in der Folge kurz dargestellt werden:

1. Die einzelnen Detailpositionen werden zu den *wichtigsten Aufwandarten* zusammengefasst. Dies ergibt z.B. die Rubriken Personalaufwand, Sachaufwand und Beiträge, die in jeweils einer (Brutto-) Position im Budget erscheinen. Obwohl die Terminologie hier nicht eindeutig festgelegt ist, dürfte diese Form auch als *Globalkredit* bekannt sein.[6]
2. Die Detailpositionen der laufenden Rechnung werden sowohl auf der Aufwand- wie auf der Ertragsseite zu jeweils einer Position zusammengefasst. Das Bruttoprinzip bleibt damit in summarischer Form gewahrt.
3. Die Detailpositionen der laufenden Rechnung werden zu einer einzigen Position (Nettoaufwand) zusammengefasst.

ad 1: Hier handelt es sich um die Form mit dem kleinsten Spielraum für die Verwaltung. Diese kann zwar immerhin zwischen verschiedenen Sachaufwandpositionen Kreditverschiebungen vornehmen, doch bleibt der grösste Posten (Personal: regelmässig über 80 % des Aufwandes) unangetastet. Diese Regelung begünstigt allerdings die Weiterführung der inputorientierten Steuerung, indem beispielsweise eine Stellenplafonierung weiterhin ermöglicht wird. Die Massnahme ist somit zwar ein Schritt in die richtige Richtung, er dürfte jedoch zu klein sein, um echte Veränderungen zu bewirken.

---

[5] Am Beispiel eines Kinderhorts lässt sich dies gut darstellen: Es ist denkbar, dass in einer Stadt Kinderhortplätze gleichzeitig von städtischen und von privaten (subventionierten) Vereinen angeboten werden. Der städtische Hort ist brutto im Detailbudget erfasst, also an die budgetierten Aufwandarten gebunden. Die privaten Vereine hingegen verfügen faktisch über ein Globalbudget.

[6] Ein typisches Beispiel dieser Terminologie ist der Globalkredit für *Lehre und Forschung* im ETH-Bereich, der verschiedene Ausgabenarten umfasst. Bis anhin wurde der Begriff jedoch eher für artähnliche Ausgaben verwendet, die über verschiedene Verwaltungsbereiche getätigt wurden. Ein Beispiel auf Bundesebene ist der Globalkredit der Eidg. Drucksachen- und Materialzentrale (EDMZ).

ad 2: Der Freiheitsgrad der Führung ist hier - zumindest bezogen auf Kreditverschiebungen - deutlich grösser als in der ersten Variante. Jetzt ist es dem Leiter einer Verwaltungseinheit möglich, auf die Anschaffung von Mobiliar zu verzichten zugunsten der Anstellung einer weiteren Person. Oder aber er kann zwei Stellen einer relativ tiefen Lohnklasse in eine höher eingeordnete Stelle umwandeln. Diese Flexibilität eröffnet der Führung etliche Möglichkeiten der Effizienzsteigerung. Das Problem dieser Lösung besteht darin, dass zusätzliche Anstrengungen, die in einer Verwaltungseinheit unternommen werden, nicht zu einer Vermehrung der verfügbaren Mittel führen, weil das Total der Aufwendungen - zwar global, aber trotzdem - nach oben beschränkt ist. Ein Anreiz für besondere Efforts besteht damit nicht.

ad 3: Die Budgetierung von globalen Nettoaufwendungen schafft diesen Anreiz, indem zusätzliche Einkünfte eine Zunahme der verfügbaren Mittel bewirken. Jetzt kann beispielsweise durch die Organisation einer Vortragsreihe, wenn sie Gewinn abwirft, ein Personalausflug finanziert werden. Eine Schulfeier kann sich aus freiwilligen Einsätzen von Schüler und Lehrpersonen finanzieren. Ein Querschnittsamt kann seine Leistungen zugunsten der Verwaltung ausweiten, wenn sie den entsprechenden Absatz finden, und es ist auch eine Abgabe von Leistungen an Dritte denkbar, die wegen der Aufteilung der Fixkosten auf eine grössere Produktmenge im Endeffekt zu einer Kostensenkung für die eigene Verwaltung führt.

Keine Globalbudgetierung im eigentlichen Sinn ist die Verdichtung der vierstelligen Budgets auf dreistellige, wie dies in der Stadt Winterthur gemacht wird (Saile 1995, 2), obwohl dies für die Verwaltung bereits zu Erleichterungen führen kann.

2.1.2. Umfang der Globalbudgetierung

Wird die Globalbudgetierung für Verwaltungseinheiten konsequent durchgeführt, so muss dies heissen, dass die internen Verrechnungen neu dort budgetiert werden, wo die Leistungsbezüger sind. Die Budgets der Leistungsbezüger werden also - ein Nullsummenspiel vorausgesetzt - umso grösser, je mehr Leistungen intern verrechnet werden. Im gleichen Ausmass nehmen die Budgets der Leistungslieferanten ab. Im Extremfall kann dies dazu führen, dass ein interner Lieferant kein eigenes Budget mehr ausweist, da er sich zu 100 % aus den internen Verrechnungen finanziert. Er fiele damit aus dem Produktbudget heraus, könnte aber pro memoria mitgeführt werden, um dem Informationsbedürfnis des Parlamentes gerecht zu werden.

2.1.3. Ebenen der Globalbudgetierung

Die Überlegung, zukünftig auf bestimmte Teile des herkömmlichen Budgets zu verzichten, da sich die Verwaltungseinheiten über interne Verrechnungen finanzieren, führt zur Frage, ob dies auf allen Vereinbarungsebenen (Produktbudget, Departementsauftrag, Kontrakt) möglich und sinnvoll sei.

Nehmen wir die *normative Ebene*, d.h. die Vereinbarungsebene zwischen Regierung und Parlament, so ist in der Tat ein Verzicht auf alle internen Funktionen, die nicht direkt Produkte an die Öffentlichkeit oder externe Kunden abgeben, möglich. Wenn sich die Debatte rein um die Leistungsseite dreht, dann sind die Querfunktionen nicht mehr von Bedeutung, weil sie in den Kosten der Produkte enthalten sind. Das heisst, dass das zu debattierende Budget bedeutend schlanker sein wird als es heute der Fall ist.

Dies bedeutet aber auch, dass sich die Parlamentarier im Klaren sein müssen, dass beispielsweise das Ausmass der EDV-Anwendung in der Verwaltung nicht mehr Gegenstand der Vereinbarung zwischen Regierung und Parlament sein kann. Solche Untersuchungen sind Aufgabe des Managements der Verwaltung. Das Produktbudget in seiner Reinform wird nur noch die zu produzierenden Produktegruppen, die angestrebten Wirkungen und die dazu notwendigen finanziellen Aufwendungen wiedergeben, d.h. der Fokus ruht auf den Produkten, die gegen Aussen abgegeben werden.

Eine andere Sichtweise kann sich bereits auf der Ebene der *Leistungsaufträge* einstellen. Hier besteht die Aufgabe der Regierung darin, das *Dienstleistungsunternehmen Verwaltung* auf dem richtigen Kurs zu halten. Dazu kann es notwendig sein, bestimmte Richtlinien für Querschnittsfunktionen zu erlassen, damit das ganze Gebilde nicht aus den Fugen fällt. Die Regierung wird daher beispielsweise dem Finanzdepartement den Auftrag erteilen, für die interne Abrechnung der Kredite zu sorgen und dazu eine Stelle einzurichten, die die Kontoführung für die Verwaltungseinheiten übernimmt. Diese Stelle ist reine Querschnittsfunktion, d.h. sie gibt keine Leistungen gegen aussen ab. Trotzdem ist sie notwendiger Teil der Verwaltung, der von der Regierung bestimmt ist.

Detaillierter kann die Betrachtung auf der Ebene der *Kontrakte* mit den einzelnen Verwaltungseinheiten oder anderen Leistungszentren sein. Hier wird jede Querschnittsfunktion aufgeführt, in aller Regel mit einer Angabe über die Berechnung der Verrechnungspreise.

2.1.4. Reservebildung bei Verwaltungseinheiten

Mit der Aufhebung der Jährlichkeit und der zeitlichen Bindung der Budgets stellt sich die Frage, in welcher Form die nicht benützten Kredite auf das Folgejahr übertragen werden. Ein gültiges Konzept besteht noch nicht, allerdings drängt sich die Bildung von Eigenkapital (Reserven) als mögliche Lösung auf. Auch dies widerspricht jedoch den Anliegen des FDK-Rechnungsmodells. Ausserdem ist noch nicht abzusehen, wie sich die Politik verhalten wird, wenn die einzelnen Verwaltungseinheiten Reserven bilden, während das Gemeinwesen als Ganzes Defizite ausweisen muss. Der Reiz, die Reserven der Leistungserbringer für die Defizitdeckung einzusetzen, dürfte für die Politik latent vorhanden sein. Die laufenden Projekte werden zeigen, ob und in welcher Form Lösungen für dieses Problem gefunden werden können.

Technisch wäre eine Reservebildung über eigene Konten in der Bestandesrechnung oder eine getrennte Bestandesrechnung möglich. Letztere hätte den Vorteil, dass betriebsnotwendige Anlagen (z.B. Messstationen für ein Umweltschutzamt) in der eigenen Bestandesrechnung erscheinen und abgeschrieben würden, was wiederum die selbständige Planung der Reinvestitionen und der Anlagenbewirtschaftung erleichtert.

2.2. *Behandlung von obligatorischen und kommerziellen Produkten im Budget*

2.2.1. Preisberechnung der obligatorischen Produkte

Ein wichtiger Gegenstand der Leistungsvereinbarung ist die Preisgestaltung, die die Basis für die Ausschreibung und den Abschluss der Kontrakte darstellt. Ihre Problematik liegt in der Ermittlung der Kosten bzw. Preise für die Leistungen. Eine Möglichkeit wäre die Verwendung von Normkosten, was durchaus korrekt, aber mindestens am Anfang unmöglich ist. Der Grund dafür liegt in der mangelnden Datenbasis: es fehlt an Vergleichsmöglichkeiten mit anderen Städten, an Kosten-Leistungsdaten sowie an einem bewährten Kalkulationsschema. Deshalb muss die Preisgestaltung in zwei Phasen unterteilt werden.

a) In einer *ersten Phase* sollte mit Erfahrungsdaten geplant werden (dies auch in den Bereichen, wo eine Amtsausschreibung stattfindet, als Referenzzahl). Das heisst, dass im Produktbudget nicht konsequent über die Leistungen budgetiert wird, sondern "lediglich" Kosten- und Leistungsdaten verknüpft ausgewiesen sind. Änderungen in der Leistungspalette werden dann in finanzielle Konsequenzen umgerechnet.

b) In einer *zweiten Phase* (wenn Vergleiche mit anderen Gemeinden und/oder der Privatwirtschaft möglich sind, wenn eine Vollkostenrechnung existiert und Kalkulationsschemata bestehen), kann man mit sogenannten Standard- oder mit Normkosten planen. Es ist damit zu rechnen, dass diese zweite Phase erst einige Jahre später vollständig eingeführt werden kann.

2.2.2. Berechnung der Kontraktsumme

Nicht nur die Preisberechnung der einzelnen Produkte, sondern auch die Berechnung der Kontraktsumme als Ganzes bilden Gegenstand aktueller Diskussionen in den Projekten. Im Abschnitt 1.4.2. wurde die Führung einer Plankostenrechnung gefordert, um Mengenabweichungen (hier im Zusammenhang mit einer Schlechterfüllung) finanziell auffangen zu können. Solche Abweichungen können sich ohne Zutun der Leistungserbringer aus der Natur der Sache ergeben: Die Kantonsschule kann beispielsweise die Anzahl der Neueintritte ebenso wenig steuern wie das Tiefbauamt die Anzahl Schneetage im Jahr. Beides kann die Kosten aber erheblich verändern. Die Lösung müsste somit in einer variablen Kontraktsumme bestehen, die

a) rein variabel (d.h. pro Produkt) oder

b) gemischt mit einem fixen Anteil

berechnet wird. In Variante b würde somit ein fester Bereitschafts- oder *stand by* - Preis erstattet.

Ist eine entsprechende Formel zur Berechnung der Kontraktsumme nicht anwendbar (z.B. weil die Daten fehlen), kann kurzfristig auf die bisherige Praxis abgestellt werden. Übermässige Mengenabweichungen, die nicht über das Globalbudget abgefangen werden können, führen dann zu einem Nachtragskredit. Obwohl nachträgliche Kreditgewährung grundsätzlich ausgeschlossen ist, wäre diese Lösung modellkonform, sofern tatsächlich eine wesentliche Mengenausweitung stattfindet, die nicht vorhersehbar war. Dies bedingt jedoch einerseits, dass die Kalkulationsbasis für die Kontraktsumme klar definiert wird ("Summe xy bei einer erwarteten Menge z"), und andererseits, dass die Mengenabweichung objektiv erfassbar ist.

Viele Verwaltungseinheiten erstellen Produkte, die voll oder teilweise über den indirekten Finanzausgleich finanziert werden. Bei Kontraktabschluss stellt sich damit die Frage, ob diese Zahlungen Bestandteil der Kontraktsumme sind. Werden sie als Erträge in den Kontrakt aufgenommen, so geht das Risiko ihres Eingangs auf den Leistungserbringer über. Damit wird ein Anreiz geschaffen, Ausgleichszahlungen auszulösen, indem die Kriterien der Berechtigung erfüllt werden. Dies ist im Sinne des betroffenen Gemeinwesens und modellkonform, sofern die Ausgleichszahlungen tatsächlich durch den Leistungserbringer selbst durch sein Handeln beeinflusst werden können. Ausgleichszahlungen, die ganz oder teilweise von Vereinbarungen zwischen den Gemeinwesen oder gar einseitig durch ein anderes Gemeinwesen bestimmt sind, sollten nicht in die Kontraktsumme aufgenommen werden. Dieses (letztlich politische) Risiko gehört zum Gemeinwesen selbst, und die Erfüllung der Ausgleichskriterien bildet Inhalt des Kontrakts mit dem Leistungserbringer.

2.2.3. Behandlung von kommerziellen Produkten

Die Herstellung und Veräusserung kommerzieller Produkte ist nach traditioneller Auffassung grundsätzlich nicht Sache der Verwaltung. Tut sie dies trotzdem, so kann sie in Konflikt mit privaten Anbietern geraten, denen sie als Konkurrentin gegenübertritt. Jede Aktivität der Verwaltung legitimiert sich durch einen öffentlichen Zweck. Im Rahmen der wirkungsorientierten Verwaltungsführung wird nun davon gesprochen, dass die Verwaltungseinheiten beschränkt kommerziell tätig werden können, um sich eine gewisse unternehmerische Handlungsfreiheit zu erwirken.

Beispiele solcher kommerzieller Tätigkeiten sind bereits heute in den Verwaltungen zu finden: Viele Hochschulinstitute finanzieren sich weitgehend über Gutachten, Beratungen und Kurse, die im Grunde auch von Privaten angeboten werden (könnten). Verwaltungsstellen in Bund und Kantonen kennen Bestandeskonten ausserhalb der offiziellen Rechnung, über die sie in einem gewissen tolerierten Rahmen Einnahmen und Ausgaben verbuchen. Diese Möglichkeiten werden neu offen zugestanden und transparent in der Rechnung ausgewiesen.

Die Absicht, die mit dieser neuen Regelung verfolgt wird, zielt auf das *unternehmerische Denken und Handeln* der Verwaltungseinheiten. Die kommerzielle Betätigung bzw. die daraus erwachsenden unternehmerischen Qualitäten der Führung wirken sich natürlich auf die obligatorischen Aktivitäten aus (vgl. auch Bolz 1994, 7). Mit einer relativ kleinen *Nische* kommerzieller Tätigkeit (sie kann z.B. auf 5 % des Gesamtumsatzes beschränkt werden) wird eine Verbesserung der Führung und damit *nutzenmässige* Know-how-Quersubventionierung des obligatorischen Bereichs erreicht, die durchaus im öffentlichen Interesse liegt.

Es besteht hier ein *Klärungsbedarf* in der Frage, ob und wie weit die Verwaltungseinheiten eigenständig kommerziell tätig werden dürfen, und wie eine Beschränkung erfolgen kann. Die Reformbestrebungen der wirkungsorientierten Verwaltungsführung stehen in diesem Bereich vor dem Dilemma, dass einerseits den Verwaltungseinheiten grösstmögliche unternehmerische Freiheit gewährt werden soll, andererseits aber die Quersubventionierung der kommerziellen Tätigkeit wirksam zu verhindern ist. Erste Ansätze zielten in den laufenden Projekten auf die Vorgabe, kommerzielle Produkte zu *Vollkosten* anbieten zu müssen. Dies hätte jedoch die unternehmerische Freiheit der Preisgestaltung m.E. zu stark eingeschränkt, bieten doch auch viele Privatunternehmer ihre Produkte nicht aufgrund einer Vollkosten-, sondern einer Deckungsbeitragskalkulation an. Damit müsste ein angemessener *Deckungsbeitrag* vorgeschrieben werden, der den Einsatz der bereits über Steuergelder finanzierten Mittel vollumfänglich entschädigt. Die so berechnete Summe würde dann in die Kasse des Gemeinwesens zurückfliessen.[7]

3. AUSBAU DES RECHNUNGSWESENS ZU EINEM MANAGEMENT-INFORMATIONSSYSTEM

Die Rechnungen der öffentlichen Hand in der Schweiz sind heute weitgehend extern orientiert. Sie können damit dem *finanziellen Rechnungswesen* zugeordnet werden (Buschor/Lüder 1994, 163). Auf Bundesebene ist dies bedeutend ausgeprägter: die Priorität des Bundes liegt auf der Präsentation finanzwirtschaftlicher Daten (Ausgaben und Einnahmen, d.h. tatsächliche Zahlungsströme, statt Aufwendungen und Erträ-

---

[7] Bei der SMA wurde entsprechend die Regelung gewählt, "im Sinne einer Budgetvorgabe im ersten Jahr 10 % und im 2. Jahr 20 % mehr Einnahmen als Ausgaben zu erwirtschaften und diesen Betrag als Beitrag an die Infrastrukturkosten an die Bundeskasse abzuliefern" (Bolz 1994, 24).

ge). Soll die Verwaltung wirkungsorientiert geführt werden, so ist eine Ergänzung dieser externen Sichtweise durch eine interne, oder management-orientierte, Betrachtung vonnöten. Die Finanzbuchhaltung wird mit einem betrieblichen Rechnungswesen gepaart, um die Informationsbasis für die Verwaltungsführung zu verbessern.

In der Folge werden vier Ebenen eines managementorientierten Rechnungswesens anhand des Produktionsprozesses im politisch-administrativen System dargestellt. Diese Trennung lässt sich in der Praxis nicht problemlos bewerkstelligen; oft überschneiden sich die Ebenen, so dass Kosten-, Leistungs-, Wirkungs- und/oder Nutzenrechnung fliessend ineinander übergehen. Als vereinfachende Darstellung vermag das Konzept jedoch die wichtigsten Elemente des neuen Rechnungswesens aufzuzeigen. Da jede Rechnung sowohl als Plan- wie auch als Ist-Rechnung ausgestaltet werden kann (und sollte), sind jeweils das Element des Planungs- und des Leistungsprozesses der betroffenen Ebene miteinbezogen.

3.1. *Kostenrechnung*[8]

Die Kostenrechnung ist auf der *Mittelebene* des Produktionsprozesses angesiedelt. Sie gibt pro Kostenstelle oder Kostenträger an, welche Kosten der Mitteleinsatz verursacht und wie diese Kosten verteilt sind. Die Stärke der Kostenrechnung gegenüber der Finanzbuchhaltung besteht darin, dass der Mittelverbrauch exakter zugeordnet werden kann. Durch einheitliche Regelung der Grundsätze der Kostenumlage, wie sie Buschor und Lüder fordern, wird ausserdem eine verbesserte Vergleichbarkeit ähnlicher Aktivitätsbereiche erzielt:

"Die Kostenrechnungen sind - sollen sie echte Vergleiche unter den Trägern der Aufgabenerfüllung erlauben - bereichsweise zu standardisieren. Es gibt zwar allgemeingültige Kostenrechnungskonzepte, aber im Einzelfall nicht die Kostenrechnung an sich. Es ist aber erwünscht, dass sich die einzelnen Kostenrechnungen an einem übergeordneten Konzept orientieren (z.B. Prinzipien der Verbundrechnung mit der Finanzbuchhaltung, der Abschreibungen auf Wiederbeschaffungswerte, Prozesskostenorientierung usw.)" (Buschor/ Lüder 1994, 180 f).

---

[8] An dieser Stelle wird nicht vertieft auf die Methoden der Kostenrechnung eingegangen.

IV. Steuerungselemente der wirkungsorientierten Verwaltungsführung

Diese geforderte Standardisierung der Kostenrechnungen ist bis anhin nur partiell erfolgt. Beispiele sind etwa die Elektrizitätswerke oder die VESKA-Kostenrechnung, der allerdings eine Kostenträgerrechnung fehlt. Eine erneute Diskussion zur Schaffung von Standards über die Rechnungslegung, ähnlich jener um das Rechnungsmodell für Kantone und Gemeinden (FDK-Modell), tut Not. Gefordert ist allerdings diesmal nicht nur die Finanzdirektorenkonferenz, sondern alle Koordinationskonferenzen für ihre betroffenen Bereiche, wie dies an einem *ch*-Regierungsseminar im Januar 1995 richtigerweise erkannt wurde.

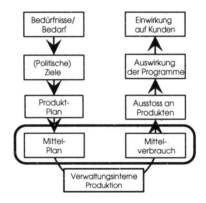

Abb. 54: Kostenrechnung im Produktionsprozess

Bisher werden Kostenrechnungen in Bereichen eingesetzt, die zumindest eine weitgehende Verursacherfinanzierung, d.h. Kostendeckung, der Leistungen anstreben. Sie ist damit vor allem ein Instrument zur Legitimierung der Gebührenhöhe, also ein Hilfsmittel zur generellen Einnahmenbeschaffung (Budäus 1994, 29). Im FDK-Rechnungsmodell sind wesentliche Elemente einer Kostenrechnung in den Spezialfinanzierungen enthalten, die einen eigenen Rechnungskreis innerhalb der Staatsrechnung darstellen und die Zuweisung von Aufwendungen und Erträgen an eine Aufgabe ermöglichen. Auch sie sind ursprünglich nur für Aufgabenbereiche geschaffen worden, die sich selbst zu finanzieren in der Lage sind. Das Instrument der Kostenrechnung kann und soll jedoch flächendeckend über die ganze Verwaltung eingesetzt werden; nicht die Einnahmenlegitimation, sondern die Optimierung der effizienten und effektiven Leistungserstellung ist dann ihr Hauptzweck. Die Kostenrechnung wird damit zu einem wichtigen Element des Führungsinstrumentariums.

In einem ersten Schritt kann die Einführung einer Ist-Vollkostenrechnung angestrebt werden; auf Dauer vermag dies jedoch nicht zu befriedigen. Eine entscheidungsorientierte Kostenrechnung sollte in der Lage sein, "Kenntnisse über fixe, sprungfixe und variable; direkte und indirekte sowie beeinflussbare und nicht beeinflussbare Kosten" (Güntert 1988, 143) zu vermitteln. Ausserdem ist die reine Ist-Kostenrechnung durch eine Plankostenrechnung zu ergänzen, so dass sowohl reine Kostenabweichungen (Sollkosten), als auch Mengenabweichungen (Standardkosten) erfasst und analysiert werden können. Ein weiterer Schritt könnte zudem die Einführung einer Prozesskostenrechnung sein. Sie ermittelt die Kosten eines Produkts nicht mehr über traditionelle Verteilschlüssel, sondern über die Zuteilung von Aktivitätskosten, die als Kostentreiber definiert werden (Zimmermann 1993, 177 ff).

Die Kostenrechnung allein vermag keine wesentlichen Führungsinformationen zu liefern, wenn sie nicht dazu benützt wird, historische, horizontale und vertikale Vergleiche anzustellen. Als Referenzobjekte sind allerdings Kostenarten und Kostenstellen ungeeignet, weil damit kaum Gleiches mit Gleichem in Zusammenhang gebracht wird. Ein gültiger Vergleich ergibt sich erst durch die einheitliche Definition von Kostenträgern. Daher ist es notwendig, über die reine Mittelbetrachtung hinaus eine weitere Ebene zu erfassen: Die *Produktebene*.

3.2. Leistungsrechnung

Auf der zweiten Ebene des Produktionsprozesses werden die Leistungen der Verwaltung in Produkten vereinbart und deren Produktion erfasst. Das Instrument dazu bildet die Leistungsrechnung.

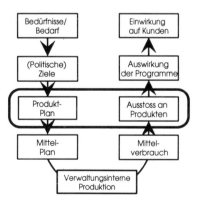

Abb. 55: Leistungsrechnung im Produktionsprozess

IV. Steuerungselemente der wirkungsorientierten Verwaltungsführung

Die Leistungsrechnung erfasst den unmittelbaren Ausstoss der Verwaltung, meist in rein quantitativen Grössen. Oft werden schon heute über die Geschäftskontrollen Leistungen erfasst, die in Produkte im Sinne der wirkungsorientieren Verwaltungsführung zusammengefasst werden können. Viele Daten, die den Geschäftskontrollen entnommen werden, sind dazu allerdings nicht in der Lage. Die Leistungsrechnung schliesst diese Lücke und versucht, flächendeckend über die gesamte Verwaltung die Produkte zumindest quantitativ zu erfassen und diese Daten systematisch auszuwerten.

Ein treffendes Beispiel für den Aufbau einer Leistungsrechnung liefern die Verkehrsbetriebe St. Gallen: seit Anfang 1995 werden in sechs Bussen die Fahrgäste gezählt, um verbesserte Informationen zur tatsächlichen Benützung des vorhandenen Angebots zu erhalten.

Technisch wurde diese Erhebung ermöglicht, indem über allen Türen Infrarotsensoren installiert wurden, die jede Bewegung registrieren. Die Daten werden in den Bussen auf Datenträger gespeichert, wobei nicht nur die Anzahl Personen, sondern auch deren Ein- und Aussteigeorte erhoben werden, was eine verfeinerte Analyse der gefahrenen Personen-Kilometer auf den einzelnen Linien ermöglicht.

Quelle: St. Galler Tagblatt vom 20.4.1995

Dem Aufbau einer Leistungsrechnung geht die *Definition von Produkten* voraus. Sie wird sowohl für die Gestaltung der Kontrakte als auch für die Überwachung ihrer Einhaltung benötigt. Produktbezogene Informationen verbessern die Transparenz für die Politiker erheblich. Dank der Verknüpfung von Kosten- und Leistungsrechnung kann beispielsweise errechnet werden, welche Kosten ein Produkt im Vergleich zu anderen verursacht - eine Information, die den Parlamenten bislang fehlte.[9] Die Finanzkommissionen können damit ihrer Aufgabe gezielter nachgehen. Zu Recht wird deshalb die Auffassung vertreten, die *wirkungsorientierte* Steuerung sei härter und durchgreifender als die *inputorientierte*.

---

[9] Erste Hochrechnungen im Kanton Zürich haben gemäss Gesundheitsdirektor Buschor beispielsweise ergeben, dass die Kosten einer Normalgeburt je nach Spital über 100 % abweichen können.

> *Die Kosten- und Leistungsrechnung in den Verkehrsbetrieben der Stadt Luzern definiert jede VBL-Linie als eigenen Kostenträger. Damit wird eine Auswertung möglich, die bis anhin nur mit geschätzten Daten denkbar war.*
>
> *"Als Hilfsmittel für die Definition der Kostenarten, Kostenstellen, Umlageschlüssel etc. wurde ein Prototyp des Betriebsabrechnungsbogens (BAB) mit Hilfe von EXCEL erstellt. Anhand des BAB wurde zusammen mit den Kostenstellen-Verantwortlichen die Zurechnung und Umlage der Kosten besprochen und definiert."*
>
> *Jeder Bus wird als Kostenstelle geführt. Die Auswertung der Finanzdaten erfolgt in EXCEL. Es können 250 Kennzahlen ermittelt werden, die Auskunft über 200 Kostenstellen und -träger geben. Pro Monat wird mit etwa 5'000 Buchungen gerechnet, die zum grossen Teil vom System selbst generiert werden.*
>
> Quelle: ABACUS Pages 4/93, 13 ff

3.3. Wirkungsrechnung

Die Wirkungsrechnung erfasst die Auswirkungen der Verwaltungstätigkeit, d.h. der Programme, und setzt sie in Beziehung zu den politischen Zielen, die damit verfolgt wurden. Sie gibt Auskunft darüber, welche Auswirkungen insgesamt durch die Programme ausgelöst wurden (inkl. nicht beabsichtigte Nebeneffekte).

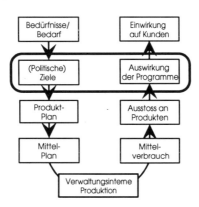

Abb. 56: Wirkungsrechnung im Produktionsprozess

IV. Steuerungselemente der wirkungsorientierten Verwaltungsführung

Voraussetzung für aussagekräftige Informationen im Rahmen der Wirkungsrechnung ist die *Existenz klarer und messbarer Ziele*. An methodisch ungenügenden Zieldefinitionen scheitert die Ermittlung der Effektivität auf der Wirkungsebene. Aus diesem Grund beginnt der Aufbau einer Wirkungsrechnung nicht selten mit der Überprüfung der Ziele und - in vielen Fällen - der Verbesserung mangelhafter Zieldefinitionen. Dieser Prozess hat eine nicht zu unterschätzende politische und verwaltungskulturelle Dimension und ist daher mit einigem Zeitaufwand verbunden.

Methoden der Wirkungsrechnung sind, wo die Auswirkungen nicht über Indikatoren gemessen werden können, oft verwandt mit Evaluationen. Diese wiederum stellen hohe Anforderungen an das fachliche Wissen der Evaluatoren und verursachen einen erheblichen finanziellen Aufwand.[10] Die Verwaltung wird sich daher in aller Regel auf ein System von Indikatoren abstützen, die Hinweise auf Veränderungen oder Zustände zu geben in der Lage sind.

3.4. Nutzenrechnung

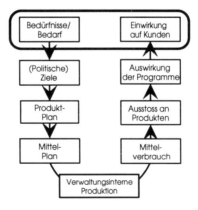

Abb. 57: Nutzenrechnung im Produktionsprozess

Die Nutzenrechnung ist zwar die interessanteste, zugleich aber die kompexeste Rechnung im vorgestellten System. Sie gibt die Wirkungen

---

[10] Ernst Buschor, Präsident des NFP 27 "Wirksamkeit staatlicher Massnahmen", rechnet mit Aufwendungen von SFr. 100'000.-- bis SFr. 400'000.-- für eine gute Evaluation.

des Verwaltungshandelns so wieder, wie sie durch die Adressaten subjektiv empfunden wird (daher *Ein*wirkung). Als Referenzgrösse stehen die Bedürfnisse der Kunden zur Verfügung, die oft ebenso unscharf zu messen sind wie die Einwirkung. Als Behelf dienen daher *Einwohner- und Kundenbefragungen*, die - über die Zufriedenheit - Aussagen über die Relation zwischen den beiden unscharfen Grössen generieren, die ihrerseits zu recht zuverlässigen Ergebnissen zusammengetragen werden können.

Die Nutzenrechnung ist die aufwendigste der vier Rechnungen. Sie gibt gleichzeitig ein nur beschränkt objektives Bild über die tatsächlichen Verhältnisse wieder. Trotzdem nimmt sie in der wirkungsorientierten Verwaltungsführung eine wichtige Stellung ein, da sie den Kunden direkt zu erfassen versucht.

Je näher ein Gemeinwesen am Kunden operiert, umso einfacher gestaltet sich die Nutzenerhebung. Damit wird oft begründet, es falle einer Gemeinde deutlich leichter als etwa einem Kanton oder dem Bund, den direkten Nutzen ihrer Produkte für die Kunden zu ermitteln. Dies mag für einzelne Bereiche Gültigkeit haben; andere hingegen sind ebenso kundenorientiert gestaltbar wie gemeindliche. Beispiele sind etwa die Zeughäuser, Motorfahrzeugkontrollen, Spitäler, Schulen und viele andere.

3.5. *Kennzahlen der Finanzlage*

Eine vermehrt wirkungsorientierte Betrachtung der öffentlichen Verwaltung führt zu neuen Anforderungen bezüglich finanzieller Informationen, die durch das neue Rechnungsmodell nur zum Teil erfüllt werden. Betriebswirtschaftliche Kennzahlen der Finanzlage richten den Fokus auf

- die vollständige Erfassung sämtlicher Aufwendungen, seien dies eigene, seien dies Aufwendungen von anderen Verwaltungseinheiten;
- die Erfassung der Einnahmen in der Verwaltungseinheit und deren Zuordnung zu den Produkten;
- die Berechnung der tatsächlichen Kosten der Produkte.

Auch das Kennzahlensystem ist in einen obligatorischen und einen kommerziellen Bereich unterteilt. Im *kommerziellen* Bereich ist es möglich, einen Deckungsbeitrag für jede Produktgruppe zu errechnen, indem die variablen Kosten den Erlösen gegenübergestellt werden. Das kommerzielle Betriebsergebnis ist dann die Differenz zwischen Deckungsbeitrag und kommerziellen Fixkosten.

IV. Steuerungselemente der wirkungsorientierten Verwaltungsführung

Das Betriebsergebnis aus *obligatorischer* Tätigkeit umfasst naturgemäss deren fixe und variable Kosten. Ihnen stehen (als grösster Posten) die Kontrakteinkünfte, die rechtlich geregelten Gebühren und Entgelte und die Einkünfte aus interner Verrechnung gegenüber.

Mit diesen neuen, betriebswirtschaftlich orientierten Kennzahlen der Finanzlage kann die Verwaltungsführung stärker wirkungsorientiert arbeiten und gleichzeitig den *Konzern Verwaltung* bewusst steuern.

3.6. Die Veränderung des "Neuen Rechnungsmodells"

Ein Grossteil der öffentlichen Verwaltungen in der Schweiz (ausgenommen der Bund) arbeitet heute mit einem Rechnungmodell, das 1978 von der Konferenz der kantonalen Finanzdirektoren als Empfehlung für alle Kantone und ihre Gemeinden verabschiedet wurde. Dieses neue Rechnungsmodell hatte zum Ziel, die damals völlig unterschiedlichen Strukturen der kantonalen Systeme durch eine Harmonisierung transparenter und insbesondere für statistische Zwecke (z.B. für den Finanzausgleich) auswertbar zu machen (Buschor 1993, 212 f). Der damals üblichen Gepflogenheit, für alle möglichen Zwecke eigene Kässeli und Fonds einzurichten, sollte entgegengewirkt werden. Durch die Schaffung einheitlicher Begriffe (Ausgaben, Investitionen), eines einheitlichen Kontenrahmens (Arten- und funktionale Gliederung), einheitliche Deckungsgrundsätze und weiterer Instrumente zur Förderung des Kostendenkens (interne Verrechnungen, Spezialfinanzierungen) war den Anliegen der FDK im allgemeinen beachtlicher Erfolg beschieden, wenn auch einzelne Vorsätze nicht zur Zufriedenheit gelöst werden konnten (Mäder/Schedler 1994, 53 ff).

Im Licht *heutiger* Anforderungen an ein Rechnungsmodell betrachtet - immerhin gut fünfzehn Jahre später - weist das FDK-Modell einige Schwachstellen auf, die mit der Einführung der Kostenrechnung und der vermehrten Anwendung im Rahmen von Quervergleichen behoben werden müssen und die in der Folge beschrieben werden.

3.6.1. Abschreibungen

Die Vorgabe von Abschreibungssätzen im Rechnungsmodell dient der Harmonisierung und macht insofern Sinn, als damit alle Gemeinwesen gleichermassen durch ihre Investitionen belastet werden. Insbesondere die Praxis, Abschreibungen nach Massgabe des Jahresergebnisses vorzunehmen (d.h. bei schlechtem Ergebnis wenig abzuschreiben, bei gutem viel, um die Ergebnisse über die Jahre auszugleichen) sollte damit verhindert werden. Gute Ergebnisse sollten durch Zunahme des Eigenkapitals als Reserven für schlechtere Jahre dienen. Dies sollte allerdings transparent erfolgen. Die tatsächliche Umsetzung zeigt, dass die Vorgaben des FDK-Modells in einigen Kantonen nach wie vor nicht eingehalten werden, ja dass geradezu gegen die Absicht des Modells gehandelt wird.

So verständlich das Anliegen solcher Abweichungen sein mag, so falsch ist die Handlung an sich. Die Hauptfehlerquelle liegt nämlich in der *Abschreibungsmethode*, indem durch die degressive Abschreibung (d.h. Abschreibung vom Buchwert) zwar theoretisch auf eine Anlagenkartei verzichtet werden kann, die Rationalisierungseffekte von Investitionen aber nicht zum tragen kommen. Wird beispielsweise eine neue Anlage gekauft, die durch Zusammenfassen von Arbeiten zu Einsparungen in der laufenden Rechnung führen könnte, so kann der Rationalisierungseffekt in den ersten Jahren nicht zum tragen kommen, weil die Abschreibungen just in dieser Zeit überproportional hoch sind. Idealer und für die Kostenrechnung angemessener wäre deshalb eine lineare Abschreibung vom Anschaffungswert unter Berücksichtigung einer realistischen *Nutzungs*dauer.[11] Für die öffentliche Verwaltung dürfte nämlich kaum der Wiederverkaufs-, sondern vor allem der Nutzungswert einer Anlage von Interesse sein.

Zur Behebung dieser Schwierigkeiten müsste die kantonale Verwaltung zwar weiterhin harmonisierte, aber *differenziertere* Abschreibungssätze vorgeben und die Abschreibung auf dem Anschaffungswert zulassen, so dass Rationalisierungen (insbesondere im Rahmen eines Globalbudgets, das kleinere Investitionen erlaubt) auch kurzfristig zu Buche schlagen.

3.6.2. Betriebe des Gemeinwesens

Unter der wirkungsorientierten Verwaltungsführung wird eine möglichst weitgehende Dezentralisierung der Leistungszentren angestrebt. Dies kann unter anderem auch bedeuten, dass die neu geschaffenen quasi-selbständigen Verwaltungseinheiten über eigene Rechnungen, oder zumindest Rechnungskreise, verfügen.

---

[11] Noch idealer wäre die Abschreibung vom *Wiederbeschaffungswert*, doch müsste dazu einiges Fachwissen für dessen Schätzung sowie die Möglichkeit der Bildung von *Beschaffungsreserven* erarbeitet werden. Kurzfristig müsste daher wohl auf diese Methode verzichtet werden.

IV. Steuerungselemente der wirkungsorientierten Verwaltungsführung

Ein wesentliches Charakteristikum des *FDK-Rechnungsmodells* besteht in der vollständigen Brutto-Erfassung sämtlicher Betriebe eines Gemeinwesens. Diese, in vielen Kantonen mit Mühe durchgesetzte, Vorschrift soll nun also wieder in Frage gestellt werden. Damit drängt sich unwillkürlich die Frage auf: Rechtfertigt sich der Aufwand?

In der Praxis ist es heute so, dass die volle Einbindung der Gemeinde- bzw. Kantonsbetriebe nur in jenen Fällen durchgeführt wurde, wo die Gemeinde bzw. der Kanton als einziger Betreiber auftritt. Viele Betriebe werden jedoch von sogenannten Zweckverbänden geführt, in denen sich mehrere Gemeinden für eine gemeinsame Aufgabenerfüllung entschieden haben. Hier wiederum ist die Regel eine reine Netto-Erfassung, d.h. in der Gemeinderechnung erscheint lediglich der Defizitbeitrag, den die Gemeinde an den entsprechenden Zweckverband abzuliefern hat. Daraus folgt, dass in all diesen Fällen nicht von einer Bruttoerfassung gesprochen werden kann. Die konsequente Herauslösung von eigenen Rechnungskreisen für die Betriebe löst demnach nicht ein vollständiges, bestehendes System auf.

Allerdings ist jeweils von Fall zu Fall abzuklären, ob diese neu geschaffenen Betriebe den für die allgemeine Verwaltung geltenden Rechtsätzen unterstehen oder nicht. Sollen beispielsweise die personalrechtlichen Vorschriften auch für den Betrieb gelten? Muss auch er sich dem Kontorahmen des Neuen Rechnungsmodells anpassen?

In jedem Fall ist auf eine Beibehaltung, ja eine Verbesserung der *Transparenz* zu achten. Damit ist die Frage der Einbindung von Betrieben in die Rechnung weiterhin aktuell. Im nächsten Abschnitt wird daher die Frage der Konsolidierung von Staatsbetrieben aufgenommen.

3.6.3. Konsolidierung

Mit der Herauslösung von Betrieben aus der allgemeinen Verwaltung des Bundes, eines Kantons oder einer Gemeinde wird eine weitere Thematik an Bedeutung gewinnen: die Konsolidierung. Diese kann auf zwei Ebenen betrachtet werden. Auf der Ebene der Gesamtrechnung eines Gemeinwesens muss die Konsolidierung von Betrieben an sich ins Auge gefasst werden, auf der Ebene einzelner Betriebe deren Beteiligungen an anderen Betrieben. Zweck dieser Konsolidierungen ist es, "Klarheit über die finanzielle Situation der Staatswirtschaft und über die Beziehungen und Interdependenzen zwischen dem Staat und seinen von ihm 'beherrschten' Gesellschaften zu erlangen, um gestützt darauf eine Risikobeurteilung vornehmen zu können" (Sommer 1995, 32 ff).

Die Frage der Konsolidierung bzw. der konsolidierten Darstellung eines *Dienstleistungsunternehmens Verwaltung* ist bis heute noch wenig bearbeitet worden. In diesem Zusammenhang wäre auch die Frage der *Sektorisierung* von Rechnungen zu lösen, d.h. eine Regelung zu finden, wie Leistungsflüsse von und zu anderen Gemeinwesen buchhalterisch erfasst werden können, so dass der ausgewiesene Aufwand pro Einwohner zu vergleichbaren Zahlen führt.

Mit der Konsolidierung verwandt ist die Fragestellung, welche internen Verrechnungen den Produkten belastet werden sollen. Es ist ausser Frage, dass sämtliche Kosten der Verwaltungseinheit selbst auf die Produkte umgelegt werden - was aber geschieht mit Leistungen, die das Departement für die Verwaltungseinheit erbringt? Was mit den Aufwendungen der politischen Gremien Regierung und Parlament? Die Antworten auf diese Fragen lassen sich aus dem Zweck der Kostenrechnung ableiten:

a) Schaffen von Transparenz
b) Fördern des Kostenbewusstseins
c) Schaffen einer Grundlage für den make-or-buy-Entscheid

Wird die Variante (c) priorisiert, müssten für diesen Entscheid sämtliche Kosten auf das Produkt überwälzt werden, die bei einer Drittbeschaffung wegfallen. Dies sind die klassischen variablen Kosten der Produktion, allerdings recht weit gefasst. Nicht in die Betrachtung fallen hingegen Kosten, die unabhängig von dieser Wahl ohnehin entstehen, z.B. in den Departementen und politischen Gremien.

Die Forderung nach Transparenz (a) bedingt zumindest für die Versuchsphase, dass der Rechnungsausweis sowohl Auskunft über die selbst verursachten Kosten wie auch über fremdbezogene Leistungen gibt. Damit müsste eine Unterteilung von eigenen und intern verrechneten Kosten erfolgen. Zusätzlich besteht wohl auch ein Bedarf an umfassender Kostenbetrachtung, d.h. inklusive die Departementsleistungen.

Das Kostenbewusstsein (b) hingegen kann nur dann gefördert werden, wenn die Verwaltungseinheit nur für die steuerbaren Kosten zur Rechenschaft gezogen wird. Aufwendungen des Departementes, die ohne Einfluss der Verwaltungseinheit entstehen, sind deshalb getrennt auszuweisen.

Diese verschiedenen Forderungen münden in ein System eines mehrstufigen Abschlusses der Rechnung (vgl. Abb. 58).

Stufe I:	Kosten und Erlöse, die in der eigenen Verwaltungseinheit entstehen;
Stufe II:	zuzüglich Kosten und Erlöse, die von anderen Verwaltungseinheiten (Querschnittsämter, nicht das Departement) bezogen bzw. an sie geliefert und über interne Verrechnungen abgegolten werden;
Stufe III:	zuzüglich Kosten und Erlöse, die durch das Departement verursacht werden und als Gemeinkosten auf die Verwaltungseinheit überwälzt bzw. von den Departementen kassiert und gutgeschrieben werden;

Abb. 58: Mehrstufiger Rechnungsabschluss einer Verwaltungseinheit

Der Einbezug von Kosten, die bei den Departementen und den politischen Gremien verursacht werden, hat zur Folge, dass auch dort Kostenrechnungen geführt werden müssen, um die Verrechnungen korrekt zu ermitteln. Die Konsolidierung erfolgt nach diesem System in einer für die Verwaltung unüblichen Form top-down, oder produktbezogen. Sie ersetzt jedoch nicht die klassische Konsolidierung, die sich wie oben beschrieben ebenfalls neuen Anforderungen ausgesetzt sieht.

4. BERICHTSWESEN

Die Berichterstattung hat zum Ziel, alle Entscheidungsträger mit den aktuellsten Daten über die erbrachten Leistungen (Umfang, Qualität, Nachfrageentwicklung, neue Bedürfnisse, Ausfälle usw.) und den Ressourcenverbrauch zu beliefern, damit allfällig notwendige Entscheidungen auf der Basis qualitativ hochstehender Informationen getroffen werden können. Die Berichte sind - je nach hierarchischer Ebene - von unterschiedlichem Ausmass und formal so gestaltet, dass die jeweilige Ebene die für sie relevanten Daten erhält.

4.1. Aufbau und Ablauf

Der Informationsfluss läuft - ähnlich einem Konzern-Berichtswesen - über alle Ebenen der Verwaltung zur Regierung, dem Parlament und den Einwohnern. Er bildet formal spiegelbildlich die Vereinbarungsebenen ab. Als Berichte sind vorzusehen:

- Quartals- oder Trimesterbericht der Verwaltungseinheit an das Departement bzw. den Departementsdienst. In Luzern nennt man ihn den Kontraktbericht, in der Stadt Bern den Dienstbericht;
- Quartals- oder Trimesterbericht des Departementes an die Regierung bzw. den Steuerungsdienst (Departementsbericht);
- Jahresbericht der Regierung an das Parlament bzw. das Volk.

Zusätzlich zu diesen regelmässigen Berichten sind besondere Vorfälle, Abweichungen von den Vertragsbestimmungen und getroffene Massnahmen zur Korrektur unverzüglich an das jeweilige Departement bzw. die Regierung zu melden.

Die Erfahrungen in der Stadt Tilburg zeigen, dass die Tendenz eher ein zu stark ausgebautes denn zu knappes Berichtswesen fördert. Eine echte Erleichterung im Sinne des Abbaus von Bürokratie erreicht die wirkungsorientierte Verwaltungsführung durch Quartalsberichte, die lediglich Abweichungen aufführen. Sind die Ergebnisse im erwarteten bzw. vereinbarten Rahmen, so sind detaillierte Berichte nicht notwendig. Sie sind jedoch dann zu erstellen, wenn Handlungsbedarf auf Seiten der Auftraggeber, d.h. des Departementes oder der Regierung, besteht.

Das Ziel der wirkungsorientierten Verwaltungsführung ist es, die Bürokratie zu vermindern; wie kann sie dann Quartalsberichte verlangen, die bis anhin nicht zu erstellen waren? Die Lösung liegt in der Veränderung des gesamten Berichts- und Entscheidungsweges. Weil viele Entscheide neu dezentral gefällt werden, lässt sich ein Grossteil der Instanzenzüge verhindern. Die wiederkehrenden Sitzungen, in denen detailliert begründet werden musste, weshalb beispielsweise ein Kurs im Hotel XY statt YZ stattfand, fallen weg. Das Leben der Leiter von Verwaltungseinheiten wird insofern vereinfacht, als sie lediglich viermal pro Jahr über

IV. Steuerungselemente der wirkungsorientierten Verwaltungsführung

ihre Leistungen berichten müssen, ansonsten aber Entscheidungen weitgehend frei fällen können.

4.2. Verdichtung der Informationen

Entscheidend für die Akzeptanz des Berichtswesens ist die Ausrichtung der Information auf ihre Benützer. So wird der Leiter der Verwaltungseinheit eine erheblich detailliertere Information wünschen als etwa der Parlamentarier, der sich ein generelles Bild machen möchte. Aus diesem Grund werden Informationen verdichtet "nach oben" weitergeleitet.

Die KGSt schlägt am Beispiel des Rettungsdienstes drei verschiedene Verdichtungsstufen vor, die unterschiedliche Kennzahlen liefern:

Höchstes Niveau, Adressat: Parlament, Verwaltungsführung

a) *Rettungsdienst-Einsätze pro 1'000 Einwohner und Jahr*
b) *Kostendeckungsgrad pro Jahr*
c) *Rettungsdienst-Kosten pro Einwohner im Rettungsdienstbereich*

Mittleres Niveau, Adressat: Departement, Amtsleiter eines grossen Amtes

a) *Einwohnerzahl des Rettungsdienstbereichs*
b) *Siedlungsdichte (Einwohner/km2)*
c) *Rettungsdienst-Einsätze pro 1'000 Einwohner und Jahr*
   - gesamt
   - mit Notarzteinsatz
   - ohne Notarzteinsatz
   - Krankentransport
   - Sonstige
d) $\dfrac{\text{Anzahl Einsätze} \times \text{Durchschnittsdauer}}{\text{Fahrzeugeinsatzstunden}} \times 100$
   - bei Notfalleinsätzen
   - bei Krankentransporten
e) $\dfrac{\text{Fahrzeugauslastung in Stunden}}{\text{Einwohnerzahl}}$
f) *Gesamtkosten pro Einwohner*
g) *Kosten pro Fahrzeugeinsatzstunde*

> - *total*
> - *für Notfallrettung*
>   - *mit Notarzteinsatz*
>   - *ohne Notarzteinsatz*
> - *für Krankentransport*
> h) *Kosten pro Leistungseinheit je Leistungsart*
> - *Notfallrettung*
>   - *mit Notarzteinsatz*
>   - *ohne Notarzteinsatz*
> - *Krankentransport*
> i) *Kostendeckungsgrad der Leistungseinheiten*
>
> **Kennzahlen auf niedrigem Verdichtungsniveau, Adressat: Betriebs-, Amts-, Fachstellen-, Abteilungsleiter**
>
> *Für diesen Zweck werden unzählige detaillierte Kennzahlen angegeben, die an dieser Stelle nicht aufzuführen sind.*
>
> Quelle: KGSt 1991a, 48 ff

4.3. Rolle der Technik

In kaum einem anderen Bereich, der die Verwaltung so umfassend betrifft, kann der Einsatz einer geeigneten EDV-Applikation so viele Vorteile bringen wie im Berichtswesen. Bei aller Dezentralisierung der Entscheidkompetenzen ist hier auf weitgehende Harmonisierung zu achten, um möglichst direkte, beweglich einsetzbare Lösungen für die ganze Verwaltung zu finden. Die Auswahl einer entsprechenden Hard- und Software sollte gewährleisten, dass die Verwaltungseinheiten einen recht detaillierten Informationsstand haben und eine praktisch tägliche Aktualität erreichen, während die Quartalsberichte an die Departemente idealerweise online übermittelt werden, um ihre Auswertung zu vereinfachen. Moderne Instrumente erlauben dem Benutzer einen ausserordentlich einfachen Zugriff über grafisch gestaltete Oberflächen (z.B. mit vier Icons "Kennzahlen", "Personal", "Leistungen" und "Finanzen"). Ausserdem sind Anwendungen bekannt, die Alarmberichte auslösen, sobald vorgegebene Toleranzwerte überschritten werden (Mair/Meggeneder/Schrattenecker 1995, 12 ff). Dies alles führt zu einer erheblichen Entlastung der Führung im Rahmen des Berichtswesens.

Viele Verwaltungen wären bereit, neue EDV-Mittel anzuschaffen, sind jedoch durch finanzielle Restriktionen eingeschränkt. Oft wird mit proprietären Grossrechnersystemen gearbeitet, die den heutigen Standards moderner Mittel nicht mehr genügen. Mit viel Aufwand müssen daher Schnittstellen geschaffen werden, die speziell zu programmieren sind. Dieser an sich unbefriedigenden Situation kann unter Umständen durch *Outsourcing* entgegengewirkt werden, da einige der erwähnten Leistungen bereits heute angeboten werden.

Die Möglichkeiten des Berichtswesens sind noch nicht ausgeschöpft. Erfahrungen aus der Privatwirtschaft zeigen, dass durch Dezentralisierung der Einheiten zwar die Entscheide delegiert, die zentral verfügbare Information jedoch deutlich verbessert wurde. Die wirkungsorientierte Verwaltungsführung wird auch hier Fortschritte bringen, die weit über die heute bekannten Steuerungsmöglichkeiten hinaus gehen.

5. ZUSAMMENFASSUNG DES KAPITELS IV

Die Steuerungselemente der wirkungsorientierten Verwaltungsführung ermöglichen eine Ausrichtung an den Produkten und ihren Abnehmern, den internen und externen Kunden der Verwaltung.

In den *Leistungsvereinbarungen*, die je nach Führungsebene mehr oder weniger verdichtet sind, werden Leistungsumfang und zur Verfügung stehende Finanzmittel festgelegt, um die Ergebnisse der Verwaltungstätigkeit zu steuern. Die finanzielle Steuerung erfolgt über *Globalbudgets*, die auf detaillierte Vorgabe der Kreditverwendung verzichten und statt dessen reine Nettopositionen aufführen.

Diese Lockerung der operativen Steuerung bedingt den Aufbau eines leistungsfähigen Systems, das sowohl die Planung, die Steuerung und die Überwachung des Geschehens in der Verwaltung ermöglicht: das Controlling. Grundlage des Finanzcontrollings bildet die Kostenrechnung, und das Leistungscontrolling erfasst den Ausstoss und die Wirkungen der Verwaltung. Um die Informationen benutzerfreundlich und zeitgerecht aufzuarbeiten, wird ein Berichtswesen aufgebaut, das weitgehend automatisiert ist und damit keinen übermässigen Aufwand verursacht.

Diese klassischen Aspekte eines Verwaltungscontrolling sind in der Folge klar von der Revision als Instanz und als Funktion zu trennen. Heute ist diese Trennung nicht immer selbstverständlich, was auf das Fehlen einer eigenen Controllingorganisation zurückzuführen ist.

V. WIRKUNGSPRÜFUNG

V. Wirkungsprüfung

1. ZUR NOTWENDIGKEIT DER REFORM

Der Revisionsbereich der öffentlichen Verwaltung hat seine Wurzeln in der reinen Überprüfung der *öffentlichen Finanzen*. Sie wiederum gilt als Wiege der modernen Revisionstätigkeit (Loitlsberger, zit. in Zünd 1982, 557), hat also auf die Entwicklung im Privatsektor einen nicht unwesentlichen Einfluss ausgeübt.

> *"Die Konzentration erheblicher Zahlungsmittel und Vermögenswerte in der Hand öffentlicher Institutionen machte seit je eine ordnungsmässige Rechnungsführung, Rechnungslegung und Rechnungsprüfung notwendig"* (Zünd 1982, 557).

Die Prüfungsinstitutionen in der öffentlichen Verwaltung sind international in den letzten Jahren einem enormen Wandel unterzogen worden. Die traditionelle Ausrichtung auf rein finanzielle Prüfungen wird ergänzt durch weiter gefasste Prüfungsgebiete wie Führungs-, Leistungs- und Wirkungsprüfungen, so dass sowohl fachlich als auch organisatorisch neue Anforderungen an die Institutionen gestellt werden müssen. Die Internationale Organisation der Obersten Rechnungskontrollbehörden (INTOSAI)[1] schreibt etwa in ihren Richtlinien für die Finanzkontrolle, dass "für die Durchführung von Wirtschaftlichkeitsprüfungen eine zusätzliche Ausbildung in den Bereichen Verwaltung, Betriebsführung, Wirtschafts- und Sozialwissenschaften erforderlich sein [kann]" (INTOSAI 1992, 42).

Aufgrund der Veränderungen im Management der öffentlichen Verwaltung scheint eine Ausweitung der Verwaltungsprüfung unerlässlich, was in der Schweiz ansatzweise auch im revidierten Finanzkontrollgesetz des Bundes seinen Niederschlag gefunden hat (vgl. auch Schedler 1995). Grundsätzlich können drei Säulen des *Prüfungsgebäudes* unterschieden werden (vgl. *Abb. 59*):

❑ Ordnungsmässigkeitsprüfung
❑ Geschäftsführungsprüfung
❑ Wirkungsprüfung

---

[1] In der INTOSAI sind die Bundesrechnungshöfe vereinigt. Für die Schweiz übernimmt die Eidgenössische Finanzkontrolle die Vertretung, obwohl ihre Stellung nicht mit jener eines Rechnungshofes verglichen werden kann. Es fehlt ihr dazu insbesondere die administrative Unabhängigkeit von der Verwaltung.

Ordnungs- und Rechtmässigkeitsprüfung

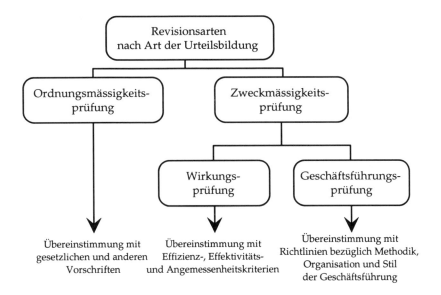

Abb. 59: Revisionsarten nach Art der Urteilsbildung (in Anlehnung an Egner, zit. in Zünd 1982, 28)

Die Verlagerung der Sicht von der Inputseite auf die Leistungs- und Wirkungsdimensionen der Verwaltung muss sich zwangsläufig auf das Schwergewicht der Prüfungstätigkeit auswirken. Die Zweckmässigkeitsprüfung, insbesondere aber die Wirkungsprüfung dürften zukünftig erheblich an Gewicht gewinnen. Die Erfahrungen in der schweizerischen Verwaltungspraxis zeigen allerdings, dass die Prüfungsorgane mit diesen neuen Forderungen nicht nur auf Verständnis stossen. Vielmehr ist die Verwaltung natürlich versucht, sich mit der neu gewonnenen Freiheit gegenüber Kontrollen und Revisionen abzuschotten. Soll aber der *Konzern Verwaltung* steuer- und kontrollierbar bleiben, so lässt sich eine starke Revisionsinstanz nicht wegbedingen.

2. ORDNUNGS- UND RECHTMÄSSIGKEITSPRÜFUNG

Die traditionelle Ordnungs- und Rechtmässigkeitsprüfung (*compliance audit* und *financial audit*) wird weiterhin einen wesentlichen Teil der Arbeit der Prüfungsorgane ausmachen. Die Einführung eines Globalkredites bedeutet - wie oben gezeigt wurde (vgl. Kap. IV) - nicht, dass die Kriterien einer *ordnungsgemässen Rechnungsablage* aufgehoben würden. Sie ist vielmehr weiterhin Grundbedingung für eine erfolgreiche Dezentralisierung und Steuerung der Verwaltungseinheiten.

Verändern wird und sollte sich hingegen die faktische Einbindung der Revisionsstellen in die Verwaltungsapparate. Obwohl Buschor (1988) für die öffentliche Verwaltung schon vor Jahren die Trennung von interner und externer Revision forderte, ist sie in der Schweiz bis anhin nur sehr spärlich vollzogen worden, während sie im Ausland als Selbstverständlichkeit gilt. Loslösen muss sich die Revisionsinstanz vor allem von *Controllingtätigkeiten*, die ihr heute oft mangels geeigneter Strukturen übertragen werden (vgl. unten).

Eine weitere Problemstellung ergibt sich aus der administrativen Unterstellung der Finanzkontrollen unter Verwaltungsdepartemente, in der Regel das Finanzdepartement. Obwohl fachliche Eingriffe wohl eher die Ausnahme bilden, stellt die Ressourcenzuteilung für die Revisionsinstanz (z.B. die Schaffung neuer Stellen) durch das vorgesetzte Departement ein immer wieder debattiertes Thema, das auch von der INTOSAI erkannt wurde: "Die Bereitstellung von Ressourcen für die ORKB [Oberste Rechnungskontrollbehörde] stellt einen kritischen Bereich in den Beziehungen von ORKB und ausführender Gewalt dar" (INTOSAI 1992, 32). Eine wirkliche Unabhängigkeit der Prüfungsinstanz kann wohl nur geschaffen werden, wenn sie auch administrativ aus der Verwaltung herausgelöst wird.

3. GESCHÄFTSFÜHRUNGSPRÜFUNG

Unter Geschäftsführungsprüfung versteht man "eine zukunftsorientierte, unabhängige und systematische Beurteilung der Tätigkeit aller Führungsstufen [...] mit dem Zweck, durch Verbesserungen in der Ausübung der Führungsfunktion die Zielerreichung zu fördern" (Zünd 1982, 385). Wird die Verantwortlichkeit und der Kompetenzbereich der operativen Führung ausgeweitet, wie es die wirkungsorientierte Verwaltungsführung vorschlägt, so entsteht ein Bedürfnis der strategischen Führungsinstanzen nach einer verbesserten Geschäftsführungsprüfung. Diese wäre demnach schwergewichtig im strategischen Bereich anzusiedeln, d.h. als Instrument der politischen Gremien (Parlament und Regierung) zur Überwachung der Verwaltungsführung.

Die Geschäftsführungsprüfung ist nach geltender Regelung kaum verankert, es sei denn, gewisse Tätigkeiten seien gesetzlich vorgeschrieben, so dass sie die Rechtmässigkeitsprüfung abdeckt. Beim Bund besteht seit 1990 eine eigene *Verwaltungskontrolle*, die für punktuelle Prüfungsaufgaben dieser Art prädestiniert scheint (Hahnloser 1993, 807ff). Ausserdem stehen die Regiebetriebe des Bundes (v.a. PTT und SBB) naturgemäss dieser Art der Prüfung näher als die allgemeine Verwaltung. In den Kantonen und Gemeinden bleibt in aller Regel nach wie vor unklar, wer für die Geschäftsführungsprüfung verantwortlich ist, da hier Revision und Verwaltungskontrolle oft vermischt sind. Es ist zu vermuten, dass sich die Geschäftsprüfungskommissionen dafür zuständig erklären.

Im Revisionshandbuch (RHB) der Schweiz (1994) ist die Geschäftsführungsprüfung generell vorgesehen und müsste demnach auch für die öffentliche Verwaltung postuliert werden. Ihre Legitimation ergibt sich aus Art. 37 Mustergesetz für den Finanzhaushalt der Kantone, wonach die Finanzkontrolle ihre Aufgaben "nach den in diesem Gesetz aufgeführten sowie nach anerkannten Revisionsgrundsätzen" (Handbuch 1982, 128) durchführt - und eben diese sind im RHB festgehalten. Eine informelle Umfrage bei Vertretern der kantonalen Finanzkontrollen im Jahre 1994 ergab, dass Geschäftsführungsprüfungen, wenn überhaupt, nur punktuell und als Ordnungsmässigkeitsprüfung, kaum aber systematisch durchgeführt werden.

4. WIRKUNGSPRÜFUNG

Die Wirkungsprüfung (*performance audit*, *value for money audit* oder *comprehensive audit*) erweitert die traditionelle Prüfung der Sparsamkeit und Wirtschaftlichkeit um die Komponente der Wirkung (Effizienz und Effektivität). Sie geht über das bisher geforderte (rein finanzielle) Mass an Prüfungen hinaus, indem die *Leistungen* der Verwaltung und deren richtige, systematische Erfassung zum Gegenstand der Verwaltungsprüfung gemacht werden.

4.1. Prüfung der Sparsamkeit und der Wirtschaftlichkeit

Die Revisionsinstanzen der öffentlichen Verwaltungen in der Schweiz werden regelmässig beauftragt, die Sparsamkeit und die Wirtschaftlichkeit des Verwaltungshandelns zu prüfen. Sparsamkeit bedeutet dabei, "dass die Aufwendungen/Ausgaben so tief als möglich gehalten werden" (Revisionshandbuch 1994, 55). Es geht also darum, unnötige, übertriebene und irrationelle Mittelverwendung zu verhindern. Wirtschaftlichkeit wird hingegen geprüft, indem ein bestimmtes Ergebnis in Beziehung zum tatsächlichen Aufwand gesetzt wird. Die Wirtschaftlichkeitsprüfung nach traditionellem Verständnis bedingt damit eine Quantifizierung von Kosten und Nutzen, was heute in aller Regel ausbleibt. Möchte eine Revisionsinstanz ihrem Auftrag gerecht werden, so ist sie in aller Regel darauf angewiesen, eigene Erhebungen und Berechnungen anzustellen, die ihr eine Beurteilung der Wirtschaftlichkeit erlauben. Damit begibt sie sich jedoch bewusst in die Grauzone zwischen Controlling und Revision und läuft Gefahr, immer mehr in operative Abläufe eingebunden zu werden.

4.2. Wirkungsprüfung als Systemprüfung

Die oben erwähnte Prüfung der Sparsamkeit und der Wirtschaftlichkeit sind - in einem umfassenden Verständnis eines *comprehensive audits* - Bestandteil der Wirkungsprüfung. Diese beschränkt sich jedoch nicht auf die beiden Aspekte, sondern prüft zugleich das richtige Funktionieren der Systeme in der Verwaltung. Sie konzentriert sich darauf, die Systeme der Wirkungsrechnungen auf ihre *Zweckmässigkeit* zu prüfen. Die Prüfungsinstanz ist damit nicht selbst für die Erhebung der Daten und die Durchführung der Wirkungsrechnung zuständig. Vielmehr beurteilt und prüft sie, ob und wie die Daten erhoben, ausgewertet, kommuniziert und in die Führungsprozesse eingeschlossen werden. Wo solche Daten allerdings fehlen, sollte der Revisor selbständig punktuell solche Rechnungen anstellen können, um die Umsetzung der neuen Ansätze zu fördern. Der Wirkungsprüfer übernimmt damit eine nicht unwesentliche Rolle als Ausbildner und Systempfleger.

Die Wirkungsprüfung bezieht sich zusammenfassend insbesondere darauf, ob

- Wirkungsrechnungen überhaupt bestehen;
- die Wirkungsrechnungen alle relevanten Grössen umfassen, also Qualität und Quantität des Ausstosses, Einhaltung vorgegebener Zeitlimiten, Auswirkungen und Ziele sowie allfällig unerwünschte Nebeneffekte;
- die verwendeten Leistungsindikatoren von zentraler Bedeutung sind;
- die verwendeten Leistungsindikatoren einfach, genau, vollständig und erhebungswirtschaftlich sind;

- die verwendeten Leistungsindikatoren rechtzeitig zur Verfügung stehen, damit die Führung auf Veränderungen reagieren kann;
- die Informationen der Wirkungsrechnung stufengerecht aufbereitet werden, d.h. der Detaillierungs- und Vertraulichkeitsgrad den Adressaten angepasst sind.

Für die konkrete Durchführung der externen Prüfung ist zum Teil vertieftes Fachwissen notwendig, das entweder an einer zentralen Stelle zuhanden des Parlamentes (Parlamentssekretariat) aufgebaut, oder aber über Auswärtsvergaben eingekauft werden kann. Nicht immer kann davon ausgegangen werden, dass die Parlamentarier in der entsprechenden Kommission heute das Fachwissen und die zeitlichen Kapazitäten haben, ihre Aufgabe vertieft wahrzunehmen. Die vorgeschlagene Lösung verstärkt mit der Professionalisierung der externen Revision die Stellung des Parlamentes als Kontrollorgan.

4.3. Abgrenzung zum Controlling

Eine klare Abgrenzung von Revision und Controlling ist besonders in der öffentlichen Verwaltung vonnöten, weil hier der Begriff der Finanzkontrolle immer wieder zu Verwirrungen Anlass gibt. *Kontrolle* ist Teil des *Controlling* und damit ureigenste Führungsaufgabe. Revision hingegen ist nicht Aufgabe der Führung, sondern die einer unabhängigen Stelle. Die Trennung von Controlling und Revision ist notwendig für das Grundverständnis der Abläufe und die Kompetenzverteilung bezüglich Überprüfung der Verwaltungstätigkeit.

•	Controlling	Revision
extern	Wirkungsüberwachung durch die Fachkommission der GPK	Ordnungsmässigkeits- und Wirkungsprüfungen der externen Revisionsstelle
intern	Systemüberwachung des zentralen Steuerungsdienstes; Leistungs- und Qualitätsüberwachung der Departementsdienste	Ordnungsmässigkeits- und Wirkungsprüfungen der internen Revisionsstelle

Abb. 60: Überwachung in der wirkungsorientierten Verwaltung

Auch organisatorisch muss zwischen Controlling und Revision unterschieden sowie die interne und die externe Sichtweise getrennt werden (vgl. *Abb. 60*).

In vielen Verwaltungen der Schweiz übernehmen heute die Revisionsinstanzen (z.B. die Finanzkontrolle) Aufgaben, die eigentlich dem *Controlling* zugeordnet werden müssten. Zu denken ist insbesondere an die *mitschreitende Prüfung* im Sinne einer Gutheissung von Zahlungsanweisungen, bevor diese ausgeführt werden (Revisionshandbuch 1994, 12 f). Aber auch Auswertungs- und Kontrollarbeiten werden oft an die Finanzkontrolle delegiert, weil keine andere Institution vorhanden ist, die solche Aufgaben übernehmen könnte. Unglücklicherweise ist diese Tendenz auch im Ausland festzustellen, wo die Audit Institutionen oft Erhebungs- und Auswertungsaufgaben übernehmen, die eigentlich Sache der Controllinginstanzen wären - auch dies aufgrund fehlender Controllingstrukturen (vgl. etwa National Audit Office o.J., 8 f).

Mit der wirkungsorientierten Verwaltungsführung sollte hier Abhilfe geschaffen werden, indem eine klare Trennung zwischen Controlling und Revision angestrebt wird. Die Finanzkontrolle kann dadurch erheblich entlastet werden und zu ihrer notwendigen Unabhängigkeit zurückfinden. Damit ist jedoch gleichzeitig gesagt, dass zwischen den Controlling- und den Revisionsinstanzen je nach Situation ein intensives Zusammenspiel entstehen muss, um die Abläufe möglichst effizient zu gestalten.

Eine Gegenüberstellung der beiden Instrumente Controlling und Revision ergibt ein klareres Bild als die heutige Praxis (vgl. *Abb. 61*). Während das Controlling mit Zahlen operiert, die es grundsätzlich als richtig erachtet, ist es die Aufgabe der Revision, diese Richtigkeit zu hinterfragen. Controlling baut Systeme zur Planung, Information und Kontrolle auf, betreibt sie und ist dafür besorgt, sie auf aktuellem Stand zu halten. Es erfasst und interpretiert die notwendigen Daten und steht dazu permanent in Kontakt mit den Verwaltungsstellen. Es ist Teil der Verwaltung. Revision hingegen prüft lediglich das richtige Funktionieren der Systeme und die Einhaltung von Richtlinien. Sie ist nicht Teil der geprüften Verwaltung.

Controlling	Revision
⇝ operiert vornehmlich mit Zahlen, die als richtig angesehen werden	⇝ überprüft die formelle und materielle Richtigkeit (Ordnungsmässigkeit) der ausgewiesenen Zahlen
⇝ wertet die Zahlen entscheidungsgerecht aus	⇝ überprüft das "richtige" Funktionieren der Systeme, auch des Controllings
⇝ erstellt, betreibt und unterhält die für Führungsentscheide notwendigen Planungs-, Informations- und Kontrollkonzepte	⇝ überprüft die Einhaltung von Führungs- und Wirksamkeitsrichtlinien
⇝ erfasst und interpretiert Daten über den Erfolg der Führung in der Verwaltung	⇝ tritt periodisch in Kontakt zu den Verwaltungsstellen
⇝ steht permanent in Kontakt zu den Verwaltungsstellen	

Abb. 61: Abgrenzung von Controlling und Revision

Diese vollständige Loslösung der Revision von Controllingaufgaben wird - wie oben erwähnt - in Grossbritannien nicht mit der gleichen Konsequenz umgesetzt. Dort profiliert sich die *Audit Commission* (1994) auf kommunaler Ebene durch eine sehr aktive Betätigung im Zusammenhang mit dem *Citizen's Charter* und seiner Umsetzung in den Gemeinden. Dieses Konzept geht davon aus, dass für jede Gemeinde eine vorgegebene Anzahl von Leistungsindikatoren erhoben wird, die anschliessend im Quervergleich publiziert werden. Die Indikatoren umfassen den gesamten Leistungsbereich der Gemeinden, sind allerdings in vielen Fällen noch recht rudimentär.

V. Wirkungsprüfung

Citizen's Charter Indikatoren am Beispiel der Feuerwehr

1. *Anzahl der Anrufe für*
   a) Brandmeldung (ohne Falschalarme)
   b) falsche Feueralarme
   c) andere Vorkommnisse

Damit wird gemessen, wie oft ein Team die Feuerwache verlassen hat, um zu Einsätzen zu gelangen. Unter c) werden alle Einsätze an Verkehrsunfällen, stecken gebliebenen Liften, Gebäudeeinstürze usw. zusammengefasst.

2. *Anteil der Feueralarme, bei denen die Bereitschaftsstandards erreicht wurden.*

Bereitschaftsstandards betreffen sowohl die Anzahl der eingesetzten Feuerwehrautos als auch die Zeit, die man bis zum Einsatz benötigte (Interventionszeit). Sie enthalten normalerweise die Anzahl Feuerwehrleute, aber dieser Standard wurde aus dem Indikator entfernt. Er umfasst nun nur Brände an Immobilien, schliesst aber falsche Alarme mit ein.

3. *Anzahl Rettungen durch die Feuerwehr bei*
   a) Feuer
   b) anderen Vorkommnissen

Dieser Indikator misst die Rettung von Menschen. b) entspricht hier den Anforderungen unter 1.c). Rettungen, die durch andere Personen vorgenommen wurden, obwohl die Feuerwehr gerufen worden war, sind nicht berücksichtigt.

4. *Nettoaufwand für Feuerwehr pro Einwohner*

Quelle: Audit Commission 1994, 76 f

---

5. ZUR UNABHÄNGIGKEIT DER REVISIONSSTELLE

Während die ersten Kontrollbehörden noch Teil der Staatsverwaltung waren, erkannte man bald, dass die Finanzverwaltung von der Finanzkontrolle zu trennen sei. Solches erfolgte in Frankreich bereits im 14. Jahrhundert, in Deutschland im 18. Jahrhundert. In der Schweiz wurde im Jahre 1877 auf Bundesstufe ein "Kontrollbüro" errichtet (Buschor 1988,

62), um die Finanzverwaltung und deren Kontrolle voneinander unabhängig zu machen. Damit wurde eine gewisse Eigenständigkeit der Finanzkontrolle geschaffen, auch wenn sie sowohl im Bund als auch in den meisten Kantonen nach wie vor administrativ den Finanzdepartementen unterstellt ist und damit - zumindest organisatorisch - der Verwaltung angehört.

"Die revidierte Finanzaufsichtsgesetzgebung des Kantons Bern weist eine wesentliche Neuerung auf: In Anlehnung an das Privatrecht und an das Eidgenössische Bankengesetz wurde die Revision auf ein internes und ein externes Kontrollorgan aufgeteilt... . Im übrigen entspricht diese Lösung weitgehend den Vorschriften des Mustergesetzes und erfüllt die 'Grundsätze der Internen Revision' des Schweizerischen Verbandes für Interne Revision (SVIR)" (Revisionshandbuch 1994, 19).

Diese fortschrittliche Lösung bleibt, soweit dies erkennbar ist, bis auf weiteres wohl ein Einzelfall unter den Kantonen. Die Finanzkontrolle des Bundes hingegen tendiert immer mehr zu einer vermehrt externen Revisionsstelle, während die neu zu schaffenden Inspektorate in den Departementen wohl tendenziell als interne Kontrollorgane agieren dürften.

6. ZUSAMMENFASSUNG DES KAPITELS V

Die Dezentralisierung der Verwaltungsstrukturen führt zu einem Aufbau neuartiger, wirksamer Informationssysteme. Diese neu geschaffenen Controllingstrukturen und -mechanismen erlauben es der Revisionsinstanz, sich auf ihre ursprüngliche Funktion zurückzubesinnen: die reine Prüfung, die Revision.

Gleichzeitig werden jedoch neue Anforderungen an die Prüfung gestellt. Die heute mehrheitlich vorherrschenden reinen Finanzprüfungen (financial audits) werden ergänzt durch die Geschäftsführungs- und die Wirkungsprüfung, so dass die Datenklarheit und -wahrheit sowie deren Relevanz für die Führung jederzeit sichergestellt ist. Dieses neue Verständnis der Revision bildet einen wichtigen Bestandteil der vertrauensbildenden Massnahmen, die im Zuge der Dezentralisierung und damit des Rückzugs der Politik aus dem operativen Tagesgeschäft notwendig werden.

VI. WIRKUNG DURCH WETTBEWERB

1. WETTBEWERB UND MARKT

Ein hervorstechendes Postulat der wirkungsorientierten Verwaltungsführung ist die Anwendung von Marktmechanismen im öffentlichen Bereich. Dahinter steht die Grundhaltung, dass - generell formuliert - der Markt besser in der Lage sei, eine effiziente und effektive Leistungserstellung zu bewirken, als Regulierungen. Vorbild dazu sind meist privatwirtschaftliche Unternehmen, die in der Ökonomie oft *per se* als effizienter dargestellt werden. Dabei wird meist vernachlässigt, dass nicht die Anwendung betriebswirtschaftlicher Instrumente oder der Einsatz privaten Kapitals allein für die bessere Effizienz und Effektivität sorgen. Beispiele ineffizienter privater Unternehmen lassen sich viele finden, gerade in einer faktisch nach wie vor kartellisierten Wirtschaft wie der schweizerischen. Für wirklichen Effizienzdruck sorgt letztlich nur ein funktionsfähiger Wettbewerb (Budäus 1994, 38). Letzterer entsteht aus Marktsituationen, die sich unter anderem durch folgende Punkte auszeichnen:

- *Viele Teilnehmer:* Es besteht die Möglichkeit für den Käufer einer Leistung, unter mehreren Anbietern auszuwählen;
- *Freier Marktzutritt:* Neue Anbieter können ohne Beschränkung in den Markt eintreten;
- *Keine Absprachen und Regulierungen:* Die Preise bilden sich frei aufgrund von Angebot und Nachfrage, der Markt kann sich spontan bilden und verändern.

Nicht alle Bereiche der öffentlichen Verwaltung sind gleichermassen geeignet, marktmässig zu funktionieren, und in vielen Fällen werden sich spontan organisierende Märkte bewusst nicht geduldet: Staatliche Regulierungen sind die Folge. Die wirkungsorientierte Verwaltungsführung hat es sich zum Ziel gesetzt, möglichst flächendeckend marktähnliche Situationen zu schaffen, indem

a) klare Rollen von Marktteilnehmern (Leistungskäufer und -verkäufer) definiert werden (vgl. vorne Kap. III);
b) die Anzahl Teilnehmer - z.B. durch Einführung von Ausschreibungen - bewusst vergrössert wird;
c) der Marktzutritt durch Aufhebung der Ausschliesslichkeit staatlicher Erfüllung gewisser Aufgaben erleichtert wird;
d) die Regulierungsdichte generell gesenkt wird.

Naturgemäss wird es der *Leistungsverwaltung* leichter fallen als der *Hoheitsverwaltung*, sich gedanklich oder tatsächlich in einem Marktumfeld zu bewegen. Auch die wirkungsorientierte Verwaltungsführung sieht nicht vor, beispielsweise die Polizei einem preislichen Wettbewerb auszusetzen und durch private Anbieter konkurrenzieren zu lassen. Es ist auch nicht vorgesehen, wie ein Parlamentarier in der Stadt Bern bemerkte, im Falle eines Brandes eine öffentliche Ausschreibung zu veranstalten, wer den Brand löschen soll.

Die vorbehaltlose Auseinandersetzung mit allen denkbaren Möglichkeiten der Einführung von Markt und Wettbewerb in *allen* Bereichen der öffentlichen Verwaltung kann jedoch zu aussergewöhnlichen Lösungen führen, die bei näherer Betrachtung auch politisch durchsetzbar sind. Die oft verwendete Bezeichnung *market mechanisms* (Marktmechanismen) zeigt, dass - falls ein Markt nicht an sich entstehen kann - versucht wird, einzelne Mechanismen auszulösen. Hier gilt es, die Zweifel über die Machbarkeit und die politische Opportunität vorerst auf die Seite zu schieben, damit kreative Ansätze gedanklich reifen können.

1.1. Der Markt als Regulator für Effizienz und Effektivität

Die Volkswirtschaftslehre konnte bis heute hinreichend nachweisen, dass die Existenz eines funktionierenden Marktes auch unter verschiedenen Rahmenbedingungen für ein Maximum an Effizienz in der Güterproduktion sorgt. Über die Mechanismen von Angebot und Nachfrage kommt ein an sich variabler Preis zustande, der jene Produzenten begünstigt, die

- eine gewünschte Anzahl Produkte
- in der gewünschten Qualität
- zu einem möglichst tiefen Preis

anbieten (Hepworth 1994, 141). Der Markt wirkt damit zumindest theoretisch als Regulator für Effizienz und Effektivität. Leu et al. schreiben dazu:

*"Herrscht auf einem Markt Wettbewerb, werden die Produzenten und Konsumenten durch **ökonomische Anreize** zu einem Verhalten motiviert, das im Gemeinschaftsinteresse liegt. Um Gewinn zu erzielen, wird jedes Unternehmen versuchen, sein Angebot auf die **Bedürfnisse der Konsumenten** auszurichten und seine **Kosten möglichst tief** zu halten. [...] Der Wettbewerbsdruck hat zur Folge, dass sich auch die Preise den niedrigst möglichen*

*Kosten für die Produktion eines Gutes annähern. Preise drücken dabei sowohl die Produktionskosten als auch die relative Knappheit der Güter aus und veranlassen Konsumenten wie Produzenten tendenziell zu einem **gesamtwirtschaftlich optimalen Verhalten**." (Leu et al. 1993, 29)*

Diese Feststellung gilt aber nur für Situationen mit Wettbewerb. Im öffentlichen Sektor entfällt diese selbstregulierende Funktion des Marktes weitgehend (Buschor 1992, 207). Oft wird er aus politischen Gründen bewusst eingeschränkt (z.B. im Schulbereich), was bis anhin als selbstverständlich hingenommen wurde. Die ausländischen Beispiele zeigen jedoch, dass oft zuviel des Guten getan wurde. Es wird auch hier darum gehen, regulierende Eingriffe vorbehaltlos zu hinterfragen. Die Situation stellt sich anders dar, wenn aus anderen Gründen Markt nicht entstehen kann:

*"Ein Marktversagen liegt vor, wenn ohne einen staatlichen Eingriff ein Gut **nicht in genügendem Umfang** [zu einem überhöhten Preis] oder **in unbefriedigender Qualität** angeboten würde. Die zentralen Gründe für solche Marktversagen sind externe Effekte, öffentliche Güter, natürliche Monopole und Informationsprobleme (unvollständige Märkte)." (Leu et al. 1993, 30)*

Weil staatliche Organisationen oft Güter produzieren, die keinem vollständigen Markt unterliegen, werden *Privatisierungen* als Reformstrategie oft kritisch beurteilt. Nach Auffassung vieler Politiker gibt es im öffentlichen Sektor etliche Einheiten, die sich nicht für Privatisierungen eignen. Sollen sie deshalb einfach so belassen werden, wie sie heute sind? Könnten nicht *einzelne* Marktmechanismen in den öffentlichen Bereich eingeführt werden, die - unabhängig von den Eigentumsverhältnissen - zu Effizienzsteigerungen führen?

Die Verwaltungswissenschaften versuchen, diesen Fragen nachzugehen, indem die internationalen Erfahrungen mit der Einführung von Marktmechanismen ausgewertet und auf ihre Tauglichkeit für das eigene Land überprüft werden. In der Folge wird dieser Prozess teilweise für die Schweiz vollzogen, um die Möglichkeiten für dieses Land auszuleuchten. Auch hier ist jedoch die Entwicklung noch nicht abgeschlossen; dargestellt werden Trends, Ideen und Ansätze, die es zu verfolgen gilt.

1.2. Marktmechanismen

Die Einführung von Marktmechanismen im öffentlichen Sektor ist keine Revolution. In vielen Bereichen der schweizerischen Verwaltungspraxis sind bereits Elemente erfolgreich eingeführt, die sich durchaus mit Erfahrungen des Auslandes messen lassen (OECD 1993, 12 ff). Was bis heute noch fehlt, ist jedoch eine konsequente Einführung in allen Sparten der Verwaltung. Ausserdem werden kaum systematische Effizienzvergleiche angestellt, die zu weiteren Erkenntnissen in der Schweiz führen könnten. Es wird daher in Zukunft darum gehen, die hier vorgestellten Instrumente - an die jeweiligen Besonderheiten der Verwaltungseinheit angepasst - systematisch einzusetzen, Untersuchungen über ihre Wirkung durchzuführen und daraus weitere Schritte abzuleiten.

1.2.1. Interne Leistungsverrechnung

Über interne Leistungsverrechnungen wird ein verstärktes Kostenbewusstsein der Mitarbeiter der öffentlichen Verwaltung angestrebt. Leistungen eines Bauamtes für den Unterhalt der Verwaltungsliegenschaften, des Finanzamtes für Passivzinsen, Abschreibungen auf Liegenschaften, Materiallieferungen, gegenseitige Beratungen und eine lange Liste weiterer interner Leistungen werden grundsätzlich jenen Stellen belastet, die sie bestellen und beziehen. Hinter der Einführung solcher Verrechnungen steht eine Sicht aus der Anreiztheorie: Erst wer seinen eigenen Konsumentscheid im eigenen (beschränkten) Budget zu spüren bekommt, hat einen ökonomischen Anreiz, den Konsum effizient und effektiv auszugestalten. Deshalb wird allgemein gefordert, möglichst umfassende interne Leistungsverrechnung einzuführen.

Die volle interne Leistungsverrechnung bildet die Basis für eine Kosten- und Leistungsrechnung, wie sie weiter vorne (Kap. IV) gefordert wurde. Sie ist leichter durchsetzbar, je stärker das Prinzip dezentraler Ressourcenverantwortung in der Verwaltung vorherrscht (weil die Aufwendungen direkt an jener Stelle gebucht werden, wo die Leistung entsteht). Die noch verbleibenden Schnittstellen werden im Sinne der Vollkostenverrechnung bearbeitet. Allerdings besteht ein ständiger Problempunkt in der Bewertung der Verwaltungsaktiven (CH: Verwaltungsvermögen), insbesondere ihrer Kosten (Unterhalt und Abschreibungen). Nach wie vor werden diese Kosten noch nicht in allen Verwaltungsstellen berücksichtigt, so dass noch nicht von einer Vollkostenerfassung gesprochen werden kann.

VI. Wirkung durch Wettbewerb

Das Rechnungsmodell der Kantone und Gemeinden der Schweiz sieht im Konzept vor, interne Verrechnungen so weit als möglich einzusetzen. Allerdings ist die Ausführung in der Praxis bisweilen mangelhaft, wie eine Untersuchung des IFF-HSG am Beispiel des Kantons Zürich zeigte (Buschor/Schedler/Stäger 1993, 151 ff). Insbesondere werden kaum Abschreibungen auf dem Verwaltungsvermögen oder kalkulatorische Passivzinsen für das eingesetzte Kapital verrechnet, was der angestrebten Förderung des Kostendenkens in der Verwaltung (Handbuch 1981, S. 81 ff) hinderlich ist. Ist ein eigenes Bauamt vorhanden, das den Gebäudeunterhalt besorgt, so sind oft auch diese Kosten nicht in der betroffenen Funktion, sondern im Bauamt budgetiert und ausgewiesen. Die Leiter der Verwaltungseinheiten wissen dann nicht, welche Kosten sie der Verwaltung verursachen. Dies veranlasst heute viele Führungskräfte in der Verwaltung, sich durch persönliches Erfragen der Informationen ein Bild über die Kostenstruktur der eigenen Abteilung zu machen - ein Unterfangen, das je nach Stand des Rechnungswesens ein detektivisches Ausmass annehmen kann.

Interne Verrechnungen könnten zwar zu einem kostennahen Bild führen; weil eine konsequente Anwendung in vielen wichtigen Bereichen jedoch fehlt, geht diese Chance oft ungenutzt verloren. Dem Verfasser sind kaum Fälle bekannt, wo beispielsweise die Leistungen einer Baudirektion für Gebäude- und Raumunterhalt kostendeckend an die in diesen Räumen befindlichen Verwaltungseinheiten weiterverrechnet wurden. Das führt zum Problem, dass ein Leiter einer Verwaltungseinheit die tatsächlichen Kosten, die er verursacht, nur durch mühsames Zusammentragen von - oft ungenauen - Aufwanddaten bei verschiedenen Stellen eruieren kann. Da viele dieser Kosten jedoch fremdbestimmt sind (durch die jeweils zuständigen Ämter), lohnt sich dieser Aufwand nur für begeisterte Verfechter des Kostendenkens. Das heutige System fördert das Kostendenken jedenfalls nicht in dem Ausmass, in dem es mit der Einführung des FDK-Modells erwartet wurde. In vielen Fällen gilt: Wenn ich es nicht selber bezahlen muss, spielt der Preis keine Rolle.

Die Erfassung und korrekte Zuordnung der Kosten ist ein erster wichtiger Schritt zur Kostenwahrheit, garantiert allein aber noch nicht für Effizienz. Es besteht insbesondere kein Anreiz, Kosten zu senken, wenn sie voll auf andere überwälzt werden können. Dieser Anreiz muss demnach geschaffen werden, indem beispielsweise im Verlauf der Budgetverhandlungen auch die Kostenverrechnung intern debattiert werden muss (gilt für *Pflichtkonsum*) oder indem externe Anbieter als Beschaffungsalternative zugelassen werden. Die Folge daraus wird und soll ein erhöhter Druck auf die internen Lieferanten sein, da die Verwaltungseinheiten beginnen, Kosten-Nutzen-Überlegungen anzustellen. Dies wird verstärkt, wenn wirtschaftliches Verhalten durch die Globalbudgetierung zu Vorteilen für die Verwaltungseinheiten führt.[1]

Aus Sicht der internen Leistungserbringer wird immer wieder die Frage aufgeworfen, wie weit die Leistungsverrechnung gehen soll. Ist es beispielsweise sinnvoll, wenn eine Abteilung, die viele Auskünfte an die verschiedensten Verwaltungseinheiten abzugeben hat (z.B. Staatsarchiv), jedes einzelne Telefongespräch in Rechnung stellt? Diese Frage muss natürlich im Einzelfall abgeklärt werden, wobei auch hier Kosten-Nutzen Überlegungen anzustellen sind. Es mag durchaus Fälle geben, die für die Verwaltungstätigkeit von so grossem Wert sind, deren Verflechtung dermassen stark ist und die im Gesamten eine eher untergeordnete Rolle einnehmen, dass sie als Gemeinkostenstellen geführt und entweder nach einem zu bestimmenden Verteilschlüssel auf die Kostenträger übertragen oder über ein eigenes Budget finanziert werden. Solche Ausnahmeregelungen dürfen jedoch nicht als Fluchtmittel aus der Verrechnungspflicht dienen.

Der Verzicht auf eine Weiterverrechnung rechtfertigt sich in jedem Fall nur dann, wenn die entsprechende Stelle unabhängig von den jeweiligen Kontraktverhältnissen geführt werden muss. Wird beispielsweise eine bestimmte Aufgabe im *Contracting Out* (vgl. *Abschnitt 1.2.5.* unten) an einen Dritten vergeben, so darf die zentrale Stelle in ihrer Aufgabe nicht beeinträchtigt sein. Beispiele solcher *Kostenstellen* sind etwa der zentrale Steuerungsdienst, die Parlamentsdienste und die politischen Gremien überhaupt. Von der Kontraktvergabe abhängig sind jedoch beispielsweise die Revisionsinstanz, die Personaldienste oder die rechnungsführende Stelle.

1.2.2. Betriebsvergleiche (*Competitive Testing*)

Eine weitere Möglichkeit, Marktmechanismen in die öffentliche Verwaltung einzuführen, besteht in einem reinen Datenvergleich zwischen

---

[1] Wenn etwa Laux (1994, 174) hierzu kritisiert, die Gefahr sei gross, "dass verschiedene Leistungseinheiten bei der Festlegung von Verrechnungspreisen in permanente Streitereien geraten und das Ganze zu einer Art Selbstbeschäftigung ausartet oder der Manipulation Tür und Tor geöffnet" werde, so ist in Erinnerung zu rufen, dass eben diese Preis-Leistungs-Bestimmung bei internen Dienstleistungen Bestandteil des neuen Budgetprozesses sein wird. Es ist nachgerade die Absicht hinter dem Modell, diese Diskussionen auszulösen, um die Lieferanten-Kunden-Beziehung auch im internen Verhältnis klarer zum Vorschein treten zu lassen.

ähnlich gelagerten Institutionen. Dieser Prozess, der auch als erster Schritt des Benchmarking betrachtet werden kann, führt zu Erkenntnissen, die der Führung helfen, die richtigen Fragen zu stellen und Abklärungen zu treffen. Zwar besteht damit noch kein echter Markt. Immerhin kann aber ein Vergleichsdruck aufgebaut werden, der ineffiziente Organisationen aufspürt und zum Handeln zwingt.

In *Abb. 62* werden Ergebnisse einer Untersuchung aus dem Jahre 1994 dargestellt, die das IFF-HSG im Auftrag eines Schweizer Kantons durchführte. Die Werte beziehen sich auf Unterhaltsaufwendungen pro Kilometer Staatsstrasse, aufgeteilt in Aufwandarten. Die Buchstaben A bis M bezeichnen Unterhaltsbezirke, die jeweils auf eine eigene Basis greifen. Die Abweichungen zwischen den Bezirken ist enorm: Während der Kilometer im billigsten Bezirk im Unterhalt etwa SFr. 21'000.-- kostet, verschlingt der teuerste über SFr. 50'000.--, was einer Abweichung von knapp 140 % entspricht. Diese Informationen sind aus dem jährlichen Budget und der Staatsrechnung nicht ersichtlich, und der Parlamentarier muss sich die Daten speziell beschaffen, um ähnliche Aussagen zu erhalten.

Für die politische Führung wie auch für die Verwaltung ergeben sich aus Betriebsvergleichen enorme Erkenntnisgewinne, weil sie helfen, gezielte Abklärungen vorzunehmen. Viele flächendeckende Verwaltungsanalysen könnten ersetzt werden durch Methoden des Betriebsvergleichs, was auch zu enormen Kosteneinsparungen führte. Allerdings bleibt zu betonen, dass die reinen Vergleiche nicht für eine Beurteilung ausreichen. Die Tatsache, dass ein Bezirk teurer ist als ein anderer heisst noch nicht, dass er schlechter ist. Solche Auswertungen bedürfen immer einer vertieften Interpretation.

Die rein datenmässige Weiterverarbeitung, dies sei der Vollständigkeit halber erwähnt, führte zum Resultat, dass das Total der Staatsstrassen in einem Bezirk für dessen Kosten pro Kilometer massgebend ist ($r = -0.88$), die Bezirke also für eine effiziente Leistungserstellung eine minimale Grösse haben müssen. Aufgrund dieser Information kann die Regierung nun ihre Planung vornehmen.

Wettbewerb und Markt

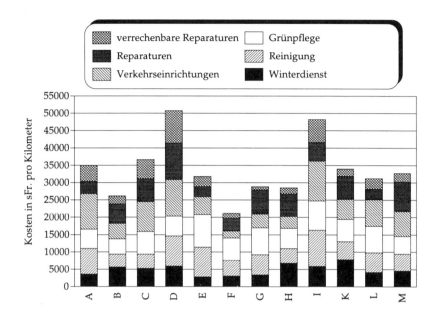

Abb. 62: *Unterhaltskosten für Staatsstrassen pro Kilometer in einem Schweizer Kanton*[2]

Auf dieser Basis kann nun ein Benchmarking vorgenommen werden, wie es in Kapitel I dieser Publikation beschrieben ist. Führt dieses Benchmarking nicht zum gewünschten Erfolg, so müsste der nächste Schritt in Betracht gezogen werden: die Durchführung einer Ausschreibung für die betroffene Produktgruppe.

1.2.3. Ausschreibungen (*Competitive Tendering*)

Die Ausschreibung dient der Suche nach einem kompetenten Geschäftspartner, der in der Lage ist, eine bestimmte Produktepalette in der gewünschten Form und Zeit zu möglichst günstigen Bedingungen zu liefern. Für eine Ausschreibung der öffentlichen Hand gelten - aus betriebswirtschaftlicher Sicht und unter Vernachlässigung bestehender Submissionsregulierungen - die folgenden *Bedingungen*:

---

[2] Quelle: Gutachten des IFF-HSG. Der Abdruck erfolgt aus Vertraulichkeitsgründen ohne Namen und mit Bewilligung des Auftraggebers; die Zahlen stammen aus dem Jahr 1994.

VI. Wirkung durch Wettbewerb

- ❏ Klare Definition der erwarteten Leistungen in Anzahl, zeitlicher Verfügbarkeit und Qualität;
- ❏ Vollkommene Unvoreingenommenheit und Bereitschaft, im Falle eines entsprechenden besseren Angebots auch Aufträge nach aussen zu vergeben;[3]
- ❏ Faire Chancen für verschiedene Arten von Anbietern (klein-gross, privat-öffentlich, Inland-Ausland), insbesondere in der Offertstellung, d.h. Berücksichtigung aller Kostenelemente bei der Kalkulation;
- ❏ Vermeidung späterer Monopolbildung bei der Vergabe von Aufträgen;
- ❏ Zeitliche Begrenzung der Vergabe unter Beachtung der Investitionszeiträume;
- ❏ Klare Zuordnung von Verantwortlichkeiten und entsprechende Haftungsregelungen;
- ❏ Klare Definition der Kontrollmechanismen.

Sind die Offerten gesichtet, erfolgt die Auswahl und die Auftragsvergabe. Handelt es sich beim Auftraggeber um einen Dritten (d.h. keine Einheit der eigenen öffentlichen Verwaltung), so spricht man von *Contracting Out*. Dabei werden gemeinnützige, nicht kaufmännische Leistungen, wie sie in der Leistungsvereinbarung (*Kontrakt*) definiert sind, durch die öffentliche Hand abgegolten. Erfolgt die Vergabe an eine Stelle innerhalb der Verwaltung, das Prozedere jedoch ebenfalls über einen Leistungsvereinbarung, so spricht man von *Contracting In*. Typischerweise ist damit die Globalbudgetierung verbunden. Die Wahl erfolgt aufgrund der Überlegungen,

- ❏ welcher Anbieter die niedrigsten Kosten für die Verwaltung generiert, wobei im Falle einer Auswärtsvergabe (*Contracting Out*) die Kosten berücksichtigt werden, die durch den zusätzlichen Kontrollaufwand in der Verwaltung entstehen;
- ❏ ob der Anbieter die Leistungserfüllung für die Zeit der Kontraktdauer zusichern kann, wobei im Falle einer Auswärtsvergabe die Kosten für allfällige Absicherungsmassnahmen innerhalb der Verwaltung berücksichtigt werden;

---

[3] Gerade in diesem Punkt wird heute in der Schweiz stark gesündigt, indem einheimischen Anbietern generell oder über das Zugeständnis prozentualer Zuschläge der Vorzug gegeben wird. Allerdings werden diese Praktiken zunehmend kritisch hinterfragt und - wie das Beispiel Küsnacht zeigt - solche "Einheimischen-Boni" abgeschafft (vgl. NZZ Nr. 76/1995, 57).

❏ ob der Anbieter die Voraussetzung für die Einhaltung der Qualitätsvorgaben erfüllt.

Die Offerten der verwaltungseigenen Agenturen werden daraufhin überprüft, ob sie die wirklichen Vollkosten der Leistungen enthalten, d.h. auch Abschreibungen, interne Verrechnungen, Drittleistungen, allfällig sogar kalkulatorische Zinsen auf dem eingesetzten Netto-Kapital.

Das Ausschreibungsprozedere ist rechtlich abzusichern. Es kommt zwar einer Submission nahe, bezieht sich aber oft auf deutlich kleinere Kontraktsummen und geht weit über das Bauwesen hinaus. Seine volle Wirkung erzielt das Competitive Tendering, wenn die Art und die Zahl der Anbietenden nicht beschränkt, wenn möglichst offener Wettbewerb geschaffen wird.

1.2.4. Contracting Out

Das Instrument des Contracting Out hat weniger mit einer Privatisierung staatseigener Betriebe denn mit der Entscheidung *make or buy* zu tun. Dieses Thema beschäftigt die Betriebswirtschaftslehre schon seit vielen Jahren, und nun scheint es auch für die öffentliche Verwaltung an Relevanz zu gewinnen. Die ursprüngliche Diskussion drehte sich vorwiegend um Leistungen, die nicht von der Verwaltung erbracht werden können, weil die Kapazitäten oder das Know-how fehlte (i.d.R. im EDV-Bereich). Solche Entscheide, gewisse Arbeiten an Dritte zu vergeben, fielen unter den Begriff des *Outsourcing* (z.B. Zundel 1992).[4] Im Gegensatz dazu werden nun Leistungen, die heute von der Verwaltung erbracht werden, durch Vertrag oder Vereinbarung an Dritte vergeben, wobei das Gewicht auf Leistungsvorgaben liegt. Angesprochen sind aussenstehende operative Einheiten, die einen Auftrag erhalten, weil sie günstiger sind, nicht (nur) weil die Verwaltung es nicht könnte. Für die Verwaltung entsteht dadurch eine Entlastung im personellen, im Gegenzug eine Belastung im sachlichen Bereich. Da damit der Einfluss der öffentlichen Personalverbände reduziert wird (Koetz 1994, 130), müssen Mindestanforde-

---

[4] In diesem Zusammenhang wird bisweilen auch der Begriff des **Public-Private-Partnership** verwendet, der "die Herauslagerung bestimmter Funktionen an Private, die diese Funktion in enger Zusammenarbeit mit der kummunalen oder staatlichen Instanz durchführen" (Koetz 194, 129) umschreibt.
In *Deutschland* wurden vor allem gegen Ende der achtziger Jahre Anstrengungen unternommen, einzelne Leistungen an Dritte zu vergeben. Die KGSt (1991) veröffentlichte beispielsweise einen Bericht über die Vergabe der Gebäudereinigung, der bereits viele Elemente enthält, die in dieser Publikation für ein Contracting Out gefordert werden.

rungen bei Arbeitszeiten, Arbeitsschutzvorschriften, Löhnen und Sozialleistungen in der Ausschreibung und im Kontrakt spezifiziert werden.

In *Neuseeland* wird das *Contracting Out* intensiv gepflegt und in verschiedensten Bereichen eingesetzt. Neuerdings werden sogar Revisionstätigkeiten im *Contracting Out*-Verfahren an Dritte vergeben, wo immer dies möglich ist. Das *Audit Office* (Rechnungsprüfungsstelle) begründet dies mit zwei Vorteilen (The Audit Office 1993, 9 f):

- Es sei schwierig, die eigene Effizienz und Value for Money in der Durchführung der Prüfungen nachzuweisen. Die Vergabe an Dritte stellte eine Möglichkeit dar, sich mit ihnen im Wettbewerb zu messen;
- Durch *Contracting Out* finde ein Austausch von Wissen statt, das auch Techniken und Erfahrungen aus dem Privatsektor miteinbezieht. Diese Verbreiterung der Know-how-Basis führe zu einer Verbesserung der finanziellen Führung und Verantwortlichkeit im öffentlichen Sektor.

Die grosse Herausforderung im Zusammenhang mit dem Contracting (In oder Out) besteht darin, Kontrakte abzuschliessen, die das konforme Verhalten des Kontraktpartners nicht über rechtliche Sanktionen und ausgeklügelte Kontrollen erreichen, sondern über kontraktimmanente Anreize. In diesem Zusammenhang wird auch gerne von *Anreizverträgen* gesprochen. Die politische Brisanz der Fremdvergabe liegt insbesondere in der Frage, was mit Abteilungen zu geschehen habe, die ihre bisherige Grundlage verlieren, weil ihre Leistungen von Dritten bezogen werden. Hier müssen geeignete Mechanismen aufgebaut werden, die verhindern, dass sich diese Abteilungen künstlich neue Aufgaben verschaffen, um eine Redimensionierung zu umgehen.

Obwohl die Schnittstelle zwischen Outsourcing und Contracting Out nicht immer ganz klar ist, kann als Tendenz folgende Unterscheidung gemacht werden: Über das Outsourcing beschafft sich die Verwaltung gewisse Leistungen zum eigenen Gebrauch (z.B. EDV), während beim Contracting Out die Leistungen *direkt und ohne weitere Verarbeitung durch die Verwaltung* an die Kundschaft abgegeben werden. Auch für diese Kategorie der Leistungsvergabe sind schon heute etliche Beispiele zu finden. So vergibt der Kanton St. Gallen seit einigen Jahren die Stellenvermittlung von Arbeitslosen an private Firmen, lässt die Gemeinde Wetzikon ihre Liegenschaften durch ein privates Büro verwalten und findet die Baukontrolle im Kanton Zürich durch private Ingenieurbüros statt. In Christchurch, Neuseeland, werden sogar Baubewilligungen durch lizenzierte Ingenieurbüros erteilt, wobei der Markt für eine automatische Qualitätskontrolle im Rahmen der folgenden Kriterien sorgt:

❑ Zeitbedarf für die Bewilligung;
❑ Resistenz gegen Einsprachen und Beschwerden;
❑ Preis der Bewilligung.

Ohne genau diese Lösung für die Schweiz als notwendig propagieren zu wollen, zeigt das Beispiel eines hoheitlichen Aktes, der nach Auffassung vieler Exponenten aufgrund seiner Natur nicht delegierbar ist, dass einem kritischen Geist in dieser Frage weitgehende Möglichkeiten offenstehen. Deshalb sollten in der Analyse möglicher Vergaben keine Tabu-Bereiche zugelassen werden.

Das *Contracting Out* ist gemäss Dumont du Voitel (1993, 303 f) die letzte Handlung in einer ganzen Kette von Instrumenten (vgl. *Abb. 63*), die auch ohne Privatisierung zu mehr Wettbewerb führen. Es führt nur zum Erfolg, wenn die vorangehenden Schritte abgeschlossen sind und eine Notwendigkeit für die Durchführung des *Contracting Out* besteht. Dieses ist bei weitem nicht immer der Fall, denn die Auswärtsvergabe der Leistungserstellung kann auch, wie amerikanische Beispiele belegen (Jasper/Alpern 1994, 31), teurer sein als die Eigenproduktion durch die Verwaltung.

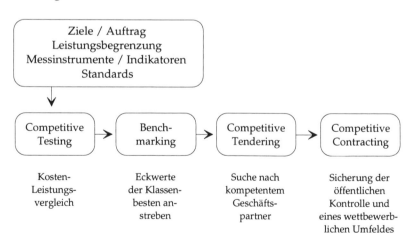

Abb. 63: Schritte zur wettbewerblichen Leistungsvergabe (Quelle: Dumont du Voitel 1993, 303 ff)

Die Abbildung zeigt, dass die Methoden miteinander verbunden sind. Ausgehend von Kosten-Leistungs-Quervergleichen wird vorerst versucht, die Eckwerte der Klassenbesten anzustreben. Zu jeder Wertungsklasse wird gleichsam ein Methodenvergleich mit den Besten durchgeführt. Es gilt die Frage zu beantworten, wie die anderen es schaffen konnten, zu solchen Resultaten zu gelangen. Führt dies nicht zum gewünschten Ergebnis, macht man sich auf die Suche nach einem kompetenten Geschäftspartner, der - sofern er bessere Bedingungen bieten kann als die eigene Verwaltungseinheit - schliesslich den Zuschlag für die Erstellung der betroffenen Produktgruppe erhält.

1.2.5. Gutscheine

Gutschein-Systeme haben international recht grosses Interesse gefunden, insbesondere als Instrument zur Verteilung von Gütern wie Erziehung, Kinder- und Altersbetreuung sowie im Wohnungswesen. Die OECD schreibt dazu:

Die Vorteile, die den Gutscheinsystemen zugeschrieben werden, sind ihre Fähigkeit, die Wahlmöglichkeiten der Konsumenten zu vergrössern und, auf der anderen Seite der Skala, ihr Beitrag zur Förderung von Wettbewerb und Effizienz bei der Produktion von Gütern und Dienstleistungen. Gleichzeitig erlauben sie den Regierungsstellen volle Freiheit in der Festlegung der Höhe und Verteilung von Ausgaben (OECD 1993, 21).

Allerdings sind die praktischen Erfahrungen mit Gutscheinen weit weniger zahlreich als die theoretischen Abhandlungen darüber.

Durch Ausgabe von Gutscheinen ermöglicht die Regierung den Empfängern eine relativ freie Wahl des Produzenten der Leistung (i.d.R. private Firmen). Der Kunde bezahlt direkt mit dem Gutschein, der wiederum bei der Verwaltung eingelöst wird. Dadurch entsteht eine wettbewerbsähnliche Situation, die volumenmässig durch das Total der Gutscheine bestimmt ist. Zu den Vorteilen eines Marktes (Effizienz) gesellt sich - im Gegensatz zu Geldzahlungen - die Möglichkeit, einen bestimmten unterstützten Bereich durch Gutscheine zu definieren. Beiträge für Schulbildung werden damit zweckgebunden verwendet; die Steuerung erfolgt präziser. Problematisch ist allerdings die grosse *Gefahr*, dass mit Gutscheinen illegalerweise *gehandelt* wird, anstatt dass Leistungen bezogen werden. Zweck- und personenungebundene Gutschein-Systeme könnten sich somit unsozial auswirken. Daher sind sie ohne Übertragbarkeit auszustatten.

In der Schweiz werden ähnliche Systeme diskutiert, die aber ohne formale Gutscheine arbeiten. Eine Subventionierung von Schulen nach Anzahl Schüler beispielsweise entfaltet ähnliche Wirkungen, wenn für die Schüler Freiheit der Schulwahl besteht. Erfahrungen aus dem Kanton Graubünden, wo eine solche Regelung für die Gymnasien besteht, bestätigen den positiven Eindruck, der international von solchen Systemen gewonnen wird. Dieses System des *dollar-vote*[5] scheint auch in Neuseeland gut zu funktionieren, indem ein Wettbewerb zwischen den Schulen entsteht, um die notwendige Anzahl Schüler zu erhalten. In der Praxis entwickeln sich daraus spezialisierte Schulen für bestimmte Fächer, wobei ein minimales Grundpensum durch alle gleich angeboten werden muss.

1.3. Benchmarking[6]

Das Thema Benchmarking geniesst im Moment eine besondere Aktualität in der öffentlichen Verwaltung, obwohl bis heute keine Beispiele konkreter Anwendung vorliegen. Weil es aus zwei wesentlichen Elementen besteht, kann das Benchmarking als Instrument für zwei Dinge eingesetzt werden, die beide für die Verwaltung grosse Bedeutung haben:

a) der Aspekt des *Lernens* steht vor allem in bisherigen Anwendungen in der Privatwirtschaft im Vordergrund. So ist das Benchmarking Teil des Qualitätsmanagements der einzelnen Institution (hier der Verwaltungseinheit);

b) der Aspekt des *Vergleichens* wird wichtig, wenn Ineffizienzen ohne Markt aufgedeckt werden sollen. Dann dient das Benchmarking als Instrument zur Schaffung von Wettbewerbssituationen.

Ein wichtiges Element der Qualitätssicherung ist die Information. Besonders in öffentlichen Verwaltungen und Betrieben ist ein Mangel an Information bezüglich der erbrachten Leistungen festzustellen. Dabei fehlt es einerseits an einer klaren Definition der Leistungseinheiten, andererseits an Messlatten zur Ermittlung des Erfolges. Eine solche Messlatte kann der Quervergleich mit ähnlichen privatwirtschaftlichen und/oder administrativen Einheiten sein. Voraussetzung ist die einheitliche Festle-

---

5   Unter dem System des **dollar-vote** versteht man die Möglichkeit, durch die Wahl einer Institution als Empfängerin der Zahlungen die Ausgestaltung der Produkterstellung zu beeinflussen. Die Steuerung erfolgt somit über das Geld der Kunden.
6   Veränderte Fassung eines Referats am siebten "ch Regierungs-Seminar" in Gerzensee, gehalten am 17. Januar 1995

gung von Leistungsgrössen, die alle Elemente der Wertschöpfungskette aus Kunden- und Mitarbeitersicht wiedergeben sollten.

"Wir können unsere Leistungsprozesse sehr wohl in Teilen oder als Ganzes mit solchen völlig anderer, auch privater Branchen vergleichen, wenn es darum geht den oder die zu finden, die die beste Lösung gefunden haben, die sogenannten 'best of class'." Und weiter: *"Wenn die Frage nach der eigenen Positionierung bei Kosten und Leistungsfähigkeit im Vergleich zu anderen Organisationen positiv oder sehr befriedigend ausgefallen ist, können die erkannten Verbesserungsmöglichkeiten umgesetzt werden [...]"* (Dumont du Voitel 1993, 305 f).

Leistungs-Quervergleiche schaffen eine marktähnliche Situation bezüglich der Information über die eigene Leistungsfähigkeit. Dabei kann kein Gemeinwesen in allen Punkten führend sein. Wesentlich ist aber, die eigenen Stärken und Schwächen aufgrund der Hinweise, die sich aus dem Vergleich ergeben, besser analysieren zu können.

Dieser Vergleichsprozess ist Bestandteil eines umfassenderen Konzeptes, das organisatorisches Lernen (*the learning organization*) systematisch fördern soll. Dieses Konzept, selber Bestandteil des *Qualitätsmanagement*, heisst im Englischen *Benchmarking*. In der Betriebswirtschaftslehre bezeichnet es eine Methode, wie sich eine Firma mit anderen, ähnlich gelagerten Unternehmungen vergleichen kann. Dabei soll für jeden einzelnen Teilbereich der Unternehmenstätigkeit der jeweils beste Konkurrent durch Quervergleiche ermittelt werden. Von diesem *Vorbild* soll in der Folge gelernt werden, wie die betrachtete Aufgabe am effizientesten und mit der besten Qualität ausgeführt werden kann.

Durch die Einführung des Benchmarking soll der Bezug auf die Vergangenheit durch einen Bezug auf die Gegenwart ergänzt werden, soll der Vergleich nicht nur mit sich selber, sondern auch mit anderen erfolgen. An dieser Stelle ist der Begriff der *Qualitätsstandards* einzuführen. Sie ermöglichen ein konsequentes Qualitätsmanagement, was wiederum nachhaltig zu einer Leistungsverbesserung in der Verwaltung führen soll. Die über allem stehende Idee heisst: **lernen von den anderen, lernen am Markt**.

1.3.1. Woher kommt Benchmarking?

Das Wort hat seinen Ursprung im englischen *bench-mark*. Zu Deutsch könnte man es als Höhenfestpunkt bezeichnen, im übertragenen Sinne als Massstab oder Eichung. Der Benchmark ist damit eine Orientierungsgrösse, an der die eigene Position gemessen werden kann. In der Betriebswirtschaftslehre bezeichnet es eine Methode, mit welcher sich eine Firma mit anderen, ähnlich gelagerten Unternehmungen **vergleichen** kann. Dabei soll für jeden einzelnen Teilbereich der Unternehmenstätigkeit der jeweils beste Konkurrent durch Quervergleiche ermittelt werden. Von diesem *Vorbild* wird in der Folge **gelernt**, wie die betrachtete Aufgabe am effizientesten ausgeführt werden kann.

> Benchmarking = Vergleichen und vom Besten lernen

Obwohl das Benchmarking in einer langen Tradition von Qualitätsverbesserungsmethoden und Standard-Setting Ansätzen steht, wird sein Anfang im allgemeinen auf das Jahr 1979 zurückgeführt. Dies ist der Moment, in dem David T. Kearns, Vorsitzender der Xerox Corporation, feststellte, dass die Konkurrenz gleiche Produkte billiger verkaufte, als sie in der eigenen Firma hergestellt werden konnten (Bendell/Boulter/Kelly 1993, 55). Dies veranlasste ihn, seine Mitarbeiter zu ihren Konkurrenten zu schicken, um von diesen zu lernen, wie sie diesen Kostenvorsprung erreicht hatten. Seither gilt das Benchmarking als eine der wichtigsten Informationsquellen und Methoden zur Qualitätssicherung in der Xerox Corporation - mit durchschlagendem Erfolg.

Natürlich ist man geneigt, diesen Erfolg auch für den eigenen Bereich erzielen zu wollen. Tatsächlich lässt sich das Prinzip des Benchmarking auch in der öffentlichen Verwaltung anwenden. Dies gilt insbesondere für Bereiche, wo vergleichbare Aufgaben bestehen. Im Fall einer kantonalen Verwaltung drängen sich somit jene Aktivitäten auf, die an verschiedenen Orten in ähnlicher Art ausgeführt werden. Beispiele sind etwa kantonale Schulen, der Strassenbau und -unterhalt, einzelne soziale Dienste oder delegierte Bundesaufgaben. Besonders gut sind die Gemeinden eines Kantons geeignet, da sie bei einheitlichen kantonalen Richtlinien gleichartige Leistungen erbringen müssen wie z.B. Kindergärten und Fürsorgeleistungen.

1.3.2. Ziele des Benchmarking im öffentlichen Bereich

Über die Einführung des Benchmarking soll das Prinzip der lernenden Organisation in den öffentlichen Bereich übernommen werden. Auch hier gibt es eine "best practice", von der man lernen kann. Das Problem besteht heute allerdings in der fehlenden Transparenz im öffentlichen Sektor. Kaum eine Gemeinde weiss, wer eine bestimmte Aufgabe im eigenen Kanton am besten erledigt. Es ist noch nicht einmal klar, ob man es überhaupt wissen *möchte*. Ausserdem bestehen zugegebenermassen etwas andere Verhältnisse als im Privatsektor, die eine konsequente Anwendung des Benchmarking erschweren:

- Die Verwaltungskultur ist durch den *Gleichheitsgedanken* geprägt. Individuelle Verantwortung hat einen eher kleinen Stellenwert, und hervorstechende Verbesserungen werden oft mehr politisch als betriebswirtschaftlich bewertet (Reduktion des betriebswirtschaftlich Notwendigen auf das sogenannte *politisch Machbare*).
- Da die Abläufe oft bürokratisch, wenn nicht gar auf dem Verordnungsweg, geregelt sind, lassen sich Lernprozesse nur langsam implementieren.
- Oft besteht keine Klarheit über die Kunden der Verwaltung und deren Wünsche. Die Definition der richtigen Qualität ist damit sehr schwierig und wird oft durch die Spezialisten vorgenommen, was zu allgemein hohen Standards führt.
- Viele innovative Beamte stehen heute an der Grenze ihrer Belastbarkeit. Zusätzliche Anstrengungen zur Anwendung des Benchmarking werden somit oft von der Routine und anderen Sachgeschäften erdrückt. Weil der Zwang zur Qualitätsverbesserung in der öffentlichen Verwaltung heute kaum vorhanden ist, kann sie scheinbar vernachlässigt werden.

Trotz aller Probleme - oder gerade wegen dieser Probleme - kann das Benchmarking ein wertvolles Instrument zur Verbesserung der Verwaltungstätigkeit sein. Vor dem speziellen Hintergrund, den wir in der Schweiz haben, lassen sich folgende Ziele definieren:

- Bessere Ausnützung der vorhandenen Informationsquellen (FDK-Rechnungsmodell, Geschäftskontrollen etc.) und Systematisierung der Informationen, damit bessere Pflege der Informationssysteme;
- Systemisches Aufspüren von Hinweisen, die zur *best practice* im öffentlichen Bereich führen;

- Schaffung eines neuen Begründungszwangs: Anstatt zu begründen, warum in einer Detailposition vom Budget abgewichen wurde, wird begründet, warum eine bestimmte Leistung teurer oder qualitativ schlechter erstellt wird als bei vergleichbaren Verwaltungen;
- Schaffung der Notwendigkeit für die Führung, die Daten zu interpretieren. Damit kann eine Sensibilisierung der Führung bezüglich Kosten und Leistungen der Verwaltungstätigkeit erreicht werden;
- Übernahme der *best practice* in allen Verwaltungsbereichen. Damit kann vorhandenes Sparpotential ausgeschöpft werden.

Leibfried und McNair (1993) schreiben zur Beschreibung des Benchmarking:

Benchmarking beantwortet die folgenden Fragen:
Wie gut sind wir im Vergleich zu anderen?
Wie gut wollen wir sein?
Wer erfüllt seine Aufgaben am besten?
Wie macht er das?
Wie könnten wir seine Methoden in unsere Institution übernehmen?

1.3.3. Methoden des Benchmarking

Für ein einfaches Benchmarking im öffentlichen Bereich kann folgendes Vorgehen gewählt werden:

1. *Projekt definieren und abgrenzen:* Vorerst sollte der untersuchte Bereich klar definiert und abgegrenzt werden, damit das Projekt eine überschaubare Grösse behält. Beispiel: Abfallentsorgung inklusive wiederverwertbare Abfälle und Industrieabfälle.
2. *Produkte bzw. Tätigkeiten definieren:* Innerhalb des betrachteten Bereichs werden Produkte bzw. Tätigkeiten definiert, um eine möglichst grosse Vergleichbarkeit herzustellen. Dabei muss auf Besonderheiten geachtet werden, wie beispielsweise den zu bearbeitenden Rayon, die Siedlungsdichte und ähnliche Einflüsse. Ebenso sind gesetzliche Rahmenbedingungen, die Ungleichheiten schaffen, zu berücksichtigen. Nicht in Betracht fallen hingegen alle jene Unterschiede, die durch eigene Entscheide, beispielsweise ein höheres Leistungsangebot als vorgeschrieben zu erstellen, entstehen.

VI. Wirkung durch Wettbewerb

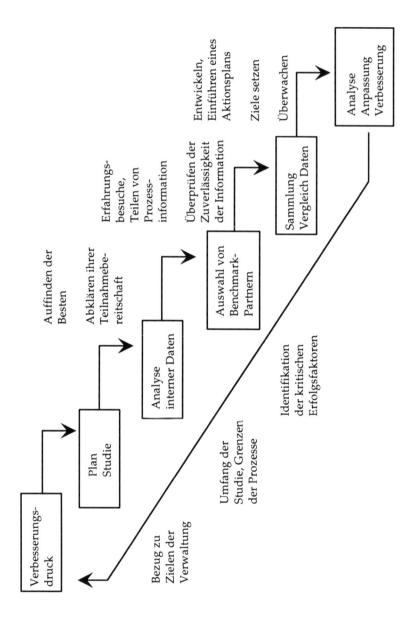

Abb. 64: Schritte des Benchmarking (Pollitt/Cave/Joss 1994, 20)

3. *Daten sammeln:* Voraussetzung für vergleichbare Daten bildet eine Statistik, die sowohl Kosten- als auch Leistungsdaten (Menge und Quali-

tät) für alle Untersuchungsobjekte liefert. Die Informationssysteme in der Schweiz bedürfen dazu einiger Weiterentwicklung, wobei durch Einsatz einer einfachen Tabellenkalkulation bereits erste Informationen erarbeitet werden können. Manchmal sind bedeutend mehr und bessere Daten in der Verwaltung vorhanden als man aufgrund der statistischen Veröffentlichungen annehmen möchte.

4. *Die Besten bestimmen:* Aufgrund der Auswertung der Daten können die herausragenden Objekte pro Teilbereich bestimmt werden. Wichtig ist dabei, dass nicht nur die Kosten-Leistungs-Relation der gesamten Produktpalette beachtet wird, sondern auch Teiltätigkeiten, wenn dies möglich ist. Das Benchmarking kann sich damit durchaus auf Input- und Prozessbetrachtungen beziehen.

5. *Von den Besten lernen:* Als Ziel wird ein Wert festgelegt, der sich in der Nähe der Besten befindet. Um diesen Wert zu erreichen, werden die Methoden und Verfahren der Besten studiert und auf die eigene Verwaltung adaptiert. Somit findet ein Lernprozess statt, der das Leistungsniveau aller Verwaltungseinheiten des Kantons verbessert.

In *Abb. 64* wird eine leicht detailliertere Vorgehensweise dargestellt, wie sie Pollitt, Cave und Joss (1994, 20) eruieren. Das Grundprinzip bleibt jedoch dasselbe.

Es ist wichtig, dass dieser Prozess periodisch wiederholt wird. Neue Entwicklungen können so relativ schnell Fuss fassen. Die Kantone spielen dabei eine wichtige Rolle, da sie die Vergleichsdaten sowohl ihrer eigenen Aktivitäten, als auch jene ihrer Gemeinden erheben und aufbereiten lassen. Die gleichen Mechanismen sind auf Bundesebene anwendbar, sei dies bei den Bundesbetrieben, sei dies im Rahmen interkantonaler Quervergleiche oder als Grundlage für neue Finanzausgleichsmodelle.

1.3.4. Anforderungen an die Datenlage

Es ist leicht ersichtlich, dass Quervergleiche nur dann Sinn machen, wenn Gleiches mit Gleichem verglichen wird. Allzu schnelle Schlussfolgerungen aus Daten, die nicht hinterfragt werden, führen erfahrungsgemäss zu zwei negativen Folgen: erstens können die Schlüsse falsch sein, und zweitens nimmt die Glaubwürdigkeit der Methode Schaden. Von solchen Beispielen wird gerade aus Grossbritannien berichtet (vgl. etwa Hailstones 1994, 190). Dies bedeutet, dass einige minimale *Grundvoraussetzungen* geschaffen werden müssen, damit das Benchmarking in der Schweiz eine Chance hat, sich als hilfreiches Instrument durchzusetzen:

❑ *Hinreichende Datengenauigkeit:* Die verwendeten Daten müssen wesentliche Unterschiede im Kosten-Leistungs-Verhältnis der betrachteten Organisationen richtig wiedergeben. Dabei ist es nicht notwendig, Genauigkeit im Detail zu erzielen. Viel wichtiger ist die Genauigkeit in jenen Bereichen, die massgeblich die Effektivität und die Effizienz der Verwaltungsleistung beeinflussen (kritische Erfolgsfaktoren);

❑ *Verfügbarkeit der Daten:* Die notwendigen Daten müssen ohne grossen zusätzlichen Erhebungsaufwand verfügbar gemacht werden. Dies setzt einen einmaligen Aufwand im Systemaufbau voraus, der die weitere Datenerhebung und -auswertung weitgehend erleichtert;

❑ *Kosten- und Leistungsdaten:* Eine wirkliche Vergleichbarkeit der Daten lässt sich nur dann erreichen, wenn - über die Informationen einer gut geführten Rechnung nach FDK-Modell hinaus - Kostendaten erhoben und zu Leistungsdaten in Beziehung gesetzt werden. In diesem Bereich besteht, wie etwa Untersuchungen im Kanton Zürich ergeben haben, für die Schweiz noch erheblicher Entwicklungsbedarf (Buschor/Schedler/Stäger 1993, 24).

Aufgrund der heutigen Datenlage kann in vielen Fällen eine hinreichende Genauigkeit erzielt werden. Dies ist aber oft nur mit erheblichem Zusatzaufwand machbar, so dass bei einmaliger Anwendung das Verhältnis von Aufwand und Nutzen leidet. Werden die Daten aber systematisch erhoben und ausgewertet, lässt sich dieses Verhältnis deutlich verbessern, und die Bereitschaft der Verwaltung, am Benchmarking teilzunehmen, dürfte steigen.

Die Notwendigkeit, Gleiches mit Gleichem zu vergleichen, wird von allen Autoren deutlich hervorgehoben (etwa Leibfried & McNair 1993, 61). Das schafft gerade in der Schweiz Probleme, weil die institutionellen Gegebenheiten der Kantone, Städte und Gemeinden zu unterschiedlich sind. Trotzdem glauben wir daran, dass sich die grundlegenden Elemente der Verwaltungstätigkeit vergleichen lassen. Zwar hat jede Verwaltung einzigartige Merkmale, doch es gibt immer einen inneren Kern von Aktivitäten und Produkten, die allen Verwaltungen gemeinsam sind.

1.3.5. Anforderungen an die Verwaltung

In den Vereinigten Staaten von Amerika werden seit den achtziger Jahren systematisch Qualitätsprogramme in der öffentlichen Verwaltung durchgeführt. Teil dieser Programme ist auch das Benchmarking. Dabei stellte das *Federal Quality Institute* fest, dass es bestimmte Erfolgsfaktoren innerhalb der Verwaltung gibt, die für das Benchmarking fördernd wirken (Bendell, Boulter & Kelly 1993, 130):

- volle Unterstützung durch das Top-Management;
- Kundenorientierung;
- Langfristige, strategische Leistungs- und Finanzplanung;
- Ausbildung und Förderung von Mitarbeitern;
- Vergrösserung der Kompetenzen des Einzelnen und Förderung des Arbeitens in Gruppen;
- Leistungs- und Kostenmessung;
- Qualitätsmanagement.

Eine weitere Anforderung an die Verwaltung ergibt sich aus der Grundidee der Kundenorientierung und der Qualitätssicherung: Weil über das Benchmarking Transparenz gefordert wird, muss die Verwaltung bereit sein, diese Transparenz auch für ihre Kunden herzustellen. Das heisst, dass die Abnehmer ihrer Leistung darüber informiert werden sollten, welche Qualitätsstandards bestehen und wie diese erhoben und festgelegt werden. Solches ist auch das Anliegen der *Citizen's Charter* in Grossbritannien, die für die wichtigsten Aktivitäten der Verwaltung sogenannte *standards of performance* festzulegen versucht (Hepworth 1994, 145 ff). Die Ausführung ist noch nicht durchgehend gut, und die gesammelten Erfahrungen noch jung. Trotzdem scheint dies ein erfolgsversprechender Ansatz zu sein.

Sowohl in den Vereinigten Staaten als auch in Grossbritannien führten *Qualitätswettbewerbe* im öffentlichen Bereich zu noch grösserer Transparenz in Bezug auf die Art und Weise der Aufgabenerfüllung. Diese Idee wurde in der Folge auch von deutschen Institutionen übernommen, beispielsweise die Hochschule für Verwaltungswissenschaften in Speyer oder die Bertelsmann Stiftung, die beide solche Wettbewerbe durchgeführt haben bzw. regelmässig durchführen. Speyer plant demnächst eine Ausweitung auf den gesamten deutschsprachigen Raum, so dass auch die Schweizer Verwaltungen die Gelegenheit erhalten werden, sich in diesem freundschaftlichen Wettbewerb zu messen.

Die wichtigsten sechs Kriterien, nach denen bespielsweise in Grossbritannien das Leistungsniveau eines Gemeinwesens verglichen wird, sind (Bendell, Boulter & Kelly 1993, 134):

1. Publikation der Leistungsstandards, die der Kunde vernünftigerweise erwarten kann, und ihres Erfüllungsgrades;
2. Nachweis, dass die Sicht der Leistungsabnehmer bei der Formulierung der Standards beachtet wurde;

3. Klare Information zur angebotenen Leistungspalette in verständlicher Sprache;
4. Aufmerksamer und effizienter Kundenservice durch Mitarbeiter, die in der Regel mit Namen erscheinen;
5. Gut markierte Anlaufstationen für Beschwerden, wenn der Kunde nicht zufrieden ist, und deren Behandlung durch unabhängige Stellen;
6. Unabhängige Beurteilung der Leistung im Vergleich zu den Standards und ein klares Bekenntnis zu einem guten Preis-Leistungs-Verhältnis in der Verwaltung.

Dieses Beispiel zeigt, dass die Verwaltung bereit sein muss, die Spielregeln des Benchmarking zu akzeptieren, damit das Konzept zu greifen beginnt. Es ist wichtig, dass im Gegenzug auch die Politik gewisse Spielregeln einhält, damit sich die Verwaltung überhaupt in die Karten blicken lässt. Auf jeden Fall darf das Benchmarking nicht zur Nabelschau degenerieren; es darf nicht als Mittel missbraucht werden, die Verwaltung blosszustellen. Vielmehr ist ein auf Vertrauen basierender Umgang mit den Informationen unumstössliche Voraussetzung.

1.3.6. Ausblick und weitere Entwicklungen

Die Betrachtungen zum Thema *Benchmarking* zeigen Möglichkeiten auf, wie sich die öffentliche Verwaltung in der Schweiz über neue Entwicklungen informieren und von anderen, besseren Lösungen lernen kann. Dieses Denken muss sich erst in den Köpfen festsetzen. Die internationalen Erfahrungen in der Privatwirtschaft zeigen aber, dass wir damit rechnen können, dass sich das Benchmarking auch in der Schweiz etablieren wird. Bendell, Boulter und Kelly schreiben in ihrem Ausblick:

Im Allgemeinen gilt: Diejenigen, die begonnen haben, werden nicht aufhören. Die Untersuchung des Benchmarking Clearinghouse ergab, dass 96 % der Firmen in der US amerikanischen Stichprobe von Benchmarkern eine Zunahme des Benchmarking in den nächsten fünf Jahren erwarten. 75 % dieser Organisationen berichteten von einer Zunahme im letzten Jahr, zwei Drittel wurden bereits als Benchmarks von anderen amerikanischen Firmen benützt, und zwei Drittel berichten, dass Benchmarking bereits von ihren Konkurrenten angewendet wird.

Erste Erfahrungen mit dem Instrument Benchmarking konnten in der Schweiz bereits gesammelt werden: Die Automobildienste der PTT konnten bereits 1985 aus einem Vergleich der 50 PTT-Garagen Massnahmen zur Kostensenkung und Effizienzsteigerung von Reparaturen und Unterhalt gewinnen, die aus den Prozessen der sechs leistungsfähigsten Garagen abgeleitet wurden. Erst kürzlich, d.h. 1993, konnten im Bundesamt für Flüchtlingswesen mittels Benchmarking die Prozesse für die Gesuchsbehandlung von Asylbewerbern kosten- und zeitmässig drastisch verkürzt werden.

Es ist davon auszugehen, dass sich das Bewusstsein für Kosten-Leistungsrelationen in der schweizerischen Verwaltungslandschaft deutlich verschärft hat. Einzelne Ansätze eines Benchmarking wurden schon vor Jahren eingeführt, und inoffizielle Datenvergleiche finden ebenfalls seit Jahren statt (so z.B. zwischen den Spitälern der Kantone St. Gallen, Aargau und Luzern, oder zwischen kantonalen Bibliotheken). Die kritische Frage ist, ob sich eine minimale Transparenz schaffen lässt und ob unser *föderalistisch* organisierter Staat überhaupt gewillt ist, Quervergleiche zuzulassen. Immerhin wird die individuelle Note in der Schweiz ausserordentlich hoch gehalten. Aus betriebswirtschaftlicher Sicht ist die Notwendigkeit des Benchmarking jedoch klar ausgewiesen.

1.4. Staatliche Institutionen als Marktteilnehmer

Werden bisher regulierte Bereiche dereguliert, so entstehen spontan Märkte, auf denen sich Angebot und Nachfrage treffen. Dabei ist sicherzustellen, dass der so entstehende Wettbewerb nicht durch die besondere Stellung staatlicher Institutionen verfälscht wird. Dies bedingt klare Rahmenbedingungen:

- ❏ Die staatliche Institution darf durch ihre besondere Stellung - z.B. als faktischer *Monopolist* oder durch *Quersubventionierung* aus dem hoheitlichen Bereich in der kommerziellen - gegenüber privaten Anbietern keinen namhaften Marktvorteil erlangen;[7]
- ❏ Die staatliche Institution darf durch ihre besondere Stellung - z.B. wegen Unterstellung unter das öffentliche Recht - gegenüber privaten Anbietern keinen namhaften Nachteil erlangen.

---

[7] Gewisse natürliche Monopole, z.B. das Leitungsnetz der Elektrizitätswerke oder das Schienennetz der SBB, werden bei aller Deregulierung voraussichtlich weiterhin staatlich bleiben, weil sich kein Wettbewerb etablieren lässt. Die Betreiber solcher Netze und die Anbieter auf den Netzen hingegen sind bereits heute zum Teil Private (Beispiel: Eisenbahnen in Grossbritannien).

VI. Wirkung durch Wettbewerb

Der Übergang vom staatlichen Betrieb zum wettbewerbsorientierten Unternehmen ist insbesondere dann ein schwieriges Unterfangen, wenn nicht in einen bestehenden Markt eingetreten werden kann. Die Auflösung der *Solothurner Kantonalbank* und ihre Integration in den Schweizerischen Bankverein war daher aus wettbewerbspolitischer Sicht praktisch problemlos, weil schon bisher ein Markt bestand, in den die neu entstehende *Solothurner Bank* eingefügt werden konnte. Die Gefahr einer Monopolbildung war gering. Anders stellt sich die Situation im Fall der zwischen Monopol und Markt agierenden PTT dar. Weil die faktische Anpassung an Marktbedingungen und damit ein entsprechend agressiveres Auftreten der PTT schneller erfolgt als die Schaffung politischer und rechtlicher Voraussetzungen, wird befürchtet, dass bestehende Vorteile aus der Monopolstellung für die Schaffung eines Marktvorteils gegenüber den privaten Anbietern ausgenützt wird.

Die Telecom PTT treten seit einiger Zeit als direkte Konkurrenten privater Anbieter im Bereich des Leitungsbaus auf. Hier wurden bis heute insbesondere interne Glasfaserkommunikationsnetze für Bergbahnen offeriert. Weitere Beispiele sind im Gebiet der Datenkommunikation im Inhouse-Bereich anzuführen. Mit dem Kauf der Firma XMIT im Herbst 1994, einem Ingenieurbüro mit etwa 60 Ingenieuren, ergeben sich für die Telecom PTT neue Möglichkeiten, auch in diesem liberalisierten Wachstumsmarkt Leistungen anzubieten.

Die Marktchancen werden allgemein als gut eingeschätzt, obwohl die Telecomdirektionen PTT mit Nachteilen der vorhandenen Strukturen zu kämpfen haben. Gegengeschäfte mit lokalen Betrieben, Banken und Versicherungen sind beispielsweise kaum möglich, weil nach wie vor der Grossteil des Einkaufs zentral durch die Generaldirektion erfolgt. Andererseits profitieren die Telecom PTT am Markt von ihrem guten Ruf bezüglich Qualität und Seriosität, aber auch von bereits vorhandenen Infrastrukturen und Know-how (z.B. im Bereich der Störungsorganisation), was ihre Position im Wettbewerb deutlich verbessert.

Die Umstellung des einstigen Monopolisten auf einen "normalen" Marktteilnehmer ist erst zum Teil erfolgt. Insbesondere die kulturellen Aspekte, wie etwa das Verhalten der Mitarbeiter, sind noch nicht vollständig auf den Wettbewerb ausgerichtet. Der erste Erfolg am Markt bestätigt die Leitung jedoch in ihren Vorhaben.

Quelle: Telecom PTT Chur

Ein erster Schritt zur Trennung des Monopolbereichs von mehr am Wettbewerb orientierten Bereichen unternimmt die PTT durch Separierung der Rechnungen von Post und Telecom (NZZ Nr. 305/1994, 11). Grundsätzlich würde es insbesondere für kleinere Einheiten genügen, mit einer *Kostenrechnung* die notwendige Transparenz zu schaffen, wie dies etwa die SMA tut (Bolz 1994, 24).

Die öffentliche Verwaltung bzw. die öffentlichen Unternehmen geniessen jedoch nicht nur Vorteile im Wettbewerb, sondern leiden oft unter erheblichen Nachteilen. Diese sind insbesondere Auflagen des öffentlichen Rechts oder der Politik, die in Märkte eingreift, auf denen öffentliche Unternehmen tätig sind (Leu et al. 1993, 3), oder die Bewegungsfreiheit der öffentlichen Unternehmen direkt einschränken.

2. INTERNER WETTBEWERB IN DER ÖFFENTLICHEN VERWALTUNG

Wettbewerb gilt für viele Vertreter der Verwaltung als ein typisches Merkmal des Privatsektors - und daraus wird abgeleitet, er sei nicht auf den öffentlichen Bereich übertragbar. Der Ausdruck weckt offenbar Assoziationen zu den Begriffen

- Geld;
- Konkurrenz;
- Privatisierung;
- Quantifizierung

und vermittelt vielen den Eindruck, dass die Verwaltung mit dem gesamten Spektrum ihrer Leistungen in den Wettbewerb mit anderen Anbietern treten soll. Dies kann und darf aber nicht das Ziel der wirkungsorientierten Verwaltungsführung sein.

Es ist offensichtlich, dass sich die Produkte der Leistungsverwaltung leichter einem echten Wettbewerb aussetzen lassen als jene der Hoheitsverwaltung. Die Gartenpflege, der Strassenunterhalt oder die Kehrichtentsorgung, selbst die Ausbildung von Schülern können sich grundsätzlich mit der privaten Konkurrenz messen. Bedeutend schwieriger ist hingegen die Einführung von Wettbewerb im Bereich der Polizei, der Feuerwehr, bei Gerichten und Behörden mit hoheitlichen Funktionen. Ihre Leistungen können nicht oder nur teilweise ausgeschrieben werden, auch wenn sich theoretisch private Anbieter finden liessen. Unser Rechtsempfinden würde solches kaum tolerieren.

Trotzdem wettbewerbsähnliche Situationen auch in diesen Bereichen eingeführt werden; die Wege dahin sind allerdings aufwendiger. Für dieses Vorgehen ist es in aller Regel notwendig, dass Kosten-Leistungs-Vergleiche stattfinden. Wettbewerb kann damit auch durch nicht-monetäre Überlegungen geprägt sein, kann sich auf qualitative Aspekte beziehen, kann subjektiv beeinflusst sein (z.B. durch die Bedürfnisse der Kunden).

Die Einführung interner Marktmechanismen und eines verstärkten Wettbewerbs geniesst in Anbetracht des riesigen Experimentierpotentials zum heutigen Zeitpunkt eher zweite Priorität in den Projekten zur wirkungsorientierten Verwaltungsführung. Der interne Markt ist sozusagen die hohe Schule der Wirkungsorientierung und verlangt funktionierende Informationssysteme, die in erster Priorität aufzubauen sind. Dies schliesst allerdings nicht aus, dass Konzepte für interne Märkte entwickelt werden, wie der Beitrag von Wolffers im Begleitband (Hablützel et al. 1995) zeigt. Im übrigen stellen natürlich auch die diversen Cafeteria-Ansätze, wie sie etwa im Bereich der Anreizsysteme an anderer Stelle vorgeschlagen wurden (Schedler 1994, 161 ff), marktähnliche Modelle dar.

Für die vorliegende Arbeit können vier verschiedene Markt- bzw. Wettbewerbsituationen kurz aufgezeigt werden, die allerdings noch keine abschliessende Beurteilung erlauben, da die laufenden Projekte dies nicht erlauben.

2.1. *Markt bei artähnlichen Betrieben eines Gemeinwesens*

In grösseren Gemeinwesen (z.B. Kantonen) werden Aufgaben oft durch verschiedene Betriebe ausgeführt, die sich geografisch voneinander abgrenzen. Dies führt dazu, dass die einzelnen Betriebe in ihrer Region eine faktische Monopolstellung einnehmen und sich oft politisch gegen Veränderungen absichern - die *wichtige Funktion* für die Region wird in solchen Fällen immer wieder bemüht, auch wenn sie nicht detailliert erklärt werden kann. Ein Beispiel einer solchermassen territorial aufgeteilten Aufgabenerfüllung wurde im Abschnitt 1.2.3. (*Betriebsvergleiche*) dieses Kapitels aufgezeigt: Der Unterhalt von Staatsstrassen. Würde hier die geografische Bindung aufgehoben und ein Markt geschaffen, so müsste eigentlich ein Ausgleichseffekt stattfinden, indem kostengünstiger arbeitende Kantonsbetriebe in den Markt der teureren Kollegen eindringen. Die Folge wäre eine allgemeine Verbilligung des Strassenunterhalts - politische Eingriffe ausgenommen. Weitere Beispiele für kantonale Betriebe, die sich gegenseitig regional abgrenzen, sind etwa die Schulen, Spitäler, Waldbewirtschaftungsbetriebe und viele mehr.

Markt und Wettbewerb können demnach zwischen Betrieben geschaffen werden, wenn die geografische Bindung aufgehoben wird. Dann können beispielsweise Überkapazitäten, die heute nachweisbar vorhanden sind, durch eine Ausweitung des Versorgungsgebiets abgebaut werden, sofern die Transaktionskosten einer geografischen Verbreiterung dies zulassen. Dann ist damit zu rechnen, dass Gebietsreformen auf unspektakuläre Art erfolgen werden, was jedoch das konstruktive Mitwirken der Gemeinde- und Regionalpolitiker voraussetzt.

Eine weitere Variante, Wettbewerb zwischen den Betrieben zu schaffen, ist die interne Ausschreibung von Leistungen, wie sie etwa die integrierte regionale Leistungssteuerung im Gesundheitsbereich des Kantons Zürich vorsieht (Buschor 1994, 48 f). Dieses Modell, das den neuseeländischen Ansätzen nachempfunden ist, geht davon aus, dass sich die öffentlichen Spitäler mit Offerten um ausgeschriebene Leistungen bemühen. Die regionalen Trägerorgane wählen das günstigste und effektivste Angebot aus und schliessen mit dem oder den Lieferanten (die betroffenen Spitäler) eine Vereinbarung ab. Die Folge daraus könnte eine verstärkte Spezialisierung der einzelnen Spitäler sein, was sowohl zu einer Qualitätsverbesserung als auch zu Kostensenkungen führen wird, wie internationale Erfahrungen zeigen. Voraussetzung ist allerdings, dass die Regionen für die Ausschreibungen so gewählt werden, dass verschiedene Anbieter Platz finden, d.h. dass das Marktvolumen genügend gross ist.

2.2. *Markt bei artähnlichen Funktionen eines Gemeinwesens*

Ebenfalls in grösseren Gemeinwesen trifft man bisweilen die Situation an, dass verschiedene Verwaltungseinheiten dieselben oder ähnliche Tätigkeiten ausführen (z.B. Altersfürsorge im Gesundheitsdepartement, Sozialfürsorge im Sozialdepartement). In aller Regel grenzen sich diese Einheiten voneinander ab, indem sie ihre Kunden aufteilen (z.B. nach Departementen). Obwohl also grundsätzlich die Zahl der Anbieter einen Markt erlauben würde, ist er faktisch nicht vorhanden, weil sich die Verwaltungseinheiten tunlichst nicht in die Quere kommen.

In solchen Situationen kann ein Markt geschaffen werden, indem die Absprachen zwischen den Anbietern aufgehoben werden. Dies heisst, dass beispielsweise die Ausbildungsabteilung des Departementes X auch Kurse für Teilnehmer aus dem Departement Y anbietet und diese durch interne Verrechnungen finanziert. Dasselbe ist grundsätzlich mit Rechtsdiensten, Organisations- und Informatikdiensten und ähnlichen Stabsfunktionen denkbar, die nicht durch fachliche Spezialisierung vollumfänglich an ein Departement gebunden sind.

Die Folge müsste eine Spezialisierung der einzelnen Mitarbeiter sein, und zwar nicht nur auf Fragen ihres Departements, sondern auch auf spezifische Aufgaben innerhalb der Verwaltung. Einige Probleme stellen sich für alle Departemente gleichermassen; die Schaffung eines solchen internen Marktes könnte somit eine fruchtbare Spezialisierung ermöglichen, ohne formal-organisatorisch zentralisierte Stabsstellen aufbauen zu müssen.

2.3. *Qualitätswettbewerbe in einem Gemeinwesen*

Qualitätswettbewerbe werden heute im internationalen (etwa der Carl-Bertelsmann-Preis) und nationalen (etwa der Speyerer Qualitätswettbewerb) Rahmen für öffentliche Verwaltungen durchgeführt, um neue Ansätze der Verwaltungsführung zu fördern. Der Erfolg scheint diesen Bemühungen recht zu geben. Warum soll derselbe Mechanismus also nicht auch innerhalb einer Verwaltung Anwendung finden?

Ohne auf die detaillierten Modalitäten einzugehen, wäre es bestimmt denkbar, in einer grösseren Verwaltung besonders kreative und unternehmerische Vorstösse einzelner Verwaltungseinheiten durch regelmässige Wettbewerbe zu ermitteln und zu prämieren. Die kulturelle Ausstrahlung müsste enorm sein; man stelle sich z.B. im Bund vor, dass alle zwei Jahre der hervorstechendsten Verwaltungseinheit ein Qualitätspreis verliehen wird. Das Interesse von Politikern, Öffentlichkeit, der Regierung, der Verwaltung und nicht zuletzt der Wissenschaft müsste eigentlich gross sein, und es ist nicht auszuschliessen, dass das Image der Verwaltung davon erheblich profitieren würde.

Bis heute sind jedoch solche Ansätze noch kaum bekannt, und die vorhandenen Vorschlagssysteme reichen für eine Entwicklungsförderung nicht aus. Die Idee der internen Qualitätswettbewerbe ist trotzdem weiterzuverfolgen.

3. ZUSAMMENFASSUNG DES KAPITELS VI

Die starke Reglementierung des öffentlichen Sektors verhindert vielfach den Wettbewerb zwischen verschiedenen Leistungsanbietern. Dies wird oft damit begründet, dass die besondere Natur der Verwaltungstätigkeit den Wettbewerb verhindere, weil viele Leistungen nur von der Verwaltung selbst erbracht werden könnten.

Praktische Erfahrungen zeigen, dass verschiedene Instrumente in den öffentlichen Sektor übertragen werden können, die auch in jenen Bereichen einen Wettbewerb schaffen, die nicht dem freien Markt ausgesetzt werden können. Die breite Palette möglicher Ansätze wie interne Leistungsverrechnung, Betriebsvergleiche, Ausschreibungen, Drittvergaben und Gutscheinsysteme eröffnet auch der öffentlichen Verwaltung Möglichkeiten, sich mit anderen zu messen und ihre eigenen Leistungen periodisch zu überprüfen. Qualitätswettbewerbe, die in den neunziger Jahren immer populärer werden, können von den Verwaltungen benützt werden, ihre eigene Position festzustellen und gleichzeitig jene Mitstreiter ausfindig zu machen, die pfiffige Lösungen für bestimmte Aufgaben gefunden haben. Diese Analyse, verbunden mit dem institutionalisierten Lernprozess, der darauf folgen muss, ist der Inhalt des Benchmarking, das als Thema die aktuelle Diskussion beherrscht und doch oft falsch interpretiert wird.

Wurden in diesem Kapitel Prozesse aufgezeigt, die den internen Wettbewerb fördern könnten, so ist im folgenden auf die Hauptbetroffenen dieses Wettbewerbs einzugehen: die Querschnittsämter. Sie erstellen für den *Konzern Verwaltung* lebensnotwendige Produkte und treten gleichzeitig als Dienstleister für die anderen Verwaltungseinheiten auf, so dass eine starke Vernetzung entsteht. Wie diese komplexe Situation wirkungsorientiert gesteuert werden kann, soll das nächste Kapitel zeigen.

VII. QUERSCHNITTS- UND KONZERNFUNKTIONEN

1. GRUNDSÄTZLICHES ZU QUERSCHNITTSFUNKTIONEN

Als Querschnittsfunktionen werden hier all jene Funktionen betrachtet, die vorwiegend von internen Leistungserbringern für den Grossteil der anderen Verwaltungseinheiten wahrgenommen werden. Dazu zählen vor allem Leistungen im Bereich des Personalwesens, der Finanzverwaltung, Bauten, Kommunikation und EDV sowie der Materialbeschaffung und -verwaltung. Diese Liste ist nicht abschliessend.

1.1. Koordination und Dienstleistung

Wenn, wie oben erwähnt, die wichtigsten operativen Aufgaben an die Departemente bzw. die Verwaltungseinheiten delegiert werden, hat dies Konsequenzen für die heute zentral wahrgenommenen *Querschnittsfunktionen*. Grundsätzlich sind zwei Dinge zu trennen, die organisatorisch meist zusammengelegt sind, obwohl sie unterschiedlich gesteuert werden: Koordinations- und Dienstleistungsaufgaben.

- *Koordinationsaufgaben*: In diesen Bereich fallen alle Aufgaben, die zur Koordination des "Unternehmens" Verwaltung notwendig sind. Hier werden Standards für die Kommunikation, die Datenbereitstellung, ein einheitliches Erscheinungsbild, Führungsgrundsätze und andere zu koordinierende Bereiche festgelegt. Eine wichtige Koordinationsfunktion ist auch die Aufbereitung der von den Departementen gelieferten Daten und deren Verdichtung für Berichte, die an die politischen Instanzen bzw. die Öffentlichkeit gehen.

- *Dienstleistungsaufgaben*: In diesen Bereich fallen Aufgaben, die als Dienstleistungen gegenüber den Departementen angeboten werden. Dies sind beispielsweise die Materialbeschaffung, Beratung in personellen Fragen, Ausbildungsangebote, juristische Abklärungen oder EDV-Support. Die Departemente können verpflichtet werden, die Dienstleistungen über die zentrale Stelle zu beziehen, sofern durch einen regelmässigen Mechanismus sichergestellt bleibt, dass dies die effizienteste Lösung ist, oder sofern die Bedürfnisse der Gesamtverwaltung dies erfordern. Die Departemente und Verwaltungseinheiten werden intern für die bezogenen Leistungen belastet.

Grundsätzlich wäre es denkbar, dass eine organisatorische Einheit sowohl Koordinations- als auch Dienstleistungsaufgaben übernimmt. Dies ist heute in vielen Verwaltungen der Fall. Dies wird aber dann zu einem Problem, wenn die Verwaltungseinheiten eigene Entscheidungskompetenzen erhalten, bei wem sie gewisse Dienstleistungen beziehen wollen. Der Sinn solcher fakultativer Bezüge besteht im Aufbau eines Marktes für interne (oder externe) Dienstleistungen. Markt bedingt aber freie Preisbildung, was dann nicht gegeben ist, wenn die Anforderungen an Dienstleistungen von einem der Anbieter vorgegeben werden können. Daher ist in diesem Fall eine konsequente Trennung angezeigt.

Ein Beispiel soll diese Problematik verdeutlichen:

> *Eine kantonale Verwaltung beschliesst, den Einkauf von EDV-Hardware für die Verwaltungseinheiten nicht mehr obligatorisch über die zentrale Informatikabteilung abzuwickeln, sondern diese Kompetenz zu delegieren. Die Informatikabteilung wird damit zu einem Dienstleistungsbetrieb innerhalb der Verwaltung, der mit externen Anbietern in Konkurrenz steht. Aufgrund ihrer profunden Kenntnisse der Verwaltung wird sie zwar noch einen Vorteil geniessen. Sie ist jedoch gezwungen, ihr Preis-Leistungsangebot so auszugestalten, dass sie mit privaten Anbietern konkurrenzfähig ist.*
>
> *Aus der Notwendigkeit der Steuerungs- und Kommunikationsfähigkeit innerhalb der Verwaltung müssen allerdings gewisse Standards der Kompatibilität der technischen Einrichtungen beachtet werden. Die Festlegung dieser Standards ist eine klassische Koordinationsaufgabe. Standards können aber, wie wir am Beispiel unzähliger Schweizer Spezialnormen für Importgüter unschwer feststellen, eine enorme marktverzerrende Wirkung haben. Sie könnten, würden sie durch die Informatikabteilung selber erstellt, geradezu protektionistisch wirken. Aus diesem Grund wird die Kompetenz zur Festlegung von Standards von der Informatikabteilung an einen zentralen Steuerungsdienst verschoben, der nun die Bedingungen für den Markt definiert, damit alle internen und externen Teilnehmer gleichberechtigt mitwirken können.*

1.2. Obligatorische und freiwillige Produkte

Eine besondere Bedeutung für die Querschnittsämter hat die Unterscheidung zwischen obligatorischen und freiwilligen Produkten. Sie stehen im Spannungsfeld zwischen *können* und *müssen* in zwei Richtungen: 1) der Bezug von Leistungen bei den Querschnittsämtern kann freiwillig oder obligatorisch sein und 2) die Lieferung bestimmter Produkte an die Verwaltung kann freiwillig oder obligatorisch sein (*Abb. 65*). Als *obligato-*

risch zu erstellen gelten Produkte des Querschnittsamtes dann, wenn deren Lieferung und Finanzierung im Kontrakt festgehalten ist. Naturgemäss handelt es sich dabei vorwiegend um Produkte, die ohne staatlichen Eingriff von Privaten nicht erstellt würden. *Freiwillig* sind Produkte, wenn deren Lieferung nicht im Kontrakt vorgeschrieben ist. Auf ein mögliches Obligatorium beim *Bezug* hat dies nur indirekte Auswirkungen; es versteht sich, dass Produkte, die obligatorisch beim Querschnittsamt bezogen werden müssen, von diesem auch zu liefern sind. Insofern besteht eine *Kongruenz der Obligatorien* bei Lieferung und Bezug.

Ein Beispiel für ein klassisches Dienstleistungs-Querschnittsamt im Ausland ist das Department of Administrative Services (DAS) *in Australien. In ihm sind praktisch alle Aufgaben angesiedelt, die als Dienstleistungen gegenüber der Verwaltung definiert sind, wie z.B. Bürobauten und -unterhalt, Wagenpark und EDV-Geräte (Haldemann 1995, 24). Seine Leistungseinheiten* (agencies) *finanzieren sich grossenteils aus Verbrauchergebühren, d.h. über interne Zahlungen.*[1] *Seit 1991 sind die Dienststellen in der australischen Verwaltung nicht mehr in allen Fällen verpflichtet, Leistungen beim DAS zu beziehen, wobei der Wechsel schrittweise erfolgt. Mellors (1993, 30) rechnet damit, dass bis Ende 1993 bis zu 85 % der Leistungspalette des DAS in direkter Konkurrenz mit privaten Anbietern stehen werden. Eine weitere Regelung betrifft die Eigenproduktion von bisher beim DAS bezogenen Leistungen, die nur dann erlaubt ist, wenn auf Vollkostenbasis nachgewiesen werden kann, dass sie durch Einsparungen gerechtfertigt ist.*[2]

Das DAS ist nach wie vor eine Verwaltungseinheit, die allen Regelungen des öffentlichen Rechts unterstellt ist (z.B. Personalrecht, Lohnregelungen, Freiheit der Information). Um trotzdem mit Privaten in einen fairen Wettbewerb treten zu können, geniesst es jedoch gewisse Erleichterungen wie etwa die Möglichkeit, bis zu einem festgelegten Umsatzanteil Leistungen an Private zu liefern.

---

[1] Mellors (1993, 25) schätzt, dass 82 % der 12'250 Angestellten im DAS in Einheiten arbeiten, die sich vollumfänglich durch Leistungsverrechnungen finanzieren.

[2] Direction 25 F: "Where a Commonwealth department or agency that operates on the public account produces or plans to produce goods or services that would otherwise be purchased on a commercial basis from the private sector or another Commonwealth body (e.g. the Department of Administrative Services) such in-house production must be justified having regard to its full cost to the Commonwealth." (zit. nach Mellors 1993, 46)

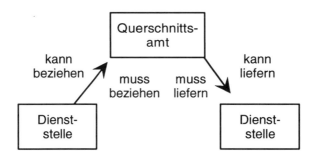

Abb. 65: Bezug und Lieferung von Produkten des Querschnittsamts

2. PERSONALFUNKTION

Der Personalfunktion kommt - nicht nur im Rahmen der wirkungsorientierten Verwaltungsführung - in einer Verwaltung besondere Bedeutung zu. Sie ist nicht selten die einzige Stelle, die sich bewusst mit Fragen der Personalentwicklung befasst. Letztere hat wiederum einen engen Zusammenhang mit der Entwicklung der gesamten Organisation, wobei dabei nicht nur die Struktur-, sondern insbesondere die Kulturentwicklung angesprochen ist. Man könnte sagen, die Personalabteilung einer Verwaltung sei die Trägerin einer bewussten Verwaltungskultur. Sie wird damit zu einem kritischen Erfolgsfaktor für die Umstellung von der traditionellen auf die wirkungsorientierte Verwaltungsführung. Diese Umstellungsproblematik soll hier nicht näher betrachtet werden. Dazu wird auf das letzte Kapitel (*Einführungsstrategien*) verwiesen. An dieser Stelle sei auf die zukünftige Rolle eingegangen, die die heutigen Personaldienste im Rahmen der wirkungsorientierten Verwaltungsführung einnehmen könnten.

2.1. *Personalpolitik*

Die Personalpolitik wird sich in der wirkungsorientierten Verwaltungsführung in bestimmten Bereichen verändern. Obwohl auch hier ein direkter Vergleich mit dem Ausland nicht sinnvoll ist, kann doch eine Tendenz zu bewusster betriebswirtschaftlich ausgerichteter Personalpolitik festgestellt werden, die Aufschluss über mögliche Entwicklungen in der Schweiz geben kann. In England, wo allerdings die Gewerkschaften eine bedeutend grössere Rolle spiel(t)en als in der Schweiz, hat sich seit

Beginn der achtziger Jahre eine Veränderung abgespielt, die für die Personalpolitik von weitreichender Bedeutung ist. Farnham (1993, 108 f) fasst sie in vier hauptsächliche Punkte zusammen:

1. Die Mitarbeiter werden als wichtiger *Produktionsfaktor* betrachtet und proaktiv gepflegt. Dies ist ein Ansatz, bei dem die Aufgaben der Personalarbeit (Rekrutierung, Auswahl, Beurteilung, Honorierung, Kommunikation und Ausbildung) stärker koordiniert und integriert werden, als dies bei traditionellem paternalistischem Personalmanagement der Fall war.
2. Das Personalmanagement versucht, die *Identifikation* der Mitarbeiter *mit den Zielen* der Verwaltung zu erreichen, nicht nur deren Einhaltung der Regeln.
3. Das Personalmanagement ist weniger Aufgabe der Personalspezialisten als der *Linienvorgesetzten*.
4. Die Aufmerksamkeit der Führung richtet sich weniger auf kollektive Formen der Bedingungen im Umgang mit Personal, sondern vermehrt auf angepasste, *individualisierte Formen* der Betreuung ihrer "Humanressourcen".

Diese Trends lassen sich auch in der Schweiz feststellen, wo sie teilweise weiter gediehen sind als in England, jedoch noch einiges Entwicklungspotential aufweisen. Viele Verwaltungen haben grosse Anstrengungen unternommen, um moderne Prinzipien der Personalarbeit einzuführen - bei vielen ist es aber heute noch vorwiegend Papier, und die konkrete Umsetzung in die Praxis steht noch bevor.

Ein wichtiger Ansatz ist die Dezentralisierung der Verantwortung und der Kompetenzen für die Personalarbeit auf die tiefstmögliche Stelle. Im Modell der wirkungsorientierten Verwaltungsführung ist dies die Verwaltungseinheit, d.h. der Leiter der Einheit wird zusätzlich Personalaufgaben übernehmen. Er kann allerdings Leistungen der Personalabteilung "einkaufen", wenn solche benötigt werden. Grundsätzlich liegt es in seiner Kompetenz, auf den Beizug zu verzichten und beispielsweise eine Suche, Auswahl und Anstellung eines neuen Mitarbeiters selbständig durchzuführen.

Konsequenterweise werden sich dadurch die teilweise recht grossen, zentralen Personalabteilungen oder -ämter in die Nähe ihrer Kunden bewegen (z.B. durch die Verlagerung von Personalfachleuten in die Departemente) und allgemein schlanker werden. Auch dieser Prozess ist in der

Schweiz in einigen Vewaltungen wie auch in der Privatwirtschaft bereits im Gang und recht weit fortgeschritten.

Kriterien	Bürokratische Personalführung	Wirkungsorientierte Personalführung
Motivation	Besonderes Beamtenethos und Pflichtbewusstsein	Leistungsorientierung und Entscheidungsfreiräume
Lohnsysteme	Starre, auf Automatismen aufbauende Lohnsysteme	Flexible, auf Leistung und Initiative bauende Lohnsysteme mit Wahlfreiheit (Cafeteria-Modell)
Beförderungen	Inhouse-Karrieren und Anciennitäts-Prinzip	Job Rotation, Job Enlargement, Job Enrichment
Verwaltungskultur	Bewusstsein für Verwaltungskultur fehlt vollständig	Verwaltungskultur wird bewusst gestaltet und gepflegt
Anstellungsverhältnis	Beamtenstatus als Schutz vor Willkür und politischer Beeinflussung; wirkt auch als Schutz bei mangelnder Leistung	Privat- oder öffentlichrechtliche Anstellung als Chance für mehr Eigenverantwortung und Flexibilität
Prinzip personeller Entscheide	Gleichheit, daraus folgt Gleichbehandlung und Vernachlässigung der individuellen Leistung	Streben nach Effizienz und Effektivität unter Beachtung der rechtlichen Vorschriften

Abb. 66: *Bürokratische vs. wirkungsorientierte Personalführung (Schedler 1995a, 293)*

Über die gesamte Verwaltung betrachtet bringt die wirkungsorientierte Verwaltungsführung allerdings noch weitere Herausforderungen für die Personalarbeit, die in der Folge kurz aufgezeigt werden.

2.1.1. Anzahl Stellen

Werden - wie systemtypisch vorgesehen - die meisten Bereiche der Verwaltung in einen internen oder externen Wettbewerb gestellt, so ist damit zu rechnen, dass in einigen Bereichen Effizienzsteigerungen zu Stellenabbau führen. Dies gilt insbesondere dann, wenn einzelne Aufgaben durch Kontraktvergabe an Dritte erfüllt werden.

Die Wirkung auf den gesamten Personalbestand darf jedoch nicht überschätzt werden. In Christchurch (Neuseeland) fand beispielsweise zwischen 1989 und 1992 zwar ein Abbau von 4'208 auf 3'129 Stellen statt.

Dazu ist jedoch anzumerken, dass in Neuseeland generell vor der Reform bedeutend grössere Ineffizienzen bestanden als heute in der Schweiz; das *Sparpotential* dürfte daher bei uns kleiner sein. Zudem fallen die meisten Stellen nicht einfach weg, sondern die Stelleninhaber werden erfahrungsgemäss ganz oder teilweise durch die neuen privaten Träger der Leistungserbringung übernommen.

Ein wesentliches Merkmal der Reformen in Neuseeland war die Tatsache, dass dem Personal grösste Aufmerksamkeit gewidmet wurde. Die Gewerkschaften wurden beispielsweise in jeder Phase voll in die Entscheidungen miteinbezogen. "Alle Möglichkeiten der Versetzung, Weiterbildung, Aufgabenerweiterung, freiwilligen Trennung und des altersbedingten (Vor-)Ruhestandes wurden ausgeschöpft. Entlassungen konnten auf wenige Ausnahmen reduziert werden" (Gray/Dumont du Voitel o.J., 52). Dass die wirkungsorientierte Verwaltung für die Arbeitnehmer attraktiv sein kann, zeigt wiederum das Beispiel von Christchurch, wo die Verwaltungsführung und die Behörde gesetzlich dazu verpflichtet wurden, den Prinzipien des *Good Employer* zu folgen.[3]

2.1.2. Öffentlich-rechtliches Dienstverhältnis

Das Thema der Abschaffung des Beamtenstatus wird in der Schweiz zunehmend debattiert. Dem Vorteil der Unbestechlichkeit und Unabhängigkeit der Beamten in diesem für sie recht sicheren Umfeld steht der Nachteil eines verhältnismässig unflexiblen Systems gegenüber. Dies betrifft nicht nur die Kündigungsmöglichkeiten, sondern auch flexible Personaleinsätze, die Frage einer Leistungsorientierung und die gesamte Führungskultur schlechthin. Die Verwaltung kann nicht mit der Privatwirtschaft konkurrieren, wenn der alles überragende Kostenfaktor Personal (regelmässig über 80 % des Aufwandes) nicht modern geführt wird. Aus diesem Grund sehen viele Exponenten die Lösung vieler Probleme in der Abschaffung des Beamtenstatus.

---

[3] Gray und Dumond du Voitel (o.J., 52) nennen beispielhaft:
- "Gute und sichere Arbeitsbedingungen;
- Gleichheit der Arbeitsmöglichkeiten;
- Eliminierung aller diskriminierenden Richtlinien oder Anweisungen;
- Unparteiische Selektion qualifizierter Bewerber; [...]
- Anerkennung der besonderen Anforderungen von kulturellen und ethnischen Minderheiten;
- Möglichkeiten der individuellen Entwicklung und Fortbildung;
- Anerkennung der besonderen Anforderungen bei der Beschäftigung von Frauen;
- Anerkennung der besonderen Anforderungen bei der Beschäftigung von behinderten Personen."

Wie die internationalen Beispiele zu beweisen scheinen, ist es sowohl möglich als auch sinnvoll, von unserem traditionellen Dienstverhältnis abzurücken. Dabei sind jedoch *Wirksamkeitskriterien* zu beachten, d.h. die Massnahmen müssen sowohl effizient als auch bezüglich der beabsichtigten Wirkung effektiv sein. Im Gegensatz zu den meisten anderen Ländern erfolgt die Abschaffung des Beamtenstatus in erster Linie durch den Wechsel der ausführenden Funktionen (*blue colour workers*) von der Beamtung in das öffentlich-rechtliche Anstellungsverhältnis. Dabei offenbaren sich zwei grundlegende Probleme:

1. Eine echte Wirkung erzielt die Verwaltung nur dann, wenn sie in den *entscheidenden* Positionen eine verstärkte *Verantwortlichkeit* für die Leistungen der Verwaltung erreichen kann. Indem man sie in eine flexiblere Anstellung überführt, hofft man, Bewegung in die festgefahrenen Strukturen der Verwaltung zu bringen, während die Abschaffung eines Beamtenstatus für ausführende Funktionen kaum zu grossen Veränderungen führen wird.

2. Das störende Element des Beamtenstatus ist dessen *faktische Unflexibilität*. Durch die Überführung in das Anstellungsverhältnis wird zwar ein wenig mehr Flexibilität geschaffen, die meisten der schwerfälligen Verfahren mit Einsprachemöglichkeiten bleiben jedoch bestehen und werden - etwa im Gegensatz zur Privatwirtschaft, die ebenfalls einen recht weitgehenden Schutz des Arbeitnehmers kennt (vgl. Richli 1995) - von den Mitarbeitern der Verwaltung auch benützt. Wollte man hier Abhilfe schaffen, müsste die Lösung in einer Vereinfachung der Verfahren liegen, indem die Instanzenwege deutlich verkürzt werden.

Die geltenden personalrechtlichen Grundlagen der meisten Kantone haben sich in den vergangenen Jahren entscheidend verändert. Die oben geforderte Flexibilisierung ist - ohne Einführung privatrechtlicher Verhältnisse - zu einem beachtlichen Teil bereits erfolgt. Dies zeigt sich beispielsweise in der Einführung der individuellen Leistungsbeurteilung und -honorierung, die entscheidende Fortschritte erzielen konnte (vgl. Emery/Schedler 1994, 219 ff). Viele Praktiker betonen denn auch, dass oft nicht das Recht die flexible Personalführung verhindert, sondern die *Anwendung* im konkreten Fall. Vertreter der Personalämter und Politiker treten daher überwiegend für die Beibehaltung des öffentlich-rechtlichen Dienstverhältnisses ein, wenn auch der Beamtenstatus für viele Funktionen zur Disposition steht.

Die Abschaffung des Beamtenstatus für Führungskräfte, die unter Punkt 1 erwähnt ist, soll die *Risikokomponente* in den Alltag des "Verwaltungsmanagers" bringen. Gerade dies wird jedoch oft als nicht sinnvoll erachtet, da die Gefahr politischer Umbesetzung von Führungspositionen damit erheblich vergrössert wird. Es gilt in diesem Zusammenhang, zwischen zwei verschiedenen Risikofaktoren zu unterscheiden: das *politische Risiko* und das *unternehmerische Risiko*. Letzteres besteht in der wirkungsorientierten Verwaltungsführung darin, die Kontrakterfüllung zu gewährleisten, und, so dies nicht der Fall ist, die Konsequenzen für eine Nicht- oder Schlechterfüllung zu tragen. Es dürfte unbestritten sein, dass dieses *unternehmerische Risiko* zusammen mit der Kompetenzdelegation den entsprechenden Managern aufgebürdet werden soll. Personalverantwortliche und Politiker sind sich jedoch darin einig, dass Verwaltungsmanager gegen das *politische Risiko* abgeschirmt werden müssen, um die erwähnte Bevorzugung nach Parteicouleur zu verhindern. Zu diesem Zweck ist in der Tat die Beibehaltung des öffentlichrechtlichen Dienstverhältnisses vertretbar, sofern eine unternehmerische Risikokomponente eingebaut werden kann.

2.1.3. Stellenbewirtschaftung

Die Stellenbewirtschaftung ist ein klassisches Instrument der *Inputsteuerung*. Indem die Anzahl Stellen einer Verwaltung auf ein gewisses Mass reduziert oder deren Wachstum eingeschränkt wird, erhofft man sich in politischen Gremien, dass die Knappheit zu einer kritischeren Überprüfung der Aufgabenerfüllung durch die Verwaltung selber führe. Tatsächlich ist die Wirksamkeit dieses Instrumentes stark umstritten und scheint vorrangig die Politiker selber zu beruhigen, weil es den Anschein eines ausserordentlich rigorosen Vorgehens erweckt.

Im Bund wurde, wie Mastronardi (1987, 10) ausführt, im Jahr 1974 ein *Personalstopp* eingeführt, der einen Zwang zur Rationalisierung in der Verwaltung auslösen sollte. Eine Inspektion im Jahre 1981 (BBl 1981 II, 685 ff) ergab jedoch das ernüchternde Bild, dass die Massnahme in einer Reihe von Fällen stillschweigend umgangen und gelockert worden war und somit der gewünschte Druck nicht erzeugt werden konnte (wie wir heute wissen, hat sich dies so fortgesetzt). Trotzdem beurteilte die Kommission "den 'Personalstopp' als wichtigstes Mittel zur Förderung der Wirtschaftlichkeit der Verwaltung, als vielfach bewährtes Führungshilfsmittel, als Mittel zu einer Einschränkung der staatlichen Ziele beziehungsweise Verlangsamung in der Ausdehnung staatlicher Tätigkeit, sowie als politische Rahmenbedingung, die für die Verwaltung jene

Funktion wahrnehmen kann, welche in der privaten Wirtschaft der Konkurrenzdruck ausübt" (Mastronardi 1987, 11) - als ob nicht die Politik selber für die Ausweitung der staatlichen Ziele verantwortlich wäre, sondern die Mitarbeiter der Verwaltung.

Die wirkungsorientierte Verwaltungsführung nimmt bewusst Abstand von inputorientierten Instrumenten der Steuerung. Wenn von echter Ressourcenverantwortung der Verwaltungseinheiten die Rede ist, dann ist die Notwendigkeit einer Stellenbewirtschaftung nicht mehr gegeben. *Stellenpläne*, die von den Parlamenten heute genehmigt werden und damit einen *rechtlich bindenden* Charakter erhalten, sind unter der wirkungsorientierten Verwaltungsführung *nicht mehr systemkonform*. In diesem Sinn wurde sowohl bei der Flexibilisierung des Instituts für Geistiges Eigentum (IGE) als auch der Meteorologischen Anstalt (SMA) vorgesehen, die Stellenbewirtschaftungspflicht aufzuheben (Bolz 1994, 31 ff). Ressourcenkompetenz heisst, selbständig Personal einzustellen, wenn die Mittel vorhanden sind und der Produktionsprozess dies erfordert. Sie heisst im Gegenzug auch, Personal im Bedarfsfall abzubauen.

Von der oben gemachten Aussage sind Stellenpläne auszunehmen, die als reine Führungsinstrumente der Verwaltung selber erstellt werden. Das gleiche Instrument, in diesem Sinne angewendet, kann der Verwaltungsführung eine wertvolle Hilfe sein.

2.1.4. Flexibilisierung der Arbeitsbedingungen

Bereits heute sind viele Verwaltungen aufgrund ihrer Personalgesetze, -verordnungen und -reglemente in der Lage, flexiblere Arbeitsbedingungen einzuführen. Oft fehlt es jedoch am Willen der Regierungen und der oberen Verwaltungskader, dieses zu tun. Die wirkungsorientierte Verwaltungsführung schafft auch in diesem Bereich einen neuen dezentralen Spielraum im Bereich des *Wie*. Nach dem Grundsatz der Kompetenzdelegation müsste es dem Leiter einer Leistungseinheit beispielsweise möglich sein, alle Formen der Arbeitszeitflexibilisierung selbständig und ohne vorgängige Genehmigung durch eine Oberinstanz in seinem Verantwortungsbereich einzuführen.

> *Seit 1992 wird im Bund unter anderem ein Bandbreitenmodell für die Flexibilisierung der Arbeitszeit für Vollzeitbeschäftigte in speziell bezeichneten Pilotdienststellen eingesetzt, das es den Mitarbeitern erlaubt, aus 12 verschiedenen Kombinationen von wöchentlicher Arbeitszeit, Lohnzu- bzw. -abschlägen und zusätzlichen Ferientagen (Menüs) auszuwählen.*
>
> *Das neue System wurde durch das Eidgenössische Personalamt entworfen und wird weiterhin durch dieses gepflegt, wenn auch die Umsetzung dezentral bei den Dienststellen erfolgt. Die Rahmenbedingungen sind auf wenige Vorgaben beschränkt. So dürfen insgesamt keine Mehrkosten entstehen, die Beteiligung beruht sowohl für die Dienststellen wie für die Mitarbeiter auf Freiwilligkeit, und einmal getroffene Abmachungen sind mindestens für ein Jahr gültig.*
>
> *Erste Erfahrungen nach einem Jahr zeigen, dass der Grossteil der Mitarbeiter eine Variante wählte, die den Lohn unverändert belässt, davon viele jedoch so, dass sie durch höhere Wochenarbeitszeit zu mehr freien Tagen kamen. Die überwiegende Mehrzahl der beteiligten Personalchefs, Linienvorgesetzten und Mitarbeiter äusserten sich positiv zum neuen System, und das Eidg. Personalamt erwartet, dass die Flexibilisierungsmöglichkeiten mit der Zeit deutlich mehr ausgeschöpft werden.*
>
> *Quelle: Hablützel/Schwaar/Kuhn 1995, 292 ff)*

Weitere Bereiche der Flexibilisierung von Arbeitsbedingungen, die dezentral geregelt werden können, betreffen etwa (vgl. auch NEF 2000, 12 ff)

- die Gewährung von bezahltem und unbezahltem Urlaub;
- die Bewilligung von Nebenbeschäftigungen;
- die Zuweisung neuer Aufgaben;
- die Ausgestaltung des vertraglichen Arbeitsverhältnisses.

2.2. *Trennung von Koordination und Dienstleistung*

Wie bei jeder Querschnittsfunktion ist auch im Personalbereich zwischen Koordinationsaufgaben und Dienstleistungen zu unterscheiden. Die Zuteilung der verschiedenen Aktivitäten zur einen oder anderen Gruppe ist nicht immer einfach, und einzelne Elemente werden anfangs vielleicht falsch zugeordnet. Weil die wirkungsorientierte Verwaltungsführung - wie auch die moderne Betriebswirtschaftslehre (vgl. etwa Hilb 1995, 125 f) - die Verantwortlichkeiten so konsequent wie möglich an die

Personalfunktion

Vorgesetzten und Mitarbeiter selbst delegiert, müssen die Detailentscheide der Umsetzung ihrer Prinzipien ebenfalls in den Verwaltungseinheiten getroffen werden. Es wäre gegen die Natur der neuen Führungsphilosophie, Dezentralisierung zu predigen und alle organisatorischen Details nach wie vor in zentralen Konzepten vorzugeben.

Trotzdem können an dieser Stelle einige Überlegungen zur Personalfunktion angestellt werden, die vielleicht eine Diskussion unter den Fachleuten auslösen und den Detailgestaltungsprozess anregen wird. Wichtig ist dabei, dass das Prinzip der Trennung von Koordination und Dienstleistung in die Neuorganisation der Querschnittsfunktionen Eingang findet. In diesem Sinne könnte eine Aufteilung wie in *Abb. 67* dargestellt erfolgen.

Koordinationsaufgaben	Dienstleistungsaufgaben
❑ Aufbau, Betrieb und Unterhalt eines Personalcontrollings ❑ Richtlinien zur Personalführung und -entwicklung ❑ Entwurf und Pflege eines Einteilungsrasters bzw. einer Gehaltsskala ❑ Bewusste Pflege einer wirkungsorientierten Verwaltungskultur	❑ Führen der Personaladministration ❑ Lohnbuchhaltung, Lohnauszahlung und Pensionskassenverkehr ❑ Personalsuche, -selektion und -rekrutierung ❑ Beratung der Verwaltungseinheiten in personellen Angelegenheiten ❑ Organisation und ev. Durchführung von Ausbildungsveranstaltungen

Abb. 67: Aufteilung der Personalfunktion

Nach dem Prinzip der weitestgehenden Dezentralisierung sind viele Aufgaben, die heute durch das Personalamt wahrgenommen werden, Sache der einzelnen Verwaltungseinheiten. Diese können - und werden, wenn sie ökonomisch handeln - Dienstleistungen der Personalabteilung in Anspruch nehmen, die damit in einem internen Markt als Leistungsanbieter auftritt. Für ihre Leistungen erhält sie interne Verrechnungen gutgeschrieben, die ihre vollen Kosten decken sollten. In letzter Konsequenz heisst dies, dass sie für ihre Dienstleistungen im System der Globalbudgetierung keine eigenen Mittel mehr zugesprochen erhält, da sie ihre gesamten Aufwendungen durch interne Erträge wettmacht.

VII. Querschnitts- und Konzernfunktionen

Diese Reinform eines Dienstleistungs-Querschnittsamtes, das sich vollumfänglich aus internen Verrechnungen finanziert, ist in der Praxis im Moment nicht durchsetzbar, weil der *Konzern Verwaltung* aus unternehmungspolitischen Gründen ein starkes Interesse an einer Vereinheitlichung gewisser Querschnittsleistungen hat. Dieses ist im Bereich der Personal- und Organisationsentwicklung der Fall, aber auch im Bereich der Nutzung von lokalen Netzwerken, eines *Corporate Designs* und ähnlichen konzernweiten Identitäten. In diesem Sinne kann die Regierung gewisse Führungskurse mit dem Zweck der Förderung einer wirkungsorientierten Verwaltungskultur als obligatorisch erklären. In diesem Fall wird heute davon ausgegangen, dass sie lediglich einen anteiligen Kostendeckungsgrad vorschreibt oder bei diesen obligatorischen Bezügen gänzlich auf eine interne Verrechnung verzichtet. Solche Regelungen sollten aber mit der Zeit aufgehoben werden können, und jeder Entscheid zugunsten eines Obligatoriums sollte vorerst eingehend auf seine Übereinstimmung mit den Prinzipien der weitestgehenden Dezentralisierung geprüft werden.

Viele Personalpraktiker beklagen die mangelnde Unterstützung, die sie für ihre Anliegen von der politischen Führung erhalten. Nicht wenige Personalverantwortliche sind mit modernen Konzepten aus der Privatwirtschaft in die öffentliche Verwaltung gekommen und haben in der Folge schmerzlich festgestellt, dass hier das Verständnis für die hohe Priorität der Personalarbeit fehlt. Beispiele, in denen die Anschaffung eines Faxgerätes in den politischen Gremien mehr zu diskutieren gab als die Einführung moderner Personalführungsinstrumente, lassen sich leicht finden. Selbstverständlichkeiten, wie eine systematische Personalbeurteilung, ein regelmässiges Mitarbeitergespräch oder die gleitende Arbeitszeit, sind in vielen öffentlichen Verwaltungen noch nicht eingeführt. Der Grund dafür mag fehlendes Fachwissen der Verantwortlichen sein, kann aber auch im mangelnden Interesse des politisch-administrativen Systems an seinen Mitarbeitern liegen. Das Personal ist Produktionsfaktor, die Regierung vom Volk und nicht von den Mitarbeitern gewählt.

Der neue Ansatz einer Dezentralisierung der Personalverantwortung bietet erstmals die Chance, diese wichtigen Entscheide an jene Stellen zu delegieren, wo sie von grosser Bedeutung sind und somit ernst(er) genommen werden. Mit der wirkungsorientierten Verwaltungsführung werden keine neuen Methoden vorgeschlagen oder wissenschaftliche Erkenntnisse propagiert. Die Forderungen im Personalbereich bleiben die gleichen, sind, wie die KGSt schreibt, "zum Teil alter Wein in neuen Schläuchen" (KGSt 1992, 119). Ihre Umsetzung müsste daher - unabhängig von der Einführung des wirkungsorientierten Modells - ohnehin erfolgen.

3. FINANZVERWALTUNG

Die Finanzverwaltungen übernehmen in der Regel die meisten Aufgaben, die im finanziellen Bereich einer öffentlichen Verwaltung anfallen. Darin eingeschlossen sind die Rechnungsführung, die Verwaltung der Finanzmittel (*Tresorerie*), der Zahlungsverkehr und die Kreditkontrolle. Mit der Einführung der wirkungsorientierten Verwaltungsführung wird eine weitgehende Delegation der Ressourcenverantwortung und die Führung einer Kosten- und Leistungsrechnung propagiert. Diesen Forderungen soll in der Folge vertieft nachgegangen werden.

3.1. Dezentrale Datenerfassung

Will man das Prinzip der Einmalerfassung von Belegen in Verwaltungseinheiten durchsetzen, die eine eigene Kosten- und Leistungsrechnung führen, so müsste konsequenterweise auch das Führen der Finanzbuchhaltung dezentral erfolgen. Dies ist bereits in vielen Verwaltungen - zumindest teilweise - der Fall und entspricht damit einer gewissen Usanz. Heute stehen der Verwaltung mehrere Softwarelösungen zur Verfügung, die durch die Aufnahme zusätzlicher Kriterien pro Buchung eine spätere mehrdimensionale Auswertung der Informationen erlauben, ohne denselben Beleg mehrfach zu erfassen.

3.1.1. Finanzbuchhaltung

Für die zentrale Führung der Finanzen stellt sich die Frage, welche Informationen in zeitlichem Rhythmus, Dichte, Format und Form an den zentralen Steuerungsdienst geliefert werden müssen, damit dieser seine Auswertungen für die Regierung vornehmen kann. Allgemein wird davon ausgegangen, dass zu diesem Zweck Quartalsberichte, wie sie in der Privatwirtschaft erstellt werden, ausreichen.

An das Format der Finanzberichte sind dann besondere Anforderungen zu stellen, wenn sie für die Weiterverarbeitung im Sinne einer konzernweiten, konsolidierten Finanzbuchhaltung vorgesehen sind. Eine solche Konsolidierung wird durch die Verwendung eines einheitlichen Kontenrahmens in den Verwaltungseinheiten erheblich vereinfacht. Aufgrund der hohen Akzeptanz bei Kantonen und Gemeinden (Stadler 1994) drängt sich für die Finanzbuchhaltung der Kontenrahmen des Rechnungsmodells der Konferenz der Kantonalen Finanzdirektoren (*Neues Rechnungsmodell* oder *FDK-Modell*) auf. Dies macht insofern Sinn, als die Kantone ihre Budget- und Rechnungszahlen für die Finanzstatistik des Bundes regelmässig in der Form des FDK-Modells abliefern und die Detailangaben dazu in der gleichen Form zusammentragen.

3.1.2. Kosten- und Leistungsrechnung

Zum Zentralisierungsgrad der Kosten- und Leistungsrechnung wird allgemein bemerkt, dass jede Verwaltungseinheit aufgrund ihrer besonderen Aufgabenstruktur eine eigene Rechnung führen sollte. Das Führen der Kosten- und Leistungsrechnung ist eine Aufgabe der Verwaltungseinheiten. Sie allein kennen die Branchenusanzen, sie sind letztlich an den Auswertungen der Kostendaten interessiert, demzufolge sollte die Erfassung der Kostenbelege durch die Verwaltungseinheit selber erfolgen. Demgegenüber liegt das Interesse des "Konzerns" in der Generierung von zuverlässigen Zahlen der Finanzbuchhaltung im Rahmen des FDK-Rechnungsmodells. Damit entfällt die Notwendigkeit für eine zentrale Stelle, diese Kosten- und Leistungsrechnung flächendeckend über die gesamte Verwaltung zu führen. Produkte, die in verschiedenen Verwaltungseinheiten erstellt werden (z.B. Umweltverträglichkeitsprüfungen), sind bei der federführenden Stelle als Kostenträger definiert.

Dezentrale Kosten- und Leistungsrechnungen bedingen ein Mindestmass an zentraler Koordination, beispielsweise über Vorgaben zu den Abschreibungsmethoden und -sätzen. Dies erst ermöglicht eine gewisse Kontinuität und Vergleichbarkeit zwischen den Verwaltungseinheiten. Dabei ist jedoch zu bemerken, dass die im FDK-Modell vorgesehenen Abschreibungsmethoden und -sätze den Anforderungen einer Kosten- und Leistungsrechnung heute in keiner Art genügen. Hier besteht noch *Regelungsbedarf* durch die Finanzdirektorenkonferenz.

3.2. *Die Finanzverwaltung als "Inhouse-Bank"*

Werden Teile der Aufgaben der Finanzverwaltung dezentralisiert oder als Dienstleistungen deklariert, so könnte sich das Gesicht der Abteilung deutlich verändern. In den Versuchsprojekten diskutiert man etwa die Umwandlung der Finanzverwaltung in eine eigentliche *Inhouse-Bank*, die alle finanziellen Dienstleistungen für die Gesamtverwaltung produziert.

3.2.1. Kreditverwaltung und Kontoführung

Der Entscheid, die traditionelle Budgetierung durch die Sprechung von Globalbudgets zu ersetzen, gibt in aller Regel keine Auskunft darüber, in welcher Form die finanziellen Mittel zur Verfügung gestellt werden. Denkbar wären verschiedene Lösungen:

- Einmalige, jährliche Auszahlung auf ein eigenes Bankkonto der Verwaltungseinheit;
- Quartalsweise oder monatliche Auszahlung auf ein eigenes Bankkonto der Verwaltungseinheit;
- Auszahlung nach dem Fortschritt der Leistung, d.h. nach Anzahl tatsächlich erstellter Produkte;
- Schaffung eines Kontokorrentes bei der Finanzverwaltung;
- Aufrechterhaltung des Status Quo, indem sämtliche Zahlungen über die Finanzverwaltung laufen, wo eine zahlungsorientierte Kreditkontrolle stattfindet.

Die relativ einfache technische Realisierbarkeit und die Möglichkeit, sich an der Bankpraxis zu orientieren, führt zu einer Priorisierung der Kontokorrentlösung. Dieses mögliche Konzept soll daher kurz erläutert werden.

An zentraler Stelle (Finanzverwaltung) wird für jede Verwaltungseinheit ein Kontokorrent eingerichtet. Zu Beginn des Jahres, d.h. wenn das Budget des Jahres in Kraft tritt, wird der zugesprochene Globalbetrag als Guthaben in das Konto eingebucht. In der Folge benutzt die Verwaltungseinheit ihr Konto als Zahlungskonto für Ein- und Ausgänge. Die heutigen EDV-Lösungen erlauben dabei durchaus, dass alle Zahlungen dezentral, d.h. von den Verwaltungseinheiten selber, vorgenommen werden. Dies ist aber nicht entscheidend für den Erfolg des Modells. Der Kontostand kann jederzeit abgerufen werden, die Mittelplanung ist delegierbar.

Die Finanzverwaltung erhält für die Kontoführung eine marktübliche Kommission. Um die Liquiditätsplanung für die Finanzverwaltung zu ermöglichen, wird mit den Verwaltungseinheiten eine (allenfalls individuelle) Rückzugslimite pro Monat vereinbart. Soll ein höherer Betrag be-

VII. Querschnitts- und Konzernfunktionen

ansprucht werden, so ist dieser frühzeitig zu künden, damit die Finanzverwaltung die Liquidität beschaffen kann. Überschreitet eine Verwaltungseinheit ihre Limite, so wird sie mit einem Strafzins belastet, der die höheren Kosten für die kurzfristige Liquiditätsbeschaffung deckt. Guthaben auf dem Kontokorrent werden im Gegenzug mit einem marktüblichen Ansatz verzinst.

Diese Lösung scheint im ersten Moment etwas überzogen. Sie hat aber bei genauerer Betrachtung den grossen Vorteil, dass den Verwaltungseinheiten grösstmögliche Freiheit in der Verwendung ihrer Ressourcen gewährt, gleichzeitig volle Transparenz sichergestellt und ein Cash-Management in der Finanzverwaltung sinnvoll ermöglicht wird. Eine Gutschrift der verschiedenen Kredite auf eigenen Bankkonten hätte demgegenüber den Nachteil, dass die Transparenz für die Gesamtverwaltung verloren ginge und zugleich eine zentrale Tresorerie (vgl. 3.2.3.) verunmöglicht würde.

3.2.2. Verrechnung interner Leistungen: Eine Clearingaufgabe

Die Verrechnung interner Leistungen erfolgt heute vorwiegend durch die Finanzverwaltung. Die häufigsten Positionen sind Materialbezüge, EDV-Kosten und Abschreibungen. Die Erfassung der internen Verrechnungen stellt insofern kein Problem dar, als bei zentraler Rechnungsführung keine Abstimmung der offenen Posten notwendig ist. Eine einfache Sicherung im Buchhaltungsprogramm reicht heute aus, um die Bildung von Saldi bei internen Verrechnungen zu verhindern.

Wenn jede Verwaltungseinheit ihre eigene Rechnung führt, die nicht in ein Gesamtsystem integriert ist (Mandantensystem), so hat dies zur Folge, dass die Abstimmung der Positionen nicht mehr automatisch erfolgen kann. Es ist daher denkbar, dass in grösseren Verwaltungen eine Clearingstelle für interne Verrechnungen eingerichtet wird, die interne Guthaben und Forderungen gegeneinander verrechnet und die Saldi überträgt.

Solches könnte Aufgabe der Finanzverwaltung sein, sofern sie - wie oben ausgeführt - kontoführende Stelle ist. Die interne Verrechnung wird in diesem System durch die bezahlende Einheit ausgelöst, indem sie einen internen Vergütungsauftrag erteilt. Damit wird ihr Kontokorrent belastet und jenes der Empfängereinheit erkannt. Die Verbuchung der Verrechnung erfolgt dezentral in den beiden betroffenen Verwaltungseinheiten.

3.2.3. Tresorerie

Die Tresorerie, d.h. die Verwaltung der finanziellen Mittel einschliesslich der Kreditaufnahme am Geld- und am Kapitalmarkt, bleibt eine zentrale Konzernaufgabe, weil sie auf eine relativ grosse Masse angewiesen ist. Dies ist auch im Tilburger Modell der Fall (KGSt 1993, 84).

Aufgrund der kurzfristigen Liquiditätsplanung für das laufende Jahr und der mittel- bis langfristigen Finanzplanung für die kommenden Jahre ist die Finanzverwaltung in der Lage, ihre Kapital- oder Geldaufnahmen bzw. -anlagen zu planen und vorzunehmen. Eine wichtige Grundlage dazu bilden die Rückzugslimiten der Verwaltungseinheiten, die eine gewisse Konstanz der Ausgänge erwarten lassen. Wo dies nicht der Fall ist, kann über die Kündigungsfrist zusätzliche Reaktionszeit für die Finanzverwaltung gewonnen werden.

3.2.4. Interne Kredite

In der Stadt Tilburg können die Dienste (Verwaltungseinheiten) "zur Finanzierung ihrer Investitionen Kredite beim Konzern aufnehmen. Die Bedingungen für den Schuldendienst der Dienste gegenüber dem Konzern (Tilgungen, Zinsen) werden vom Konzern auf der Basis von Durchschnittswerten festgesetzt" (KGSt 1993, 84).

In der Schweiz stellt sich die Frage solcher interner Kredite ebenfalls vorwiegend im Investitionsbereich. Gerade hier muss jedoch abgeklärt werden, wie weit das Finanzhaushaltsrecht und insbesondere Probleme des Finanzreferendums von solchen Regelungen betroffen wären. Interne Kredite werden erst dann notwendig, wenn sie Investitionen betreffen, die nicht im Budget bzw. der Investitionsplanung vorgesehen sind. Nach heutiger Rechtsauffassung dürfte es sich also um Kreditüberschreitungen handeln, denn für diese Fragestellung ist die Finanzierungsart unerheblich. Es müsste abgeklärt werden, ob Kreditüberschreitungen im Investitionsbereich zuzulassen seien, sofern sie über einen Kredit der Finanzverwaltung finanziert und entsprechend amortisiert werden. Welchen Sinn haben dann aber die Budgetvorgaben in der Investitionsrechnung? Liesse sich nicht grundsätzlich darauf verzichten - sofern das Finanzreferendum nicht betroffen ist - zugunsten einer allgemeinen Regelung im oben genannten Sinn?

Bisweilen wird die Frage aufgeworfen, ob die Verwaltungseinheiten bei Externen Kredite aufnehmen dürfen. Rein theoretisch wäre dies durchaus möglich. Es stellen sich allerdings rechtliche und praktische

Bedenken gegen die Freigabe der Kreditaufnahme am Markt. In erster Linie steht dagegen, dass den Verwaltungseinheiten eine eigene Rechtspersönlichkeit fehlt und sie damit auch über kein Eigenkapital als Risikoabsicherung verfügen. Risikoträger wäre damit das Gemeinwesen, obwohl es bei der Kreditaufnahme als Entscheidungsorgan ausgeschlossen würde. Dies widerspricht aber dem Kongruenzprinzip von Verantwortung und Kompetenz. Es liegt damit auf der Hand, dass Verwaltungseinheiten für einen derartigen Verkehr mit privaten Banken nicht geeignet sind.

4. VERWALTUNGSLIEGENSCHAFTEN

Sowohl die Forderung nach voller Kostentransparenz als auch die Delegation möglichst vieler Kompetenzen an die Verwaltungseinheiten führt zu einer neuen Rollenverteilung im Bereich der Verwaltungsliegenschaften. Heute übernimmt die Liegenschaftenverwaltung oder das Bauamt oft gleichzeitig die Rolle des Mieters, des Vermieters, des Liegenschaftenbesitzers und -verwalters in Abhängigkeit der individuellen Regelung. Dies kann so weit gehen, dass die Bauverwaltung Renovationen an Gebäuden vornimmt, die den benützenden Verwaltungseinheiten belastet werden, ohne je mit ihnen über die Notwendigkeit der Arbeiten verhandelt zu haben. Diese unglückliche Vermischung von Zuständigkeiten kann durch eine einfache *Rollenteilung* entflochten werden:

❑ Das *Gemeinwesen* übernimmt grundsätzlich die Rolle des Hauseigentümers. Seine Aufgabe ist in erster Linie die Erhaltung der Bausubstanz, die sie aus eigenen Mitteln finanziert. Mit der Ausführung wird die Liegenschaftenverwaltung betraut, die so ihrem Namen gerecht wird. Für ihre Arbeiten und zur Finanzierung der Substanzerhaltung erhebt sie eine marktübliche Miete, die im Idealfall 100 % ihrer Aufwendungen deckt.

❑ Die *Verwaltungseinheiten* sind Mieter in den Liegenschaften des Gemeinwesens. Ihnen obliegen damit sämtliche Pflichten des Mieters wie kleinere Unterhaltsarbeiten im Gebäude, die Heizung, Beleuchtung, Möblierung und weitere, im Mietvertrag festgehaltene Zuständigkeiten. Sie bezahlen für die beanspruchten Räume eine marktübliche Miete auf dem Wege interner Verrechnungen.

Die Höhe der Miete ist also im Einzelfall festzulegen. Oft sind Verwaltungseinheiten in Gebäuden untergebracht, die traditionell an den besten

Plätzen einer Stadt liegen oder besonderen Schutz geniessen. Dann kann es angemessen sein, eine nicht kostendeckende Miete zu verrechnen. Allerdings darf in vielen Fällen die kritische Frage aufgeworfen werden, ob es wirklich notwendig sei, dass bestimmte Verwaltungseinheiten im Zentrum plaziert sind, obwohl sie beispielsweise keinen direkten Kundenkontakt pflegen. Das konsequente Hinterfragen solcher Selbstverständlichkeiten kann zu überraschenden Erkenntnissen führen, wie das Beispiel eines Spitals in Auckland (Neuseeland) zeigt, das vom teuersten Quartier der Stadt an den Rand gezogen ist und mit diesem Umzug nicht nur ein modernes Gebäude neu erstellt, sondern zusätzlich einen Gewinn erzielt hat.

5. ZUSAMMENFASSUNG DES KAPITELS VII

Die Inhaber von Querschnittsfunktionen nehmen im Modell der wirkungsorientierten Verwaltungsführung eine besondere Stellung ein. Sie sind zwar Leistungserbringer wie andere Verwaltungseinheiten, ihre Kunden sind jedoch vorwiegend innerhalb der Verwaltung zu finden. Damit stellt sich die Frage, für welche der Querschnittsleistungen ein Wettbewerb eingeführt werden kann (indem der Bezug für freiwillig erklärt wird) und welche anderen nach wie vor monopolistisch angeboten werden (weil sie einem übergeordneten, konzernweiten Zweck dienen). Zudem werden in den Querschnittsämtern viele Aufgaben wahrgenommen, die der Führung und Koordination des Gesamtkonzerns dienen. Dadurch wird eine Trennung von Koordinations- und Dienstleistungsfunktionen notwendig, um mehr Transparenz in die Produktpalette der Querschnittsämter zu bringen.

Geht die Reform der Querschnittsämter in die Richtung der Profit-Center-Struktur, so entsteht ein neues Lieferanten-Käufer Verhältnis, das dem Kosten- und Qualitätsbewusstsein innerhalb der Verwaltung förderlich sein wird. Kosten-Leistungs- und Kosten-Nutzen-Überlegungen werden von Seiten der Leistungsbezüger vermehrt angestellt, und die Leistungserbringer werden mit einem neuen Rechtfertigungsdruck konfrontiert, wenn ihre Leistungen im Vergleich mit jenen privater Anbieter nicht konkurrenzfähig sind.

Die Querschnittsfunktionen bilden auch insofern eine Spezialgruppe der Leistungserbringer, als sie nicht vertikale, sondern horizontale Leistungsvereinbarungen eingehen. Ihre Finanzierung erfolgt damit nicht direkt über Steuermittel, sondern indirekt, im Idealfall über die Budgets der Leistungsbezüger in der Verwaltung.

Weil die Vertreter der Querschnittsfunktionen in besonderem Masse von der Wirkungsorientierung betroffen sind, ist den entsprechenden Ämtern grosse Beachtung zu schenken. Wenn im nächsten Kapitel von Erfolgsfaktoren und Machtpromotoren im Zusammenhang mit Einführungsstrategien die Rede sein wird, so gehören die Leiter der Querschnittsämter sicher zu den bedeutenden Machtpromotoren innerhalb einer Verwaltung, die Erfolg und Misserfolg eines Umsetzungsprojektes erheblich beeinflussen können.

VIII. Einführungsstrategien

1. ZUR VERÄNDERUNG DES KOMPLEXEN SYSTEMS ÖFFENTLICHE VERWALTUNG

Die öffentliche Verwaltung ist ein komplexes System mit einer Vielzahl von Akteuren und Beziehungen. Gleichzeitig ist sie Teil des umfassenderen, ebenfalls komplexen, politisch-administrativen Systems, das sich, wie in der Einleitung bereits aufgezeigt wurde (Kap. I), in beständiger Interaktion mit seinen Umsystemen befindet. Daraus ergibt sich ein überaus *hoher Grad an Komplexität*, den die Leiter einer Veränderung oder Reform unter Kontrolle zu bringen haben, soll das Schiff steuerbar gemacht werden. Zu diesem Zweck bestehen im wesentlichen zwei Arten von Vorgehensweisen (vgl. Malik 1993, 26): Die *technomorphe* Variante versucht, jeden einzelnen Teil des Systems nach einem vorgefertigten Plan zu entwerfen und über detaillierte Regeln zu einem Ganzen zusammenzuführen. Ihr Grundmodell ist das einer Maschine. Das *systemisch-evolutionäre* Vorgehen hingegen anerkennt, dass komplexe Systeme nicht voraus plan- und detailliert steuerbar sind, weil kaum lineare wenn-dann-Beziehungen bestehen. "Das Basismotto lautet hier nicht 'Konstruieren im Detail', sondern 'Schaffung und Gestaltung günstiger Bedingungen, damit sich die Eigendynamik des Organismus in die richtige Richtung entfalten kann'" (Malik 1993, 26).

Dieses systemisch-evolutionäre Vorgehen entspringt einer *kybernetischen* Sichtweise des Managements. Sie anerkennt und akzeptiert die Komplexität der Organisation (hier der öffentlichen Verwaltung) und leitet daraus ab, "dass es selten möglich ist, alles zu wissen, was man eigentlich wissen müsste, um Entscheidungen im Sinne der üblichen Fragestellungen treffen zu können" (Malik 1993, 186). Die Veränderung des komplexen *Systems öffentliche Verwaltung* kann aus dieser Sicht nicht über genaue Ablauf- und Aufbaupläne erfolgen, sondern muss sich aus Prozessen einer bewusst ausgelösten Selbstorganisation ergeben. Es liegt auf der Hand, dass diese Art der Lenkung eine Neuausrichtung der traditionellen Versuche bedeutet, die öffentliche Verwaltung über detaillierte Rechtsetzung so zu organisieren, dass sie allen zukünftig auftretenden Eventualitäten zu genügen vermag. Hier besteht ein wesentlicher Unterschied zur Sichtweise des Verwaltungsrechts, und darin dürfte ein nicht unwesentliches Konfliktpotential der wirkungsorientierten Verwaltungsführung liegen: Der liebgewonnene Glaube an die Steuerbarkeit und Beherrschung der Verwaltung über technokratisches Management wird aufgegeben.

Dies gilt natürlich nicht nur für das Definitivum der wirkungsorientierten Verwaltung, sondern in besonderem Masse auch für den Veränderungsprozess. Die Trennung strategischer von den operativen Entscheiden, die Dezentralisierung und Selbstorganisation der Verwaltungseinheiten gilt auch als *Prozessmaxime*. Es kann und soll damit nicht Aufgabe der Projektleitung und der politischen Führung sein, zentrale Richtlinien über dezentrale Problemlösungen vorzugeben; vielmehr ist sie gefordert, die Voraussetzungen zu schaffen, dass die beteiligten Verwaltungseinheiten die für sie richtigen Lösungen in die für die gesamte Verwaltung geforderte Richtung zu entwickeln. Auch dies ist ein Trendbruch und steht im Widerspruch zu den meisten bisher üblichen zentralistisch-analytischen Projekten in den öffentlichen Verwaltungen.

2. KRITERIEN FÜR INNOVATIONSSTRATEGIEN

Für die Umsetzung der wirkungsorientierten Verwaltungsführung stehen mehrere Alternativen zur Verfügung. Die Grundfrage lautet dabei, wie ein Innovationsprozess von dieser Tragweite in der Verwaltung ausgelöst werden kann, ohne übermässigen Widerstand und Ängste zu provozieren. In den vergangenen 25 Jahren wurde immer wieder deutlich, wie es nicht funktioniert: Durch autoritative Steuerung von oben. "In der unendlichen Geschichte der Verwaltungsreform hat das 'Scheitern' Tradition" (Frey 1994, 42). Die Verwaltungen entwickeln immer bessere Fähigkeiten, sich selbst weiterzuentwickeln. Eine Reform lässt sich nur langsam, und nur wenn sie von den Betroffenen selbst als notwendig erachtet wird, umsetzen. Der *Prozess* der Veränderung ist dabei oft ebenso wichtig wie ihr angestrebtes Ziel; Analysen ohne Umsetzung sind hingegen wertlos.

Bichsel (1994, 194) schätzt, dass 40 % aller Reorganisationsprojekte in der öffentlichen Verwaltung in der Realisierungsphase scheitern. Empirische Untersuchungen von Ernst & Young ergeben ein deutlich negativeres Bild: Sie zeigen, dass "rund 90 % aller initiierten Veränderungsprozesse letztlich scheitern. Dabei ist nur in 20 % aller Fälle die Qualität des angestrebten Zustandes Ursache des Umsetzungsdefizits. In allen anderen Fällen liegt der Fehler in der Art und Weise, wie der Veränderungsprozess gestaltet wird" (ATAG Ernst & Young/Imboden 1994, 11).

Die Wahl der richtigen Strategie ist von vitaler Bedeutung für ein Projekt zur Implementierung der wirkungsorientierten Verwaltungsführung. Aus diesem Grund wird in den folgenden Abschnitten mit der Brille des Betriebswirts versucht, mögliche Ansätze, Hindernisse und Chancen aufzuzeigen, damit nicht die gute Idee des neuen Modells durch mangelhafte Umsetzung gefährdet wird.

2.1. Strategie-Portfolio

Politiker und Mitarbeiter der Verwaltung sind sich heute einig, dass sich das politisch-administrative System einer Änderung unterziehen muss. Ob dies allerdings mehr als ein reines Lippenbekenntnis bleibt, dürfte nicht unwesentlich durch äussere Einflüsse geprägt werden. Ein wichtiges Entscheidungsmoment ist dabei die Ausgangssituation, in der sich die Verwaltung befindet. Barthel (1994, 550) unterscheidet zwei Kriterien, die für die Wahl der Umsetzungsstrategie von Bedeutung sind:

1. Wie gross ist die Fähigkeit der Verwaltung und ihrer Mitarbeiter heute, sich selbst zu hinterfragen und Innovationen auszulösen (Zielkongruenz für Innovation)?
2. Wie gross ist die akute Gefahr für die Verwaltung, dass sie in ihrer Funktionsfähigkeit empfindlich eingeschränkt wird, weil äussere Einflüsse dies bewirken (Betriebswirtschaftliche Bestandsgefährdung)?

Barthel geht in seinem Ansatz davon aus, dass eine Innovation erst zu greifen beginnt, wenn entweder das eine oder das andere Kriterium sie begünstigt. Dies lässt sich in einem Portfolio (*Abb. 68*) verdeutlichen, in dem vier verschiedene Situationen dargestellt sind.

In der *organisierten Unverantwortlichkeit* (Quadrant I) sieht Barthel den bisherigen Zustand, geprägt durch das fehlende Bewusstsein für die Krise und die fehlende Einsicht "in die notwendige Zieljustierung der Verwaltung bezüglich (aa) gewandelter gesellschaftspolitischer Herausforderungen und Aufgabenstellungen und (bb) bezüglich interner Defizite und Strukturverwerfungen im alltäglichen Verwaltungshandeln" (Barthel 1994, 550 f). Ihr fehlt die Innovationskraft weitgehend; die Verwaltung ist gefordert, diesen Quadranten zu verlassen.

Der Idealfall für Innovationsbemühungen ist eine Veränderung der bürokratischen, statischen zu einer *lernenden Organisation*. Inhalt dieser Entwicklung ist ein breites Konzept, das möglichst vielen Mitarbeitern die Gelegenheit gibt, sich selbst und die Organisation zu hinterfragen und eigene Lösungen für die anstehenden strukturellen Probleme zu entwickeln. Damit eignen sie sich grundlegende Fähigkeiten an, die zu einem Produkt-, Kosten- und Qualitätsbewusstsein, zu Kundenorientierung und Innovation führen. Allein, solche Entwicklungen brauchen Zeit und Geduld der Führung, und beides kann unter Umständen nicht vorhanden sein.

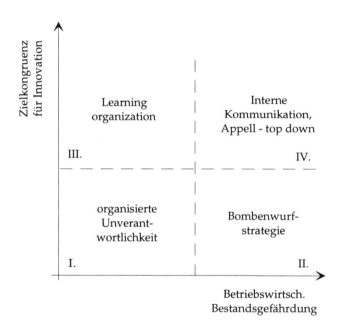

Abb. 68: *Einführungsstrategien für Innovationen (Barthel 1994, 550)*

Fehlt die Einsicht für notwendige Innovationen in der Verwaltung, obwohl der Bestand der Verwaltung durch äussere Gefahren (z.B. finanzieller Druck, Verlust politischer Glaubwürdigkeit) bedroht ist, und fehlt zudem die Zeit für langwierige Überzeugungsarbeit, so bleibt praktisch nur der Ausweg über die *Bombenwurfstrategie* (Quadrant II). Sie ist durch einschlagende Einzelmassnahmen charakterisiert, die sich schnell und schmerzlich als Kosteneinsparungen auswirken. Damit handelt es sich um Sofortmassnahmen zur Sicherung der Handlungsfähigkeit der Verwaltung. Sie wirken jedoch nicht flächendeckend, sondern nur örtlich, dort jedoch explosionsartig. Beispiele sind etwa Schliessungen von Theatern, Schwimmbädern und Freizeitzentren in einer Stadt.

Barthel, der diese Strategie in der Stadt Offenbach (Deutschland) anwenden musste, erkennt freilich die immanente Inkonsequenz dieser Strategie in bezug auf das langfristige Ziel der wirkungsorientierten

Verwaltungsführung. Letztere strebt nämlich die Selbständigkeit der Verwaltungseinheiten an, während die Bombenwurfstrategie stark topdown orientiert ist.

"Gleichwohl - der interventionistische Charakter dieser 'Bombenwurfstrategie' ist deutlich und zudem durchaus im Stil traditioneller Verwaltungskultur: eine zentrale Organisationseinheit dirigiert den take-off des Innovationsprozesses - die Selbstverantwortung im Umgang mit Ressourcen und das Vertrauen in die Selbstorganisationsfähigkeit der Fachbereiche stehen nicht an erster Stelle. Es ist also durchaus ein Widerspruch zwischen dem Ziel (dezentrale Ressourcenverantwortung) und den Standards of Performance, bezogen auf den Innovationsprozess, zu verzeichnen" (Barthel 1994, 551).

Der vierte Quadrant, die *interne Kommunikation neuer Zielsetzungen*, erscheint Barthel im heutigen Verwaltungsumfeld als die unwahrscheinlichste take-off Strategie für den Innovationsprozess. Hier würde die blosse Kommunikation neuer Zielsetzungen und Aufgaben zu einer selbständigen Anpassung des Verwaltungshandelns führen. "Erfolg wäre hier nur beschieden, wenn die Mitglieder und Strukturen einer Organisation so weit entwickelt wären, dass die flexible und beständige Anpassung der Arbeitsorganisation an neue Aufgaben, Herausforderungen und Ziele gewissermassen zum Alltagsgeschäft gehörten" (Barthel 1994, 552).

Die Zweifel daran, je in diesen Quadranten zu gelangen, können aus der Sicht der wirkungsorientierten Verwaltungsführung nicht geteilt werden. Vielleicht genügt nicht der reine Appell, vielleicht braucht es eine Änderung der Ziele und Aufgaben in den Leistungsvereinbarungen. Diese Anpassung sollte jedoch ausreichen, um eine Verwaltungseinheit zur selbständigen Reorganisation ihrer Struktur und ihres Handelns zu bewegen, wenn diese notwendig werden. Insofern bezieht die wirkungsorientierte Verwaltungsführung diesen Quadranten mit ein, wenn sich eine entsprechende Krisensituation ergibt. Der Idealfall ist jedoch jener, dass das politisch-administrative System die Krise nicht erst aufkommen lässt, sondern stabil im Quadranten der lernenden Organisation bleibt.

2.2. Einführungsstrategie in den Niederlanden

In den Niederlanden ist vor allem auf kommunaler Ebene schon vieles erreicht worden, was die Schweiz mit den laufenden Projekten erst anstrebt. Insbesondere das Kontraktmanagement hat hier einen Reifegrad, den wir nur über mittelfristig angelegte Prozesse erreichen werden. Andererseits werden viele Neuerungen als Erfolge der Reform gefeiert, die für unsere Verwaltungen weitgehend selbstverständlich sind (z.B. die kaufmännische Buchführung).

Die Einführungsstrategie ist in der Fallstudie Tilburg der KGSt (1992, 144 ff) beschrieben. Die Schrittfolge einer Einführung des Kontraktmanagements wird vierteilig beschrieben. Sie macht deutlich, welch hohe Priorität den politischen Prozessen eingeräumt wurde:

I. "Schaffung eines ausreichenden Rückhalts (vor allem in der Politik) als erste Voraussetzung für die Reform;
II. Behandlung der Delegation von Kompetenzen erst zu einem späteren Zeitpunkt;
III. weitgehende Berücksichtigung der Interessen der Verwaltungsspitze und der Politik, d.h. bei der finanziellen Steuerung ansetzen;[1]
IV. schrittweise und experimentelle Entwicklung und Einführung von Kontraktmanagement" (KGSt 1992, 144).

Für das konkrete Vorgehen wird in den Niederlanden empfohlen, den Weg über Pilotprojekte zu gehen, dann aber relativ schnell eine Ausweitung auf die Gesamtverwaltung vorzunehmen. Der Prozess sollte nach Auffassung der Tilburger Reformer in sieben Schritten erfolgen:

1. *Information* über das Kontraktmanagement;
2. Bestandesaufnahme der *Ausgangssituation;*
3. Bestimmung der zu entwickelnden *Instrumente* und *Prioritätensetzung;*
4. Ausführung der *Teilprojekte;*
5. Zwischenzeitliche *Evaluierung* und Anpassung;
6. *Integration* der Teilprojekte und Einführung des Delegationssystems;
7. Evaluierung und *Anpassung, Verbreitung* in der gesamten Organisation.

Nach diesen kurzen, grundsätzlichen Betrachtungen dürfte es interessant sein, die Situation in der Schweiz etwas eingehender zu beleuchten. Seit Beginn der neunziger Jahre ist die wirkungsorientierte Verwaltungs-

---

[1] Der erste Schritt war in den Niederlanden die Einführung des kaufmännischen Rechnungswesens. Diesen Schritt hat die Schweiz bereits weitgehend vollzogen. Die weiteren Probleme der finanziellen Steuerung (z.B. die Einführung einer Kosten-Leistungsrechnung) sind hingegen durchaus vergleichbar.

führung in unserem Land thematisiert. Erste Projekte sind angelaufen, wobei die gedankliche Vorbereitung deutlich mehr Zeit in Anspruch nahm als angenommen. Immerhin lässt sich jedoch ein erstes Bild der Ansätze erstellen, was im folgenden Kapitel kurz geschehen soll.

3. TAKE-OFF STRATEGIEN IN DER SCHWEIZ

3.1. *Aus betriebswirtschaftlicher Sicht*

Die aktuellen Reformbemühungen in der Schweiz stehen vor einem anderen Hintergrund als jene in Deutschland und den Niederlanden. Das schweizerische Verwaltungsrecht lässt seit jeher recht grosse Möglichkeiten und Handlungsspielräume für eine flexible Handhabung in der Verwaltungspraxis offen (Beispiel: Beamtenrecht, Finanzhaushaltsrecht, Organisationsrecht). Die gewählten Strategien sind entsprechend unterschiedlich. Auffällig ist die hohe Bereitschaft der Beamten, ihr eigenes Umfeld verbessern zu wollen und dafür auch Veränderungen in Kauf zu nehmen. Die Initiative ging bei vielen Projekten (z.B. Stadt Bern) von Beamten aus, die mit dem Wohlwollen der Politik arbeiteten. Andere Projekte erlebten einen Anstoss durch Politiker, werden aber auch von den Beamten getragen (z.B. Kanton Luzern, Kanton Bern). Diese Beispiele streben eine direkte Verschiebung vom ersten in den dritten Quadranten an (vgl. *Abb. 69*, Pfeil ①). Auf eine Bombenwurfstrategie wird bei diesen Beispielen bewusst verzichtet.

Anders präsentiert sich das Projekt "Administration 2000" (o.J.) des Kantons Wallis, wo der erste Ansatz (Teilprojekt 1) in einer umfassenden Leistungsanalyse, ähnlich der Gemeinkosten-Wertanalyse, besteht. Die Einsparungen, die daraus resultieren, werden auf 450 Stellen geschätzt, sind also nicht unerheblich.

Diese Gemeinkosten-Wertanalyse als Bombenwurfstrategie zu bezeichnen wäre wohl falsch; vielmehr wird offensichtlich versucht, die Verwaltung umfassend auf ihre Leistungsfähigkeit zu überprüfen. Dennoch lastet dem Projekt eine gewisse Zentralisierung an, indem der Einstieg über - zwar selbst erarbeitete, aber trotzdem von oben diktierte - Einsparungen gesucht wird. Damit dürfte intern ein Leidensdruck erzeugt werden, der die Innovationsfähigkeit der Verwaltung begünstigen könnte. In diesem Sinne handelt es sich bei "Administration 2000" in den

Grundzügen um einen umfassenden Reformansatz, der ebenfalls interessante Resultate verspricht.

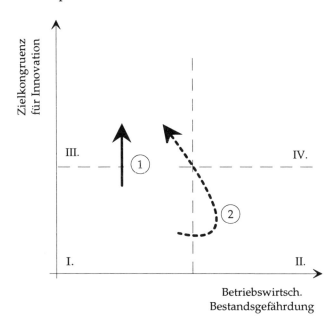

Abb. 69: Take-off Strategien in der Schweiz

Wenn sich der finanzielle Druck auf die Verwaltungen in der Schweiz weiterhin erhöht, und wenn Reformen nicht frühzeitig zumindest partiell einsetzen, so ist damit zu rechnen, dass auch in unserem Land Parlamente, Regierungen und Verwaltungen gezwungen sein werden, einen take-off über die Bombenwurfstrategie zu erzeugen. In diesem Fall muss allerdings sichergestellt sein, dass der schwierige kulturelle Übergang zur lernenden Organisation sorgfältig vorbereitet wird (vgl. *Abb. 69*, Pfeil ②) - es sei denn, das kurzfristige Denken nehme bewusst einen Rückfall in den Quadranten I in Kauf, was einer Auslöschung der Reformkultur innerhalb der Verwaltung für mehrere Jahre gleichkäme.

3.2. Aus rechtlicher Sicht

Die Einführung der neuen Konzepte kann nicht ohne eine Abstützung im öffentlichen Recht erfolgen. Wenn auch die vorliegende Publikation bewusst von juristischen Erwägungen Abstand genommen hat, so soll damit nicht eine geringe Wertschätzung für das staats- und verwaltungs-

VIII. Einführungsstrategien

rechtliche Gebäude des politisch-administrativen Systems manifestiert werden. Vielmehr möchten wir diese Debatte den Spezialisten überlassen, allerdings nicht ohne die betriebswirtschaftlich typische kybernetisch-systemorientierte Sichtweise eingebracht zu haben, die sich allerdings naturgemäss fundamental von juristischen Erklärungsmustern unterscheidet (Laux 1993, 273).[2]

In seinem Gutachten für die Schweizerische Meteorologische Anstalt kommt Bolz (1994, 54 f) aus rechtlicher Sicht zusammenfassend zum Schluss:

*"1. Das **Bundesverfassungsrecht** lässt die angestrebte privatwirtschaftliche Tätigkeit der SMA grundsätzlich zu; nötig erscheint aber, zumindest für eine definitive Aufnahme kommerzieller Tätigkeiten nach der Pilotphase, eine Grundlage im (formellen) Gesetz. Die kommerzielle Tätigkeit hat zudem im öffentlichen Interesse zu liegen, verhältnismässig zu sein und die Grundsätze der Rechtsgleichheit und Wettbewerbsneutralität zu wahren. Unzulässige Quersubventionierungen müssen deshalb unterbunden werden.*
2. ...
*3. Die SMA benötigt für die Flexibilisierung mehr Spielraum im Bereich des **Finanzhaushalts**. Das Finanzhaushaltsgesetz setzt allerdings recht enge Grenzen. Wenn auch auf Verordnungsstufe verschiedene Lösungen möglich sind, die der SMA eine Aufnahme der kommerziellen Tätigkeiten erlauben, kann nur eine Änderung auf Gesetzesebene längerfristig zweckmässige Rahmenbedingungen schaffen.*
*4. Die SMA benötigt mehr Freiheiten zur Rekrutierung von Personal und damit Ausnahmen oder Sonderregelungen im Bereich der **Personalbewirtschaftung**. Im Rahmen des geltenden Rechts sind verschiedene Varianten möglich.*
*5. Die kommerziellen Tätigkeiten verlangen nach mehr Spielraum im Bereich der Ausgestaltung der **Anstellungsverhältnisse**. Obschon das geltende Beamtengesetz nicht auf neue Verwaltungsformen zugeschnitten ist, sind unter geltendem Recht zweckmässige Lösungen denkbar. Öffentlichrechtliche Anstellungen gewährleisten die nötige Flexibilität."*

---

[2] "Dem auffällig hohen Rang, den die Einwirkungsmöglichkeiten oberer Organe und Hierarchieränge bei der rechtsförmigen Interpretation und Festlegung von Führung haben, steht in der betrieblichen Führungslehre der Primat der sich selbst steuernden Organisation gegenüber, zumal da in der theoretischen Entwicklung immer stärker kybernetisch-systemorientierte Denkschemata verarbeitet werden" (Laux 1993, 273).

Für die Umsetzung der neuen Modelle scheinen sich Pilotprojekte geradezu aufzudrängen, da sie das Risiko eines gesamten Systemwiderstands vermeiden und gleichzeitig Gelegenheit bieten, an ihrem Beispiel zu lernen sowie Transferzonen zwischen Alt und Neu zu schaffen (Freimuth 1994, 55 ff). Parallel dazu, fordert Bolz zu recht, seien einwandfreie Rechtsgrundlagen zu schaffen, um in den definitiven Betrieb überzugehen.

Die ersten Ansätze einer Reform bewirken heute, dass die Debatte über mögliche juristische Auswirkungen intensiv stattfindet. Die betroffenen Gebiete sind insbesondere das Verfassungs-, das Organisations-, das Finanzhaushalts- und das Personalrecht. Da heute noch nicht abschliessend bekannt ist, welche Regelungen in welcher Art verändert werden müssen, um die wirkungsorientierte Verwaltungsführung zu ermöglichen, bleibt oft nur der Weg über die Gewährung von Experimenten. So ermöglichen beispielsweise die Kantone Bern und Luzern ihren Verwaltungen und ihren Gemeinden, zum Zwecke der Durchführung von Versuchen mit neuen Management-Methoden von geltendem Recht abzuweichen. Dieser Ansatz der *Experimentierklausel* auf Gesetzesstufe scheint auch in juristischen Kreisen auf breite Zustimmung zu stossen und ermöglicht damit ein rasches, zweckmässiges Vorgehen in den beschriebenen Projekten.

Auch die Ergebnisse der laufenden Projekte werden sich weiterentwickeln. Aus diesem Grund ist es notwendig, neu gefundene Formeln so flexibel einzuführen, dass sie nicht allzu rasch "kodifiziert" werden und damit weitere Entwicklungsschritte einengen. Das Recht sollte die Grundlage schaffen, dass die *Selbstorganisationskraft* der Verwaltung bzw. des politisch-administrativen Systems zu einer Optimierung der Strukturen und Abläufe führen kann.

Selbstverständlich ersetzen Experimentierklauseln die vertiefte Abklärung der rechtlichen Situation und die Vorbereitung der definitiven Umsetzung nicht. Gutachter, wie etwa Bolz (1994) für die Meteorologische Anstalt, machen den Anfang - die verschiedenen Disziplinen der Verwaltungswissenschaft (d.h. Recht, Wirtschaft, Politologie) werden den Ball aufnehmen und die Debatte gemeinsam vorwärts treiben müssen, soll eine Umsetzung des vorgestellten Modells nicht an juristischen Hürden scheitern.

4. LERNEN AUS DEN ERFAHRUNGEN

4.1. Warum bisherige Reformprojekte scheiterten

Das Konzept der wirkungsorientierten Verwaltungsführung ist ein Reformprojekt für die öffentliche Verwaltung. Als solches reiht es sich in eine längere Liste verschiedener Versuche ein, die Verwaltung effizienter und weniger bürokratisch zu machen. Insbesondere in den achtziger Jahren fanden Projekte Beachtung, die über breit angelegte Analysen der Verwaltung eine vollständige Reorganisation erreichen sollten. Sie basierten oft auf dem Ansatz der Gemeinkosten-Wertanalyse (GWA);[3] durch die Einführung einer sogenannten Denkhürde von regelmässig 40 % sollten die Verantwortlichen dazu veranlasst werden, einschneidende Spareffekte über rigorose Prioritätensetzung zu erzielen. Die Potentiale, die dadurch auf dem Papier freigelegt wurden, waren denn auch beachtlich, lebten aber weitgehend "von einem gewissen Überraschungseffekt und einem zeitlichen Druck in der Durchführung, der betroffenen Mitarbeitern und Führungskräften keine Zeit zur Entwicklung von Gegenmassnahmen liess, um die Analyseergebnisse in ihrem Sinn zu beeinflussen" (Tylkowski 1990, 178). Die *Umsetzung* blieb in aller Regel auf bescheidenem Niveau stehen, so dass heute in den Verwaltungen eine erhebliche Enttäuschung über die Wirkungen dieser Projekte und damit Skepsis gegenüber neuen Projekten besteht (Jans/Meili 1988, 88 ff).

Erkundigt man sich nach den Gründen für das weitgehende *Scheitern* dieser Strategie, so werden verschiedene Aspekte offensichtlich, die zum Teil auch Tylkowski (1990, 198 ff) kritisiert. Einmal fehlte diesen analytischen Ansätzen die *politische* Unterstützung in der Phase der konkreten Umsetzung. Mit der Ablieferung des Berichts war oft die Arbeit der Berater getan, und an die schmerzhaften Massnahmen mochte sich in einem Zeitpunkt relativen Wohlstandes in den Verwaltungen niemand heranwagen. Zum zweiten waren die Möglichkeiten der Verwaltung, sich nach Abschluss der Analyse gegen einschneidende Kürzungen zur Wehr zu setzen, recht erheblich. Clevere Beamte waren in der Lage, während der Analyse durch die externen Berater trotz aller Überraschung erheblichen

---

[3] Auch *Funktions-Kosten-Optimierung, Studie zur Gemeinkostenbewirtschaftung, Funktionskostenanalyse, Overhead Value Analysis* oder *Gemeinkosten-Systems-Engineering*. Eine ausführliche Darstellung der Methodik und Wirkung der Gemeinkosten-Wertanalyse gibt Tylkowski 1990, 177 ff, der gegenüber den traditionellen Ansätzen der GWA ausserordentlich kritisch ist.

Einfluss auf die Resultate zu nehmen, und schliesslich wurde oft versucht, gegen die Kultur der Verwaltung eine Veränderung durchzusetzen, *ohne* die *Mitarbeiter* aktiv miteinzubeziehen. Die Reformen fanden vorwiegend in den Köpfen der Berater und der Verwaltungsführung statt, ohne Nachhall an der Basis zu finden. Insbesondere Vertreter der operativen Ebene und die Personalvertretungen hätten jedoch an den Prozessen permanent aktiv teilnehmen sollen (Koetz 1994, 136). Die schwerwiegendste Beeinträchtigung findet gemäss Tylkowski im Betriebsklima statt, was nachhaltige negative Folgen auf die Arbeitsleistung der Verwaltung habe.

Die wirkungsorientierte Verwaltungsführung muss in der Lage sein, aus gemachten Fehlern zu *lernen*. Die sehr komplexe Materie kann nur dann erfolgreich umgesetzt werden, wenn sowohl die politische als auch die administrative Führung ihr ganzes Gewicht auf das Reformprojekt legen. Ausserdem sollten die konkreten Anwendungen gemeinsam mit den Betroffenen, d.h. den Parlamentariern, den Regierungsmitgliedern, den Leitern der Verwaltungseinheiten und ihren Ressortleitern, den Personalvertretern, den Spezialisten in den Querschnittsämtern und allfällig externen Beratern entwickelt werden. Hill schreibt dazu: "Erst müssen die Menschen ihr Denken und Verhalten ändern, dann ändern sich die Dinge und Zahlen" (Hill 1994, 309). Allerdings kann man den Prozess dieses Umdenkens und Neuverhaltens beeinflussen, indem die neuen Instrumente konsequent durchgesetzt werden. Jede Neuerung sollte zwar vorerst in der Praxis getestet, bei Bewährung jedoch schnell angewendet werden. Gute Ideen, die ohne wesentliche Änderungen im bestehenden Rechtskorsett umgesetzt werden können, sollten möglichst irreversibel eingeführt werden. Beispiele dafür sind etwa die verschiedenen Controlling-Instrumente (u.a. die Kosten- und Leistungsrechnung), die Wirkungsprüfung, neue Instrumente der Mitarbeiterführung oder die Verknüpfung der strategischen Planung mit der Finanzplanung.

Im Zusammenhang mit dem Projekt Wirkungsorientierte Verwaltung (WOV) *führte das Personalamt des Kantons Luzern einen Workshop mit den drei Verwaltungseinheiten Amt für Umweltschutz, Kantonsschule Sursee und den Organisations- und Informatikdiensten durch, die sich als Modellpiloten zur Verfügung gestellt hatten. Dabei sollten die kulturellen Aspekte der wirkungsorientierten Verwaltungsführung und die Veränderungsprozesse auf dem Weg dorthin näher beleuchtet werden. Als Einstieg in die Veranstaltung wurden die Teilnehmer befragt, welche Gründe sie als ausschlaggebend betrachten, dass bisherige Reformprojekte nicht den gewünschten Erfolg verbuchen konnten. Eine Auswahl der Antworten ist hier wiedergegeben:*

Aus Sicht der Mitarbeiter

- Wenig echter Wille zur Veränderung
- Zu schlechte Berücksichtigung bereits vorhandenen Know-hows auf allen Stufen - fehlender Einbezug des Personals
- Zu hohes Tempo der Veränderungen
- Fehlende Anreize für bessere Leistungen
- Streben nach Sicherheit führt zu Festhalten an Bewährtem

Aus Sicht der Führung

- Idee wurde von der Führung zu wenig getragen
- Angst vor Machtverlust
- Fehlende Durchsetzung der vorgeschlagenen Massnahmen gegen den Widerstand der Betroffenen
- Fehlendes Projekt-Controlling
- Fehlende Umsetzung - Projekt ist mit Einreichung des Berichts abgeschlossen
- Leidensdruck ist zu gering für eine Anpassung
- Zu enges Korsett - fehlender Wille, die Randbedingungen zu verändern
- Fehlende politische Rückendeckung bei schmerzhaften Massnahmen
- Angst vor Delegation von Entscheiden
- Mangelnde Risikobereitschaft
- Zielkonflikte der Politik
- Priorität des "politisch Machbaren" vor dem betriebswirtschaftlich Notwendigen

Aus Sicht der Organisation

- Fehlende horizontale und vertikale Abstimmung - suboptimale Insellösungen lassen sich in der Gesamtbetrachtung nicht realisieren
- Zentralismus - gute Ideen für massgeschneiderte Lösungen fallen der Einheitlichkeit zum Opfer
- Schwerfälliges System verwässert die Entscheide
- Fokus ausschliesslich auf die Verwaltung, anstatt das politisch-administrative System als Ganzes zu hinterfragen; dadurch fühlt sich die Verwaltung angegriffen und formiert den Widerstand
- Gärtchendenken in der Verwaltung
- Mangel an Information bis an die Basis - "Eliteprojekte"

Diese Nennungen zeigen, dass Veränderungen in der Verwaltung oft als zu wenig kulturorientiert empfunden werden. Die frühzeitige Einbindung aller Hierarchiestufen (inkl. Parlament) scheint dabei besonders wichtig zu sein, weil die Organisationsentwicklunsprozesse in aller Regel viel Zeit benötigen.

Die Erfahrungen in den aktuellen Projekten der Schweiz bestätigen, dass Widerstände kaum vermeidbar sind. Das alte System schlägt bisweilen zurück. Auch bei fortgeschrittenen Projektbeteiligten besteht die latente Gefahr, in die alten Gewohnheiten der Regulierung, der Absicherung durch Rückdelegation und des Inputdenkens zu verfallen. Zudem sind die "Apparatschiks" des bürokratischen Systems zahlreicher und mächtiger als man glauben möchte. Trotzdem sind die Auswirkungen vieler Prozesse letztlich so positiv, dass man sie nicht mehr rückgängig machen mag.

4.2. Erfolgsindikatoren

In den USA konnten bis heute die verschiedensten Ansätze einer Reformbewegung beobachtet werden, die unterschiedlich erfolgreich waren, obwohl sie alle in die Richtung einer wirkungsorientierten Verwaltungsführung zielten. Der amerikanische Verwaltungswissenschafter Steven Ballard (1994, 5) fasst aus den Erfahrungen in den USA eine Liste von Misserfolgsindikatoren zusammen, die mit wenig Aufwand zu *Erfolgsindikatoren* umformuliert werden können:

- *Bottom-up-Implementierung.* Obwohl die Führung miteinbezogen sein muss, ist es wichtig, dass sich die Veränderung von innen entwickelt, dass sie nicht aufgezwungen ist. Breit angelegte Mitwirkung ist unentbehrlich.
- *Starker Wille, Fragen der politischen Führung zur Diskussion zu stellen.* Dies ist der schwierigste Aspekt des Wechsels zu einer wirkungsorientierten Organisation. Wenn die Führer keinen betont partizipativen Ansatz zur Führung akzeptieren, wird die Neudefinition der Rolle eines Managers zur grössten Herausforderung.
- *Geduld im Finden von Lösungen und Vermeidung von Uniformität.* Die Teilnehmer am Veränderungsprozess nehmen Rückschläge bewusst in Kauf. Verschiedene Lösungsansätze, die zu Ungleichheiten führen, werden gefördert; allzu schnelle Codifizierung gefundener Lösungen wird vermieden.

VIII. Einführungsstrategien

- *Kritische Betrachtung von Einführungsstrategien anderer.* Wirksame Veränderungsstrategien drehen sich um Werthaltungen und Menschen. Es gibt daher keine rezeptartigen Ansätze wie 'Zehn Schritte zum Erfolg'.
- *Langfristige Verpflichtung auf die Ziele der wirkungsorientierten Verwaltungsführung.* Sowohl die Organisation als auch ihre Führungsleute sind offen für Prozesse, die festgesetzte Zeitlimiten überdauern.
- *Gezielter Einsatz von externen Experten oder Beratern im Einführungsprozess.* Berater können eine wichtige Funktion übernehmen, wenn der Prozess gestartet werden soll. Sie können zudem als Trouble-Shooter eingesetzt werden. Sie sollten jedoch nicht die Reform an sich steuern oder eine übergewichtige Rolle im Prozess selbst einnehmen.[4]
- *Klare Kundendefinition und Weigerung, Unklarheiten über die primären Kunden zu akzeptieren.* Erst die klare Definition von Kunden ermöglicht den Blick auf die Wirkungen des eigenen Handelns.
- *Verpflichtung auf einen ganzheitlichen Ansatz.* Erfolgreiche Strategien müssen fünf Faktoren berücksichtigen, die für eine ganzheitliche Veränderung notwendig sind: Verpflichtung auf Kundenzufriedenheit; eine gemeinsame Vision; veränderungsorientierte Führung, die eher den Wechsel erleichtern als Kontrolle auferlegen; partizipative Entscheidfindung; Verpflichtung auf eine Ausweitung der individuellen und organisationellen Fähigkeiten und Kernkompetenzen.

Aus den Niederlanden sind allerdings zwei Konstellationen bekannt, in denen die neuen Ansätze der Verwaltungssteuerung *nicht* eingeführt werden sollten:

1. wenn die Zielsetzungen für eine Organisationseinheit vollkommen undeutlich und/oder absolut nicht operationalisierbar sind;
2. wenn politische Übersteuerung vorliegt, d.h. wenn die Politik nicht bereit ist, auf die Verwaltungsfachleute zu hören.

---

[4] Dies zeigt sich auch in den Ansätzen, die wir selber betreuen: Das IFF-HSG ist in der Modellkonstruktion beteiligt, leistet Überzeugungsarbeit, ist der wissenschaftliche Coach im Prozess. Die Reform selber wird jedoch - dies gilt für die Stadt Bern wie für den Kanton Luzern - durch Mitarbeiter der Verwaltung und Politiker gesteuert und umgesetzt. Dies führt bisweilen zu gewissen Frustrationen, da die Verwaltung "die ganze Arbeit selber machen muss". Sie sind jedoch unumgänglich, denn nur dieses Vorgehen garantiert ein Resultat, das von der Verwaltung gelebt wird und für die Praxis tauglich ist.

Die Erfolgsindikatoren sind immer wieder - wie eine Checkliste - auf ihr Vorhandensein zu prüfen. Werden hier kritische Grenzwerte überschritten, so muss die Projektleitung handeln und Gegenmassnahmen ergreifen. Eine vorgängige Risikoanalyse - wie im nächstfolgenden Abschnitt beschrieben - kann sie dabei unterstützen.

4.3. Risikomanagement im Projekt

Der Faktor Mensch nimmt im Verlauf eines Innovationsprojektes, wie es auch die wirkungsorientierte Verwaltungsführung darstellt, eine eminent wichtige Stellung für den Erfolg der Innovation ein. Ohne die Menschen lässt sich die Verwaltung nicht reformieren; aus diesem Grund verdienen die Bedürfnisse und Ängste der betroffenen Menschen grösste Beachtung.

Bewusster Umgang mit den Projektrisiken verhindert nachträgliche Enttäuschung über den Verlauf der Innovationsumsetzung. In einem internen Arbeitspapier der ATAG Ernst & Young Consulting (1994, 11 ff) empfiehlt daher Imboden, vor Beginn eines Projektes eine detaillierte Risikoanalyse und ein Risikoprofil bezüglich der vorliegenden Situation zu erstellen, um die Grundlagen für eine erfolgreiche Umsetzung schaffen zu können. Er unterscheidet dabei acht Risikokomplexe:

1. *Fehlender Handlungsdruck im Ausgangszustand A:* u.a. Kosten des Status Quo, Karrierenachteile der Machthaber beim Status Quo, Autoritätsverlust bei Unfähigkeit zur Änderung.
2. *Klarheit des Zielzustandes B:* u.a. Detaillierungsgrad des Lösungsbeschriebs, Ausmass der Einigkeit über den Zielzustand, Legitimation des Zukunftszustands.
3. *Veränderungswille der Machtpromotoren:* u.a. Leidensdruck im Ausgangszustand, Kenntnis der Konsequenzen der Veränderung, Kenntnis des Ressourcenbedarfs für die Veränderung, öffentliches Bekenntnis für die Veränderung, Einsatz von Incentives, persönliche Opferbereitschaft.
4. *Fähigkeit des Projektleiters:* u.a. Auftrag der Machtpromotoren richtig verstehen, Einfühlungsvermögen in andere Personen, Einsicht in menschliche Zusammenhänge, Kommunikationsfähigkeit.

VIII. Einführungsstrategien

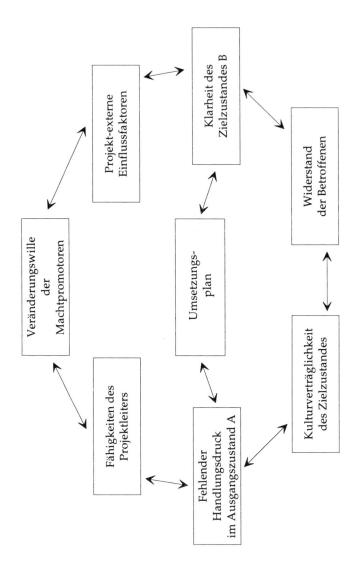

Abb. 70: Acht Risikokomplexe für den Erfolg des Umsetzungsprozesses nach ATAG Ernst & Young/Imboden (1994, 11)

5. *Projektexterne Einflussfaktoren:* u.a. Verknappung der erforderlichen Ressourcen, Qualitätsmindernde Ereignisse, Faktoren, die den Umsetzungswillen der Machtpromotoren beeinträchtigen, Projekte mit negativen Synergien.

6. *Verträglichkeit des Zielzustandes mit der vorhandenen Kultur:* u.a. Normen, Werte und Fähigkeiten, die mit der Zukunftslösung in Frage gestellt werden.
7. *Widerstand der Betroffenen:* u.a. Ausmass der Veränderung für die Betroffenen, Anzahl der Betroffenen, verfügbare Zeit für die Veränderung, Leichtigkeit, mit der die zukünftigen Fähigkeiten erworben werden können, emotionale Betroffenheit.
8. *Umsetzungsplan:* u.a. Folgerichtigkeit der einzelnen Teilschritte, Timing, Verhältnis Ressourcenbedarf zu Ressourcenverfügbarkeit, Instrumentarium zur laufenden Fortschrittskontrolle.

Eine Analyse der Situation, in der sich die Mehrzahl der Projekte zur wirkungsorientierten Verwaltungsführung befindet, ergibt ein recht hohes Risiko der Innovationsumsetzung. Der Handlungsdruck sollte im jetzigen Zeitpunkt deutlich höher sein als noch vor einigen Jahren; ob aber der Veränderungswille der Machtpromotoren angesichts der doch umwälzenden kulturellen und strukturellen Veränderungen, die sich aus der wirkungsorientierten Verwaltungsführung ergeben können, von längerem Bestand sein wird, muss sich erst noch zeigen. Mit dem Widerstand der Betroffenen ist zu rechnen, sobald sich grössere Veränderungen im Anforderungsprofil ihrer eigenen Funktion ankündigen werden. Ebenso werden kulturelle Faktoren die Umsetzung eher verzögern als vorwärts treiben. Aus dieser kurzen und oberflächlichen Analyse können die folgenden generellen *Thesen für die Umsetzung* abgeleitet werden:

1. Die Personal- und Organisationsentwicklung, die zusammen mit den Betroffenen durchgeführt wird, hat für den Erfolg höchste Priorität;
2. Die benötigte Zeit und die notwendigen Ressourcen dürften deutlich grösser sein als zu Beginn vermutet, entsprechende Reserven sind einzuplanen;
3. Der Veränderungswille der Machtpromotoren muss vor Projektbeginn und während des laufenden Projekts geweckt und aufrecht erhalten werden;
4. Der kulturelle Schock muss so klein als möglich gehalten werden, indem weitgehend auf Vorhandenem aufgebaut wird, anhand von Pilotprojekten auf die Veränderung vorbereitet wird und auch die rechtlichen Abklärungen bzw. Anpassungen frühzeitig vorgenommen werden.

Während die Durchsetzung des Modells der wirkungsorientierten Verwaltungsführung in grossen Zügen im Rahmen eines Prozesses erfolgen sollte, der mit den Ansätzen der *Organisationsentwicklung* vergleichbar ist, nimmt die politische Führung eine doch immanent wichtige Rolle als Machtpromotor ein. Viele Entscheide, die gefällt werden müssen, können nicht ohne Regierung und Parlament erfolgen. Die anfängliche Reformeuphorie, die der Verwaltung den notwendigen Schwung verleiht, um überhaupt etwas zu bewegen, könnte leicht gebremst werden, wenn die Politiker im Prozess nicht mitgenommen werden. Diese Erfahrung mussten auch die Amerikaner machen:

> *Die Mitarbeiter im Projekt des* National Performance Review (NPR) *sagten, dass zwei Drittel des Berichts durch die Verwaltung selbst durchgesetzt werden könne. Die nähere Betrachtung des Berichts bestätigt diese Meinung nicht. Mindestens sechzig der 117 Massnahmen im Hauptteil des Berichts bedingen eine ausdrückliche Handlung des Kongresses. Viele andere könnten, falls sie ohne eingehende Konsultation des Kongresses eingeführt werden, Anstrengungen im Kongress provozieren, um sie unwirksam zu machen. Unabhängig davon, wie segensreich die Vorschläge des NPR auch sein mögen, ist es klar, dass der Kongress überzeugt werden muss, dass diese Änderungen wünschenswert sind und dass die grundlegenden Bedürfnisse des Kongresses nicht verletzt werden (Jasper/Alpern 1994, 28).*

Die Situation dürfte in der Schweiz ähnlich sein. Dies gilt umso mehr, als viele Entscheide nicht nur durch die Parlamente, sondern auch vom Volk abgesegnet werden müssen. Es ist im Moment noch nicht abzusehen, inwiefern die Wirkungsorientierung in direktdemokratischen Entscheiden durchgesetzt werden kann. Die laufenden Projekte werden uns zeigen, ob und in welchem Ausmass dies für den Erfolg der wirkungsorientierten Verwaltungsführung überhaupt von Belang ist. Man darf die Resultate mit Spannung erwarten. So oder so ist schon heute klar, dass die Reform nicht nach dem ersten Schritt (Einführung neuer Steuerungsmechanismen) stehen bleiben darf, sondern dass sie konsequent weiter vorangetrieben werden muss. Hier schliesst sich der Kreis zum ersten Kapitel: Das langfristige Ziel der wirkungsorientierten Verwaltungsführung ist ein umfassendes Qualitätsmanagement in dem zu Beginn beschriebenen Sinn (Klages 1995, 6), und erste Erfolge dürfen nicht dazu verleiten, stehen zu bleiben.

5. ZUSAMMENFASSUNG DES KAPITELS VIII UND SCHLUSSBETRACHTUNGEN

Die Implementation der wirkungsorientierten Verwaltungsführung in der Schweiz ist ein ehrgeiziges Reformprojekt, das im heutigen Zeitpunkt noch einige Fragen offen lässt. Im Gegensatz zu ausländischen Vorbildern ist die finanzielle Situation hier in aller Regel nicht so dramatisch, dass zwangsläufig eine Bombenwurf-Strategie angewendet werden müsste. Vielmehr wird in den meisten Projekten darauf geachtet, die Erwartungen schneller finanzieller Resultate zu dämpfen und das Schwergewicht auf die kulturelle und strukturelle Veränderung des politisch-administrativen Systems zu legen.

Angesichts der bemühenden Reformerfahrungen, die die Verwaltungen und ihre Mitarbeiter im letzten Jahrzehnt machen mussten, ist der Einsatz des Personals in den laufenden Projekten beinahe erstaunlich. Offenbar decken sich die Postulate der wirkungsorientierten Verwaltungsführung mit allgemein empfundenen Schwächen der Verwaltung, und das vorgeschlagene Instrumentarium dürfte in der Lage sein, für die Mehrzahl der Probleme konkrete Lösungsansätze zu erarbeiten.

Die Chancen, dass das Modell der wirkungsorientierten Verwaltungsführung in der Schweiz umgesetzt wird, stehen grundsätzlich gut. Offene Fragen bestehen allerdings insbesondere im Bereich der Schnittstelle zwischen Politik und Verwaltung, die gerade in der Schweiz oft fliessender ist als im Ausland (vgl. dazu auch den Beitrag von Germann in Hablützel et al. 1995). Es bedarf sicherlich verstärkter Anstrengungen, die Politiker in der Schweiz auf das neue Modell zu schulen, sie zu überzeugen und zu aktiven Teilnehmern der wirkungsorientierten Verwaltungsführung zu machen. In dieser Beziehung wurde vielleicht bis heute noch zu wenig getan; zu stark blieben die Versuche in den Reihen der Verwaltungen und Regierungen. Die Vorteile den neuen Modells werden seine Nachteile überwiegen. Die Politiker davon zu überzeugen, wird die nächste wichtige Aufgabe der Reformer sein.

Die Debatte um die wirkungsorientierte Verwaltungsführung wird auch in der Schweiz - genauso wie im Ausland - mit wenigen Ausnahmen nicht politisch, sondern in aller Regel ausserordentlich sachlich geführt. Natürlich besteht die Gefahr, dass die verschiedenen Ideologien aus dem sehr allgemeinen Begriff des "New Public Management", der leider auch bei uns Tritt zu fassen scheint, ihr individuelles Menü zusammenstellen. Das heisst, dass die eigentlichen Auseinandersetzungen

VIII. Einführungsstrategien

erst in der konkreten Umsetzung erfolgen werden. Bis dahin wird es Aufgabe der Reformer sein, die Komplexität des Ansatzes in seiner Ganzheitlichkeit zu den Empfängern der Botschaft hinüber zu tragen, während gleichzeitig eine Ideologisierung der Diskussion so weit als möglich vermieden werden sollte. Es ist diesem faszinierenden Ansatz einer neuen Verwaltungsführung zu wünschen, dass ein Grossteil seiner Anliegen, im Idealfall aber das ganze Modell, auch in der Schweiz umgesetzt werden kann.

Bei der Umsetzung der wirkungsorientierten Verwaltungsführung ist die *Entwicklungsfähigkeit* der öffentlichen Verwaltung in besonderem Masse gefordert. Entwicklung ist aber etwas, "das von niemand anderem gemacht oder realisiert werden kann als dem System selbst" (Ulrich/Probst 1990, 92). Dazu muss durch die Projektverantwortlichen und die politischen *Sponsoren* (z.B. die Regierung, die die Reform wünscht) sichergestellt werden, dass Entwicklung ermöglicht wird. Grundvoraussetzungen sind eine Öffnung der Wahrnehmung, die gedankliche Abkehr von bestehenden Lösungsansätzen, das Eingehen von Risiken, das Zulassen von Konflikten, das Offenlegen von Problemen und die bewusste Veränderung. Das Erfüllen all dieser Bedingungen mag man der schweizerischen Politik bisweilen nicht so recht zutrauen, und an kritischen Stimmen diesbezüglich dürfte es auch in Zukunft nicht fehlen. Und doch ist eine wirkliche Reform nur so möglich, und nicht an die grundsätzliche Machbarkeit einer wirkungsorientierten Verwaltungsführung zu glauben, hiesse, vor dem Status Quo zu kapitulieren.

ANHANG

Anhang

1. INHALTE DER JÄHRLICHEN BÜRGERBEFRAGUNG IN CHRISTCHURCH, NEUSEELAND[1]

In der jährlichen Bürgerbefragung wird eine repräsentative Stichprobe von Bürgern zu verschiedenen Themen befragt. Die Unterteilung erfolgt nach Produkten, welche durch die Stadt Christchurch angeboten werden. Dabei ist zu beachten, dass Neuseeland deutlich stärker durch die Landesregierung geführt wird, als dies in der Schweiz oder in Deutschland der Fall ist. Die Aufgabenbereiche, in denen die Gemeinden Neuseelands autonom sind, erscheinen uns daher als eher bescheiden:

Schwimmbäder
- Haben die Kinder im Haushalt in den letzten 12 Monaten ein Schwimmbad besucht?
- Sind Sie selbst in den letzten 12 Monaten in einem Schwimmbad gewesen?
- Wie zufrieden sind Sie mit Wasserqualität, Sauberkeit, den Einrichtungen und den Öffnungszeiten in den Schwimmbädern?
- Wie oft waren Sie in den letzten 12 Monaten im Schwimmbad?

Stadien
- In welchen Stadien waren Sie?
- Wie oft haben Sie einen Anlass in einem Stadion besucht?
- Wie zufrieden sind Sie mit den Stadien?

Parkanlagen
- Wieviel (zuviel/richtig/zuwenig) wird nach Ihrer Auffassung getan, um die Parkanlagen für die folgenden Aktivitäten brauchbar zu machen: Sport, Picknick, Spaziergänge, die Pflanzen geniessen, mit Hunden arbeiten, ruhige Erholung, Spiel mit Kindern, Familienausflug?
- Wie oft waren Sie im Botanischen Garten?
- Wie oft waren Sie in den verschiedenen Parks, gegliedert nach: grosse Sportplätze, kleine Parks mit Kinderspielplätzen, andere?
- Wie gut werden die Parkanlagen gepflegt?

---

[1] Christchurch City Council, Annual Survey of Residents 1993, commissioned by the Christchurch City Coucil, developed and conducted by the Department of Statistics. Übersetzung: K. Schedler

Community Centers[2]
- Kennen Sie Ihr zuständiges Community Center?
- Waren Sie in Ihrem Community Center?
- Waren Ihre Kinder in Ihrem Community Center?

Resident's Groups[3]
- Welche Art von Kontakten haben Sie mit dem lokalen Bürgerkommittee gehabt (verschiedene Optionen)?

Anlässe und Unterhaltung
- Wie oft waren Sie an Anlässen der Stadt?
- Wie oft haben Sie Unterhaltungen im Kulturzentrum der Stadt besucht?
- Was halten Sie von Unterhaltungen im Kulturzentrum der Stadt?

Sport und Freizeitgestaltung
- Haben Sie sich körperlich betätigt (wenn ja, wie oft)?
- Wie oft haben Sie an organisierten sportlichen Aktivitäten teilgenommen?
- Wie oft haben Sie selbständig Sport betrieben?
- Wie oft haben Sie an organisierten Freizeitaktivitäten teilgenommen?
- Gibt es Aktivitäten, die Sie gerne unternehmen möchten, zu denen die Möglichkeiten in Christchurch fehlen?
- Gibt es genügend Sport- und Freizeitaktivitäten?
- Fühlen Sie sich allein oder isoliert?

Bibliotheken
- Wie oft besuchen Ihre Kinder die Bibliothek?
- Wie oft besuchen Sie selbst die Bibliothek?
- Zu welchem Zweck besuchen Sie die Bibliothek: Bücher, Information, Bücher und Information?
- Wie zufrieden sind Sie mit den Einrichtungen und dem Service zur Ausleihe von Büchern?

---

[2] Dabei handelt es sich um 'Aussenstellen' der Stadtverwaltung, wo die Bürger praktisch alle Kontakte zur Verwaltung erledigen können. Christchurch hat 6 solche Aussenstellen.

[3] Resident's Groups sind lokale Bürgerkommitees, die sich mit Fragen der Stadtverwaltung aus ihrer Sicht befassen. Sie werden regelmässig in politische Entscheidungen miteinbezogen und haben teilweise sogar Anteil am Budgetprozess.

- Wie zufrieden sind Sie mit den Dienstleistungen beim Einholen von Informationen?

Kunstgalerie
- Wissen Sie, wo die Kunstgalerie McDougall ist?
- Wie oft haben Sie die Kunstgalerie besucht?
- Wie zufrieden sind Sie mit der Kunstgalerie?

Kulturzentrum (Town Hall)[4]
- Kann Christchurch stolz auf sein Kulturzentrum sein?
- Wie oft waren Sie im Kulturzentrum der Stadt?
- Ist das Kulturzentrum eine gute Sache?
- Sind die Dienstleistungen im Kulturzentrum gut?

Stadtzentrum (City Centre)
- Warum besuchen Sie das Stadtzentrum?
- Wie oft haben Sie das Stadtzentrum aus nicht-geschäftlichen Gründen besucht?

Beratungsstellen
- Gab es Probleme, zu denen die Stadt keinen Rat geben konnte?
- War die Auskunft hilfreich?
- War es einfach, eine Auskunft zu erhalten?

Öffentliche Toiletten
- Wie zufrieden sind Sie mit den öffentlichen Toiletten: Anzahl im Stadtzentrum, Anzahl in der ganzen Stadt, Sauberkeit, Verfügbarkeit des Toilettenangebots, Unterhalt?

Beschwerden
- Wie oft wurden Sie gestört durch bellende Hunde, streunende Hunde, Lärm der Nachbarn, Industrielärm, Lärm aus Unterhaltungsanlässen, Rauch offener Feuer, Luftverschmutzung?
- Wie oft haben Sie sich deswegen beschwert?
- Wie erleben Sie das Hundeproblem verglichen mit vor einem Jahr?

---

[4] Die Town Hall ist nicht Verwaltungsgebäude, sondern in erster Linie Begegnungsort für die Bürger. Ausstellungen, Unterhaltungen, Restaurants usw. sind dort zu finden. Vergleichbar ist sie etwa mit einem städtischen Kulturzentrum, wie es in der Schweiz üblich ist.

Abfälle
- Wieviele Abfälle liegen in der Nachbarschaft verglichen mit vor einem Jahr?
- Wieviele Abfälle liegen in Einkaufszentren verglichen mit vor einem Jahr?
- Wieviele Abfälle liegen in Parkanlagen verglichen mit vor einem Jahr?

Gewässer
- Empfanden Sie überflutete Strassen als ein Ärgernis?
- Haben Sie persönlich Probleme festgestellt mit Überflutungen, Abfall oder anders verschmutzten Gewässern, unstabilen Sandbanken, Gestank, Ungeziefer, Gefahren für Kinder?

Abfallentsorgung und Recycling
- Wie gut ist die Abfallentsorgung der Stadt?
- Ist die wöchentliche Abfallsammlung ausreichend?
- Gibt es genügend Möglichkeiten, Abfall los zu werden?
- Unternimmt der Stadtrat genug, um Recycling zu fördern?
- Rezyklieren Sie selbst?
- Was haben Sie rezykliert?

Wasserversorgung
- Was halten Sie vom Wasser in der Stadt: Geschmack, Klarheit, Wasserdruck?
- Haben Sie Probleme mit Versorgungsausfällen gehabt?
- Sind Sie der Meinung, die Stadt leide unter Wasserknappheit?

Verkehrsverbindungen
- Wie einfach ist es, sich in der Stadt mit einem Motorfahrzeug zu bewegen (Verkehrsfluss)?
- Wie sicher fühlen Sie sich mit einem Motorfahrzeug in der Stadt (Verkehrsunfälle)?
- Wie sicher fühlen Sie sich, wenn Sie zu Fuss in der Stadt unterwegs sind (ausgenommen Kriminalität)?
- Wurde genug für die Radfahrer getan?
- Wurde genug für Busreisende unternommen?

Stadtumgebung
- Hat der Stadtrat genügend unternommen, um Einkaufsregionen in eigentliche Zentren umzuwandeln?

- Hat der Stadtrat genügend unternommen, um Belästigungen durch Strassenarbeiten zu minimieren?
- Wie gut werden Fussgängerwege und Strassen wiederhergestellt, nachdem diese aufgerissen waren?
- Wie zufrieden sind Sie mit Ihren lokalen Fussgängerwegen?
- Falls Sie unzufrieden sind, was ist falsch: ungenügende Anzahl, Aussehen, rauhe oder defekte Oberfläche, anderes?
- Sind die Strassen genügend beleuchtet?
- Wie zufrieden sind Sie mit der Strassenbeschilderung?
- Wie empfinden Sie das Ausmass des Verkehrs in Ihrer Strasse?

Parkieren
- Wie einfach ist es, einen Parkplatz im Stadtzentrum zu finden?
- Wie einfach ist es, einen Parkplatz in der näheren Umgebung des Stadtzentrums zu finden?
- Wie einfach ist es, einen Parkplatz anderswo in der Stadt zu finden?

Veränderungen in der Stadt
- Wissen Sie etwas über Veränderungen?
- Wenn ja, sind Sie damit einverstanden?
- Sollten bestimmte Arten der Veränderung nicht erlaubt sein?
- Wurde die Stadt besser in den letzten 12 Monaten?
- Wurde das Stadtzentrum besser in den letzten 12 Monaten?
- Wurde die Stadt besser in den letzten Jahren?
- Hat sich die Stadt - von der Strasse aus gesehen - im letzten Jahr verbessert?
- Hat sich die Auswahl an Einkaufsläden und deren Nutzen verbessert?

Leben in Christchurch
- Wie zufrieden sind Sie mit der Stadt als einem Ort zu leben, zu arbeiten und die Freizeit zu verbringen?

Stadtslogan[5]
- Kennen Sie den Stadtslogan?

---

[5] Der Stadtslogan wird als Indiz für die Marketingmassnahmen der Stadt betrachtet. Er heisst: Christchurch, the Garden City - The City that Shines.

Kontakte mit dem Stadtrat
- Wie oft sind Sie im Rathaus im Stadtzentrum gewesen?
- Wie oft sind Sie in einem Service Centre gewesen?
- Wie war der Service, wenn Sie Kontakt mit den Behörden hatten: freundliche Beamte, Fachkompetenz, Klarheit der Auskunft, Schnelligkeit?
- Welche Kontaktstellen sind gut erreichbar?
- Wie war der Service im telefonischen Kontakt: wie schnell der Anruf entgegengenommen wurde, wie schnell mit der richtigen Person verbunden, Hilfsbereitschaft der Mitarbeiter, Fachkompetenz, Klarheit der Auskunft, freundliche Beamte?
- Wie oft haben Sie die Behörden angerufen?
- Wie oft wurden Sie von einem Vertreter der Behörden besucht?
- Wie war der Service, wenn ein Besuch stattfand: unverzüglich, hilfsbereit, fachkompetent, klar, schnell, freundlich?

Gebühren
- Erinnern Sie sich, ein Merkblatt zum Thema Gebühren erhalten zu haben?
- Wie einfach war es, die Informationen im Merkblatt zu verstehen?
- Waren die Informationen ausreichend?
- Wie genau wissen Sie, wieviel Gebühren Sie bezahlen?
- Ist die Wertschöpfung pro eingesetzte Gebühren ausreichend in den verschiedenen Bereichen (einzeln genannt)?
- Wenn Sie in drei Bereichen mehr und in drei weniger Gebühren ausgeben würden, wo wäre dies der Fall?

Zusätzliche Fragen zur öffentlichen Meinung
- Wie oft waren Sie im Museum?
- Wie zufrieden waren Sie mit Ihrem Besuch im Museum?
- Kennen Sie den Namen Ihres Stadtbezirks[6]?
- Was ist Ihre Meinung zu Aussagen betreffend den Busservice der Stadt:
  - Angebot für Leute ohne Privatwagen
  - Reduziert den Privatverkehr, damit weniger Staus

---

[6] Christchurch ist unterteilt in sechs Bezirke, die jeweils von einem Community Board mitverwaltet werden. Jedes Board hat einen Namen, damit auch der Bezirk. Original: ... the name of your local Community Board.

- Reduziert den Privatverkehr, damit weniger gefährliche Umweltverschmutzung
- Wird noch wichtig, wenn der Benzinpreis steigt
- Entspricht das Angebot an Busverbindungen den Bedürfnissen Ihres Haushalts?
- Erhält die Stadt genügend Gegenwert für die eingesetzten Gebühren und Steuern im Busverkehr?
- Wie gut fühlen Sie sich informiert über die Aktivitäten des Stadtrates?
- Auf welche Art wurden Sie über die Aktivitäten des Stadtrates informiert?
- Wussten Sie, dass Sie Eingaben zum Jahresplan-Entwurf des Stadtrates machen können?
- Gibt es Verbesserungsmöglichkeiten, wenn die Bürger informiert werden sollen?

2. CHECKLISTE FÜR DIE PRÜFUNG EINES KONTRAKTS

2.1. Rahmenkontrakt

1. **Hinweise auf generelle Regelungen (Verordnungen etc.)**
   Allgemeine gesetzliche Grundlagen erwähnt ❑
   Spezialgesetze erwähnt ❑
   Subsidiarität des Kontraktes gegenüber den Verordnungen geregelt ❑

2. **Kontraktparteien**
   Parteien korrekt erwähnt ❑

3. **Dauer des Rahmenkontrakts**
   Abstimmung mit zentralem Steuerungsdienst erfolgt ❑

4. **Produktgruppen**
   Produktgruppen vollständig ❑
   Verdichtungsgrad genügend ❑
   Messbare Ziele vorhanden ❑
   Indikatoren pro Gruppe vorhanden ❑
   Kunden klar definiert ❑

5. **Besondere Regelungen (abweichend/ergänzend)**
   - Personal
   Genereller Hinweis auf bestehende Regelungen ❑
   Plafondsänderungen geregelt ❑
   Soziale Absicherung/Frauenförderung ❑

   - obligatorische Leistungen
   Generelle Regelung zur Berechnung der Kontraktsumme ❑
   Rechtliche Bindung an Produktgruppe oder Dienststelle geregelt ❑
   Regelung für Verluste und Gewinne ❑

   - kommerzielle Leistungen
   Grundsätzliche Genehmigung kommerzieller Tätigkeit ❑
   Vorschrift des Führens einer Kostenrechnung ❑
   Limitierung der kommerziellen Tätigkeit (Umsatz/Art) ❑
   Anlagebenützung für kommerzielle Zwecke erlaubt/nicht erlaubt ❑ ❑
   Berechnung einer Benützungsgebühr ❑

- **Investitionen**
    Hinweis auf gültige Regelungen ☐
    Investitionen aus Globalkredit ☐
    Investitionen zur Produktivitätssteigerung (über Zusatzkredite) ☐

- **Zahlungskonditionen und Rechnungsführung**
    Ort der Rechnungsführung geregelt ☐
    Ort der Zahlungsvornahme geregelt ☐
    Bewirtschaftung des Globalkredits geregelt ☐
    bei Dritten: Auszahlungen geregelt ☐
    Budgetierung in NRM-Aufwandarten (für Finanzstatistik) ☐

- **Beiträge an und von Dritten (Subventionen)**
    Kompetenzdelegation für Subventionsvergabe an Dritte ☐
    Verwendung von Subventionen vom Bund geregelt ☐

- **Versicherungen**
    Haftung für Betriebsunfälle geregelt ☐
    ev. Pflicht zum Abschluss einer Zusatzversicherung ☐

6. **Kompetenzen und Kompetenzvorbehalte**
    Auflistung von Entscheiden, die zwingend höher anfallen ☐
    Kontrollen durch Departement geregelt ☐
    Prüfungen durch Revisionsstelle geregelt ☐
    Bewilligung für Subkontrakte erteilt/nicht erteilt ☐
    Veranwortlichkeit für Subkontrakte geregelt ☐

7. **Aufsicht Departement**
    Aufsichtsmassnahmen des Departements geregelt ☐
    Informationspflicht gegenüber dem Departement ☐
    Schlichtungsstelle bestimmt ☐

8. **Qualitätssicherung und Reporting**
    Frist für die Einreichung des Qualitätssicherungsplans geregelt ☐
    Kontrollierbarkeit der Qualitätsmassnahmen geregelt ☐
    Berichtsrhythmus geregelt ☐
    Berichtsinhalte geregelt (inkl. Indikatoren) ☐
    Konzernindikatoren festgehalten (z.B. Personalkennzahlen) ☐

9. **Änderungen und Auflösung des Kontraktes**
   Auflösungsgründe geregelt ❑
   Auflösungsfristen geregelt ❑
   Änderungsprozedere während der Kontraktdauer geregelt ❑

2.2. Jahreskontrakt

1. **Übersichtsliste der Produkte geordnet nach Produktgruppen, mit Menge, Erlösen und Kosten (netto)**
   Für jedes Produkt ein Blatt ❑
   Indikatoren pro Produkt vorhanden und brauchbar ❑
   Produkte sind richtig definiert ❑
   Kosten sind richtig errechnet ❑

2. **Kontraktsumme**
   Art der Berechnung klar definiert ❑
   Behandlung von Mengenschwankungen geregelt ❑
   Kontraktsumme als Brutto- und Nettoposition ausgewiesen ❑

3. **Jahresziele, z.B. Tätigkeiten für Spezialprojekte**
   Spezialprojekte vollständig ausgewiesen ❑
   Kostenwirkungen geregelt ❑

Anhang

3. ARBEITSBLÄTTER

3.1. Produktgruppen-Blatt

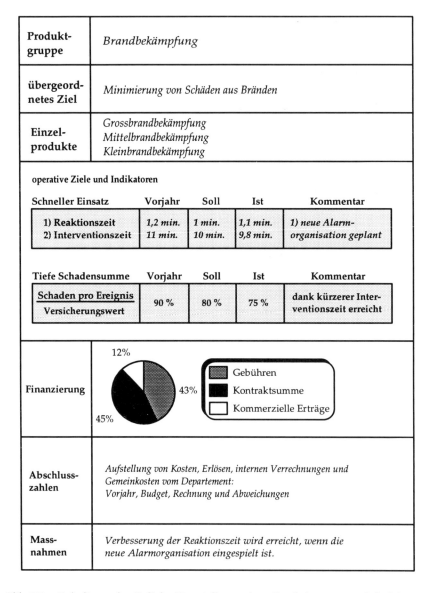

Abb. 71: Inhalte und mögliche Darstellung einer Produktgruppendefinition

Arbeitsblätter

3.2. Indikatoren-Blatt

gemessene Zielsetzung	Minimierung von Schäden bei Bränden
betroffene Produkte	Brandbekämpfung
Indikator	Schadensumme pro Ereignis
Visualisierung	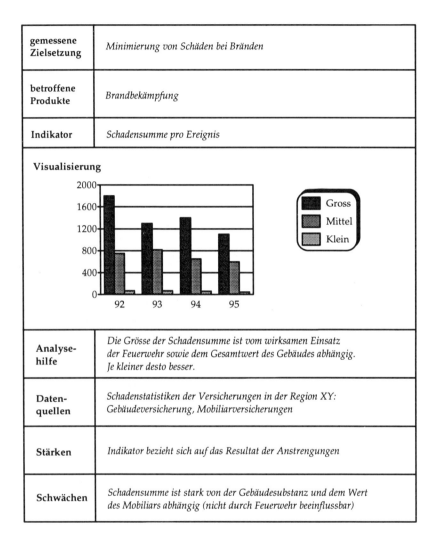
Analysehilfe	Die Grösse der Schadensumme ist vom wirksamen Einsatz der Feuerwehr sowie dem Gesamtwert des Gebäudes abhängig. Je kleiner desto besser.
Datenquellen	Schadenstatistiken der Versicherungen in der Region XY: Gebäudeversicherung, Mobiliarversicherungen
Stärken	Indikator bezieht sich auf das Resultat der Anstrengungen
Schwächen	Schadensumme ist stark von der Gebäudesubstanz und dem Wert des Mobiliars abhängig (nicht durch Feuerwehr beeinflussbar)

Abb. 72: Inhalte und mögliche Darstellung einer Indikatorenbeschreibung

Anhang

3.3. Produktdarstellung in Christchurch

Produktkategorie	Ruhender Verkehr		
Produkt	Bewirtschafteter Parkraum		
Kostenanalyse	(in NZ$)	1991/92	1992/93
	Direkte Kosten	4'262'971	4'363'550
	Gemeinkosten	1'376'217	1'435'146
	Abschreibungen	119'500	177'700
(1)	Total Kosten	5'857'668	5'976'396
	Betriebsertrag	(6'876'500)	(6'637'000)
	Interne Verrechnungen	-	(82'000)
(2)	Gesamtertrag	(6'876'500)	(6'719'000)
(1)-(2)	Nettokosten	(1'117'812)	(742'604)
	Kapitalkosten	52'190	85'200
	Produktkosten	(1'065'622)	(674'404)
	Nettoinvestitionen	572'000	178'000
Gewinnanalyse	(in NZ$)	1991/92	1992/93
	Bussen	39'005	168'397
	Parkgebühren	1'026'617	489'007
Planwerte			
	Gewinn 1993/94	657'404	
	Gewinn 1994/95	657'404	
Zielsetzung			
	Schaffung einer geeigneten Anzahl Parkplätze zur Erhöhung der Verkehrssicherheit und der Parkplatzdisziplin		
Ressourcen			
	9 öffentliche Parkplätze (davon 4 Parkhäuser) mit insgesamt 2'687 Plätzen		
	2'296 offene Parkplätze		
Zielsetzungen für 1992/93	Einführung eines automatischen Kontrollsystems Einführung zentraler Parkplatzkassen Informationskampagne für die Erhöhung der Parkierdisziplin		
Indikatoren	Zufriedenheit mit Parkplatzgebühren	63%	
	Zufriedenheit mit der Parkplatzkontrolle	80%	
	Durchschnittlicher Belegungsgrad der Parkplätze	50%	
	Belegungsgrad zwischen 11 und 15 Uhr	85%	
Finanzierung	100% benutzerfinanziert		

Abb. 73: Produktdarstellung in Christchurch (Quelle: Budget 1992/1993 von Christchurch, Neuseeland)

Arbeitsblätter

3.4. Kennzahlen zum Produktionsprozess: Beispiel Sicherheit

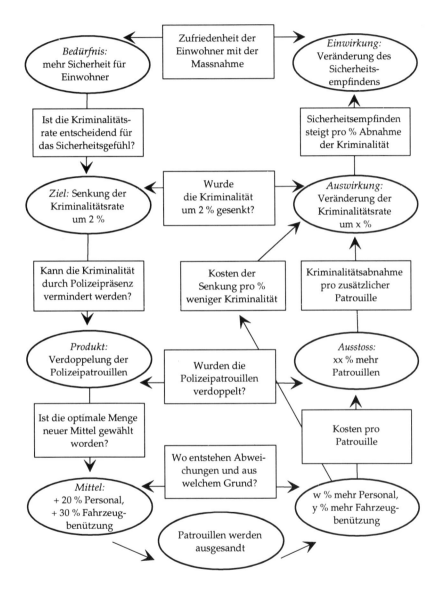

Abb. 74: Kennzahlenbildung im Produktionsprozess

Verzeichnisse

Abkürzungsverzeichnis

Abb.	Abbildung
Aufl.	Auflage
Bd.	Band
BGE	Bundesgerichtsentscheid
BGer	Bundesgericht
bzw.	beziehungsweise
DAS	Department of Administrative Services
d.h.	das heisst
EDMZ	Eidgenössische Drucksachen- und Materialzentrale
EFK	Eidgenössische Finanzkontrolle
Eidg.	Eidgenössisch(e)
f	folgende Seite
FDK	Finanzdirektorenkonferenz (Konferenz der kantonalen Finanzdirektoren)
ff	folgende Seiten
FHG	Finanzhaushaltsgesetz
FiKo	Finanzkontrolle
GAO	General Accounting Office (U.S.A.)
GPK	Geschäftsprüfungskommission
GWA	Gemeinkosten-Wertanalyse
IFF-HSG	Institut für Finanzwirtschaft und Finanzrecht an der Universität St. Gallen
IGE	Institut für Geistiges Eigentum
INTOSAI	Auditing Standards Committee der International Organization of Supreme Audit Institution; deutsche Übersetzung: Normenausschuss für die Finanzkontrolle der Internationalen Organistion der Obersten Rechnungskontrollbehörden
Jg.	Jahrgang
KGSt	Kommunale Gemeinschaftsstelle für Verwaltungsvereinfachung
NAO	National Audit Office
NEF 2000	Neue Verwaltungsführung 2000 (Projekt des Kantons Bern)
NFP	Nationales Forschungsprogramm
NPM	New Public Management
NPO	Nonprofit-Organisationen
NSB	Neue Stadtverwaltung Bern (Projekt der Stadt Bern)
NSW	New South Wales (Australien)
NZ	Neuseeland
NZZ	Neue Zürcher Zeitung

o.J.	ohne Jahresangabe
ORKB	Oberste Rechnungskontrollbehörden
PM	Performance Measurement
PPBS	Planning, Programming and Budgeting System
PTT	Schweizerische Bundespost
RHB	Revisionshandbuch der Schweiz
S.	Seite(n)
SBB	Schweizerische Bundesbahnen
SMA	Schweizerische Meteorologische Anstalt
Tab.	Tabelle
u.ä.	und ähnliche(s)
u.a.	und andere(s); unter anderem
USA	United States of America
usw.	und so weiter
vgl.	vergleiche
WOV	Wirkungsorientierte Verwaltung (Projekt des Kantons Luzern)
z.B.	zum Beispiel
ZBB	Zero Based Budgeting

Stichwortverzeichnis

Abfallentsorgung, 265
Abschreibung, 164
Abstimmung, 38
Accountability, 8
Administration 2000, 246
Agency, 220
Akteur
  im politischen System, 7
Aktivität, 56
Anlage
  betriebsnotwendige, 153
Anreiz zu wirtschaftlicher Beschaffung, 190
Anreizsystem, 29
ATAG Ernst & Young, 27
Audit Commission (UK), 181
Audits, 174
Auftrag
  Departements~, 138
  politischer, 135

Äquivalenzprinzip, 39

Beamtenstatus, 224
Beamtenrecht, 246
Begründungszwang, 203
Benchmarking, 199
  Anforderungen, 206
  fördernde Faktoren, 206
  Voraussetzungen, 205
Bertelsmann Stiftung, 207
Beschaffungsauftrag, 138
Besoldungssystem, 33
Best Practice, 202
Bestandesrechnung, 153
Bestandsgefährdung, 242

Betrieb, 165
  Konsolidierung, 167
Bibliothek, 263
Blue colour workers, 225
Bombenwurfstrategie, 243
Bruttoprinzip, 149
Budget
  Jährlichkeit, 149
Bürger, 103
Bürgeramt, 37; 124
Bürgerbefragung
  Christchurch, 262
Büropathologie, 5

Cash-Management, 234
Christchurch
  Organisation, 123
Citizen's Charter, 181; 207
City Manager, 121
Community Board, 123
Community Center, 263
Compliance audit, 175
Comprehensive audit, 177
Contracting In, 132
Contracting Out, 13; 132
Controlling, 108
  Instrumente, 129
  Personal~, 229
  Strukturen, 97
  und Revision, 179
Council Committee, 123

Datenvergleich, 209
Delegation, 29
Demokratie
  direkte, 38; 103
Departement, 115

Verzeichnisse

~sdienst, 117
Generaldirektor, 116
Weisungsrecht, 146
Departementsauftrag, 138
Departementsorientierte Regierung, 116
Department of Administrative Services (DAS), 220
Deutschland
 Duisburg, 26
 Mellrichstadt, 37
 Offenbach, 243
 Schwachpunkte des Verwaltungsmanagements, 12
Dezentralisierung, 66; 93
Dienstleistung, 218
 interne vs. externe, 56
Dienstverhältnis, 224
Duopol, 98

EDV-Support, 218
EFFI, 17
EFFISTA, 17
Einwirkung, 70
Einwohner
 befragung, 26
 Befragung (Christchurch), 262
Enabling Authority, 106
Entwicklungsfähigkeit, 260

FDK-Rechnungsmodell, 153; 164
Federal Quality Institute (USA), 206
Feuerwehr
 Indikatoren, 182
Finalsteuerung, 15
Financial audit, 175
Finanzausgleich, 155
Finanzhaushaltsrecht, 246
Finanzplanung, 86
Finanzreferendum, 103

Ford, Henry, 40
Förderung
 Qualitäts~, 29
Franchise-Modell, 131
Free Commune Experiments, 12
Fremdkontrolle, 28
Führungsgrundsätze, 218

Gebühr, 267
Geld, 211
Gemeinde
 ~schreiber, 121
 ~versammlung, 121
 kleine, 121
 Organisation, 124
Gemeinkosten-Wertanalyse, 3; 17; 246; 250
Geschäftsführungsprüfung, 176
Gewährleistungsverwaltung, 106
Gewerkschaft, 221
Globalbudget, 99; 148; 191
 Varianten, 150
Globalkredit, 150
Good Employer, 224
Grossbritannien, 33
Gutschein, 132; 198

Haushaltsgrundsätze, 148
Headhunter, 122
Hoheitsverwaltung, 187
Honorierung, 222

Impact, 69
Indikator
 Formulierung, 75
 Wirkungs~, 74
Informationsverdichtung, 170
Innovationsstrategie, 241
Input, 67
Input-Prozess-Output Modell, 49

Instrument
    der wirkungsorientierten
    Verwaltungsführung, 129
Interne Kredite, 235
INTOSAI, 174
Investition, 137

Jahreskontrakt, 141
    Checkliste, 271

Kennzahl
    Verdichtung, 170
Kommerzielle Tätigkeit, 248
Kommunikation, 218
Kongruenz
    Bezug und Lieferung, 220
    ~prinzip, 39
Konkurrenz, 211
Konsolidierung, 166
Konstellationsmodell, 6
Kontrolle, 180
Kontrakt, 139
    Änderung, 143
    Checkliste, 269
    Management, 146; 245
    Raster, 140
    Summenberechnung, 154
Kontrolle, 179
    Selbst~ vs. Fremd~, 28
Konzernfunktion, 218
Koordination, 218
Kostenrechnung, 67; 157
    Zweck, 167
Kritik
    am Benchmarking, 205
    am FDK-Rechnungsmodell, 164
    an der wirkungsorientierten
    Verwaltungsführung, 43
    am Personalstopp, 227
Kunde
    ~norientierung, 36; 243

und Qualität, 25
Kundenbefragung, 25
Kundenorientierung, 22
Kunstgalerie, 264

Lean Administration, 40
Lean Management, 45
Lean Service, 40
Legislaturplanung, 86
Leistung
    ~sindikatoren, 72
    ~splanung, 86
    ~sprozess, 67
    ~svereinbarung, 130; 148
    ~sverwaltung, 187
Leistungserbringer, 118
Leistungsfinanzierer, 102
Leistungskäufer, 106
Lenkung
    Qualitäts~, 27
Lernende Organisation, 200; 242

Maastricht, 2
Management-Holding, 92
Managerialismus, 42
Markt, 98
    ~orientierung, 8
    Definition, 186
Materialbeschaffung, 218
Mayo, 40
McNamara, Robert, 16
Megatrends, 20
Meteorologische Anstalt, 248
Ministre juge, 95
Misserfolgsindikatoren für Innovationen, 253
Mittel
    ~verbrauch, 67
Mittel-Wirksamkeit, 79

Nachfragemonopol, 98

National Performance Review, 10; 19
Neues Rechnungsmodell, 164
Neues Steuerungsmodell, 12; 128
Neuseeland, 10
    Christchurch, 26; 223
    Gesundheitsreform, 100
New Public Management, 3; 11
    Grundlagen, 20
Nichterfüllung
    des Kontrakts, 144
Niederlande
    Einführungsstrategie, 244
Nonprofit-Organisationen, 120
Normative Ebene, 102

OPTA, 17
Opus-Technik, 27
Ordnungsprüfung, 175
Organisation, 14
Organisationsrecht, 246
Outcome, 68
Output, 68
Outsourcing, 13; 22; 119; 172

Öffentliche Finanzen, 2
Öffnungszeiten, 37

Parlament, 104
    Gemeinden mit ~, 100
Parteimitgliedschaft
    von Beamten, 122
Performance
    Audit, 177
Performance Budgeting, 3
Performance Measurement, 49; 70
Personal
    ~führung, 223
    ~funktion, 221
    ~politik, 221

~stopp, 226
Pflichtkonsum, 190; 219
Phoenix, 122
Pilotprojekt, 245; 249
Planning Programming Budgeting System (PPBS), 3; 16
Planung
    ~sprozess, 49
    Qualitäts~, 25
Policy Analysis, 16
Politische Betätigung, 122
Polizei, 99
Principal Agent Theorie, 45
Prinzip Verantwortung, 8
Privatisierung, 211
Produkt
    ~orientierung, 148
    Definition, 53
    Eigenschaften, 55; 56
    kommerzielles, 58; 155
    obligatorisch vs. freiwillig, 58
    obligatorisches, 220
    Referendum, 103
Produktbudget
    Darstellung, 136
    Definition, 135
    Inhalt, 135
Produktion, 65
Produktionsprozess, 8
Profit-Center, 189
Profitcenter, 95
Prozessoptimierung, 3
Prozessorientierung, 8
Public Choice Theorie, 45

Qualität
    ~sförderung, 29
    ~smanagement, 21
    ~splanung, 25
    ~ssicherung, 28; 199
    ~steam, 29
    ~swettbewerb, 29; 207

~szirkel, 30
Definition, 22
der Demokratie, 38
Dimensionen, 34
Qualitative Budgetbindung
(Spezifikation), 148
Quantitative Budgetbindung
(Spezifikation), 148
Querschnittsfunktion, 218

Rahmenkontrakt, 141
    Checkliste, 269
Rationalisierung
    durch Personalstopp, 226
Reagonomics, 3
Rechnungsabschluss, mehrstufiger, 168
Rechnungslegung
    Grundsätze, 149
Rechtmässigkeitsprüfung, 175
Recycling, 265
Referendum
    Finanz~ vs. Produkt~, 104
Reformkultur, 247
Regiebetrieb, 177
Regierungsreform, 117
Regional Health Authority, 100
Regulierung, 186
Reinventing Government, 11
Reinvestition, 153
Reorganisationsprojekt, 241
Reservebildung, 153
Resident's Group, 263
Revision, 174
    drei Säulen, 174
    interne und externe, 176
    und Controlling, 181
Revisionshandbuch, 177
Rolle
    Trennung, 98

Saarland, 31

Sachziel, übergeordnetes, 52
Schlanke Verwaltung, 13; 40
Schlechterfüllung
    des Kontrakts, 144
Schlichtungsstelle, 146
Schwimmbad, 262
Seilschaft
    politische, 122
Selbstkontrolle, 28
Service Zentrum, 124
Sozialbeitragsmodell, 133
Sparpotential, 203; 224
Speyer
    Hochschule für Verwaltungswissenschaften, 207
Speyerer Qualitätswettbewerb, 32
Spezifikation, 148
Sponsor, 260
St. Galler Managementmodell, 6
Stadtslogan, 266
Stakeholder
    und Qualität, 25
Standards of Performance, 207
Stellen
    ~abbau, 223
    ~bewirtschaftung, 226
Steuerung
    Elemente, 127
    Instrumente, 129
Strategie
    Portfolio, 242
Strategie-Holding, 116
Struktur, 100
Subventionsvertrag, 141
System
    politisches, 6

Take-off Strategie, 246
Taylorismus, 40
Thatcherism, 10
Thatcherismus, 3

Tilburg
  Produkte, 58
Tilburger Modell, 11; 245
Total Quality Management, 21; 45

Umsysteme, 48
Unabhängigkeit
  der Revisionsstelle, 182
Unternehmerrisiko, 226
Unverantwortlichkeit, 242
USA
  Austin, 35

Value for money, 102
Value for money audit, 177
Verantwortlichkeit, 92
  des Managers, 146
  Vergrösserung, 147
Verantwortung
  Dezentralisierung, 222
Vereinbarung
  Abweichungen, 143
  Ebenen, 134
  Nicht-/Schlechterfüllung, 144
Vereinbarungsmanagement, 146
Verkehrsbetriebe, 161
Verrechnung
  interne, 167
Verwaltung
  ~skultur, 221
Verwaltungskontrolle, 177
Verwaltungskultur, 8; 32
Vieraugenprinzip, 28

Wasserversorgung, 265
Weber, Max, 6
Wettbewerb, 13
Willkür
  Schutz vor politischer ~, 146
Wirkung

~skontrolle, 14
~sprüfung, 173; 177
~srechnung, 161
Wirkungsindikator
  Anforderungen, 74
Wirkungsorientierte
  Steuerung, 128
Wirtschaftlichkeit, 80
WOV
  Kultur, 251

Zeitliche Budgetbindung
(Spezifikation), 149
Zentraler Steuerungsdienst, 108
Zero Based Budgeting, 3; 16
Ziel
  ~formulierung, wirkungs-
    orientierte, 52
  ~kongruenz für Innovatio-
    nen, 242
  ~setzung, 51
Zweckmässigkeit, 22
Zweckmässigkeitsprüfung, 175

LITERATURVERZEICHNIS

Administration 2000, (o.J.): Warum "Administration 2000"?, Sion: Kantonale Verwaltung des Kantons Wallis

Antoni Conny/Bartscher Susanne/Bungard Walter, (1992): Zur Uebertragbarkeit des Qualitätszirkel-Konzeptes vom Produktions- auf den Büro-/Verwaltungsbereich, in: Bungard 1992, S. 241 - 259

ATAG Ernst & Young/Imboden, Carlo, (1994): Organizational Change Management. Wie erfolgreich umsetzen? Internes Arbeitspapier der ATAG Ernst & Young Consulting, Bern

Audit Commission, (1994): Watching their Figures. A guide to the Citizen's Charter indicators, London: HMSO

Auditing Standards Committee der International Organization of Supreme Audit Institutions (INTOSAI), (1992): Auditing Standards, Vienna: June 1992

Baldersheim, Harald, (1993): Die "Free Commune Experiments" in Skandinavien: Ein vergleichender Überblick, in: Banner/Reichard 1993, S. 27 - 41

Ballard, Steven, (1994): Organizational Change "Failure Indicators", in: The Public Innovator, no. 17/1994, S. 5

Banner, Gerhard, (1991): Von der Behörde zum Dienstleistungsunternehmen, in: VOP 1/1991, S. 6 - 11

Banner, Gerhard, (1993): Die internationale Entwicklung im kommunalen Management und ihre Rezeption in Deutschland, in: Banner/Reichard 1993, S. 185 - 196

Banner, Gerhard/Reichard, Christoph (Hrsg.), (1993): Kommunale Managementkonzepte in Europa, Köln: Kohlhammer

Barnett, Camille Cates, (1994): Quality Where the Rubber Hits the Road, in: The Public Innovator, no. 17/1994, S. 3 - 5

Barth, Helmut, (1994): Den Outsourcing-Vertrag wasserdicht machen, in: Office Management, Nr. 9/1994, S. 80 - 81

Barthel, Christian, (1994): Innovationsmanagement für die Verwaltungsreform in der Stadtverwaltung Offenbach, in: Die Verwaltung. Zeitschrift für Verwaltungswissenschaft, 27. Band 1994, Heft 4, S. 546 - 556

Bauer, Helfried, (1991): Auswertung der Kostenrechnung. Zwecke, Vorgehensweisen und praktische Beispiele, in: Verwaltungsmangement 1989, Nachlieferung August 1991, Kap. F 3.6

Becker, Bernd, (1989): Öffentliche Verwaltung. Lehrbuch für Wissenschaft und Praxis, Percha: Schulz

Bendell, Tony/Boulter, Louise/Kelly, John, (1993): Benchmarking for Competitive Advantage, London: Pitman

Bertelsmann Stiftung (Hrsg.), (1993): Carl Bertelsmann Preis 1993. Demokratie und Effizienz in der Kommunalverwaltung, Band 1, Dokumentationsband zur internationalen Recherche, Gütersloh: Bertelsmann

Bichsel, Thomas, (1994): Die strategische Führung der öffentlichen Verwaltung. Grundzüge eines Verfahrens zur Bestimmung und Einführung einer strategischen Führungskonzeption, Chur, Zürich: Rüegger

Biehal, Franz, (1993): Dienstleistungsmanagement und die schlanke Organisation, in: Franz Biehal (Hrsg.), Lean Service. Dienstleistungsmanagement der Zukunft für Unternehmen und Non-Profit-Organisationen, Bern, Stuttgart, Wien: Paul Haupt, Wien: Manz, S. 9 - 67

Bitzer, Marc, (1991): Intrapreneurship - Unternehmertum in der Unternehmung, Entwicklungstendenzen im Management, Band 5, Zürich: NZZ und Stuttgart: Poeschel

Blaug, Mark, (1991): An Introduction to the Economics of Education, Hampshire: Gregg Revivals

Bolz, Urs, (1994): Rechtsgrundlagen sowie gesetzgeberische Varianten zur Flexibilisierung der Schweizerischen Meteorologischen Anstalt (SMA), Rechtsgutachten im Auftrag der Schweizerischen Meteorologischen Anstalt, Bern

Bösenberg, Dirk/Metzen, Heinz, (1993): Lean Management. Vorsprung durch schlanke Konzepte, 3. Auflage, Landsberg: Moderne Industrie

Brace, Paul K./Elkin, Robert/Robinson, Daniel D./Steinberg, Harold I., (1980): Reporting of Service Efforts and Accomplishments, New York: Financial Accounting Standards Board.

Brede, Helmut/Buschor, Ernst (Hrsg.), (1993): Das neue öffentliche Rechnungswesen. Betriebswirtschaftliche Beiträge zur Haushaltsreform in Deutschland, Österreich und der Schweiz, Schriften zur öffentlichen Verwaltung und öffentlichen Wirtschaft, Band 133, Baden-Baden: Nomos

Budäus, Dietrich, (1994): Public Management. Konzepte und Verfahren zur Modernisierung öffentlicher Verwaltungen, 2. Aufl., Berlin: Ed. Sigma

Bungard Walter (Hrsg), (1992): Qualitätszirkel in der Arbeitswelt, Göttingen, Stuttgart: Verlag für Angewandte Psychologie

Buschor, Ernst, (1988): Notwendige Trennung der internen und externen Revision bei öffentlichen Gemeinwesen, in: Helbling/Boemle/ Glaus 1988, S. 61 - 70

Buschor, Ernst, (1992): Controlling in öffentlichen Verwaltungen und Betrieben, in: Paul Weilenmann/Reiner Fickert (Hrsg.), Strategie-Controlling in Theorie und Praxis, Bern, Stuttgart, Wien: Haupt, S. 205 - 221

Buschor, Ernst, (1993): Zwanzig Jahre Haushaltsreform - Eine Verwaltungswissenschaftliche Bilanz, in: Brede/Buschor 1993, S. 199 - 270

Buschor, Ernst, (1993a): Wirkungsorientierte Verwaltungsführung, Referat an der Generalversammlung der Zürcher Handelskammer, Wirtschaftliche Publikationen der Zürcher Handelskammer, Heft 52, Zürich: ZHK

Buschor, Ernst, (1994): Organisationsmodelle für ein wirksameres öffentliches Gesundheitswesen, hrsg. Direktionen des Gesundheitswesens und der Fürsorge des Kantons Zürich, 2. Aufl., Zürich

Buschor, Ernst, (1995): Das Konzept des New Public Management, in: Schweizer Arbeitgeber, Nr. 6/1995, S. 272 - 276

Buschor, Ernst/Lüder, Klaus, (1994): Thesen zur künftigen Gestaltung des öffentlichen Rechnungswesens, in: Lüder 1994, S. 164 - 188

Buschor, Ernst/Schedler, Kuno (ed.), (1994): Perspectives on Performance Measurement and Public Sector Accounting, Schriftenreihe Finanzwirtschaft und Finanzrecht Nr. 71, Bern, Stuttgart, Wien: Paul Haupt

Buschor, Ernst/Schedler, Kuno/Stäger, Luca, (1993): Finanz- und Lastenausgleich im Kanton Zürich. Gutachten zuhanden des Regierungsrates des Kantons Zürich, Schriftenreihe Finanzwirtschaft und Finanzrecht Nr. 61, Bern, Stuttgart, Wien: Paul Haupt

Caiden, Gerald E., (1991): Administrative Reform Comes of Age, Berlin u.a.: de Gruyter
Cohen, Steven/Brand, Ronald, (1993): Total Quality Management in Government. A Practical Guide for the Real World, San Francisco: Jossey-Bass
Congressional Budget Office (CBO), (1993): Using Performance Measures in the Federal Budget Process, Washington D.C.: CBO
Coopers & Lybrand, (1992): Performance Indicators. A practical development approach, New Zealand: Coopers & Lybrand
Dumont du Voitel, Roland, (1993): Contracting Out - die letzte Antwort, in: Hill 1993, S. 301
Eidgenössische Steuerverwaltung, (1994): Mehrwertsteuer. Branchenbroschüre für das Gemeinwesen, Bern: eidg. Steuerverwaltung
Emery, Yves/Schedler, Kuno, (1994): Darstellung der Kantone, in: Emery, Yves (Hrsg.), Leistungslohn im öffentlichen Dienst, Schriftenreihe der Schweizerischen Gesellschaft für Verwaltungswissenschaften, Band 27, Bern: SGVW, S. 219 - 270
Erkert Thomas, (1991): Qualitätssicherung im Krankenhaus, Konstanz: Hartung-Gorre
Everard, Patrick/Wolter, Diane, (1989): Glossar: Ausgewählte Fachbegriffe und Ausdrücke der staatlichen Finanzkontrolle, Luxembourg: Office des publications officielles des Communeautés européennes
Fairbanks, Frank A./Dumont du Voitel, Roland, (o.J.): Phoenix, Arizona. Unternehmenskonzept des kommunalen Managements, Heidelberg: DDV
Farnham, David, (1993): Human Resources Management and Employee Relations, in: Farnham/Horton 1993, S. 99 - 124
Farnham, David/Horton Sylvia (ed.), (1993): Managing the New Public Services, London: Macmillan
Fellers, Gary, (1992): The Deming Vision. SPC/TQM for Administrators, Milwaukee, Wisconsin: ASQC Quality Press
Fischer, Markus, (1995): Wirksames Kostenmanagement im Staatsspital - chancenlos? Einige spitze Bemerkungen eines Ex-Spitalpräsidenten zur betriebswirtschaftlichen Problematik öffentlich-rechtlicher Spitäler, Referat an der Fachtagung Verwaltungsmanagement 1995 des IFF-HSG vom 9. März 1995
Fleiner-Gerster, Thomas, (1993): Von bürokratischer Verwaltung zum Verwaltungsmanagement, in: Bullinger, Martin (Hrsg.), Von der bürokratischen Verwaltung zum Verwaltungsmanagement, Baden-Baden: Nomos, S. 53 - 64
Freimuth, Joachim, (1994): Sinn und Unsinn von Pilotprojekten, in: Organisationsentwicklung, 13. Jg., Nr. 3, S. 52 - 63
Frey, Hans-Erich, (1994): Agonie des Bürokratiemodells? Wo fehlt der politische Wille, wo hemmen Vorschriften die Reform des öffentlichen (kommunalen) Sektors?, in: Steger 1994, S. 23 - 47
Germann, Raimund E., (1994): Staatsreform. Der Übergang zur Konkurrenzdemokratie, Bern, Stuttgart, Wien: Paul Haupt
Gilling, Donald M, (1994): The New Zealand Public Sector Accounting Revolution, in: Buschor/Schedler 1994, S. 197 - 217
Gomez, Peter, (1981): Modelle und Methoden des systemorientierten Managements, Schriftenreihe des Management-Zentrums St. Gallen, Band 2, Bern, Stuttgart, Wien: Paul Haupt
Gray, John/Dumont du Voitel, Roland, (ohne Jahr,): Christchurch - Neuseeland. Fallbeispiel einer erfolgreichen Reform im öffentlichen Management, Heidelberg: Verlag DDV, ca. 1993

Grünenfelder, Peter, (1995): Neue Rolle der Politik im New Public Management, in: Schweizer Arbeitgeber, Nr. 6/1995, S. 286 - 290

Güntert, Bernhard, (1988): Managementorientierte Informations- und Kennzahlensysteme für Krankenhäuser. Analyse und Konzepte, Diss. St. Gallen, Konstanz: Hartung-Gorre

Hablützel, Peter/Haldemann, Theo/Schedler, Kuno/Schwaar, Karl (Hrsg.), (1995): Ansichten und Erfahrungen zum New Public Management in der Schweiz, Bern, Stuttgart, Wien: Paul Haupt (erscheint im Herbst 1995)

Hablützel, Peter/Schwaar, Karl/Kuhn, Thomas, (1995): Flexibilisierung und Individualisierung der Arbeitszeit in der schweizerischen Bundesverwaltung, in: Rolf Wunderer/Thomas Kuhn (Hrsg.), Innovatives Personalmanagement. Theorie und Praxis unternehmerischer Personalarbeit, Berlin: Luchterhand, S. 287 - 305

Häfelin, Ulrich/Müller, Georg, (1993): Grundriss des Allgemeinen Verwaltungsrechts, 2. Aufl., Zürich: Schulthess

Häggroth, Sören, (1993): Marktorientierte kommunale Dienste: Erfahrungen aus Schweden, in: Banner/Reichard 1993, S. 75 - 97

Hahnloser, Bernhard, (1993): Die Verwaltungskontrolle des Bundesrates. Eine erste positive Bilanz, in: Der Schweizer Treuhänder, Nr. 11/1993, S. 807 - 812

Hailstones, Frank, (1994): Performance Measures - A Practitioner's Perspective, in: Buschor/Schedler 1994, S 189 - 195

Haist Fritz/Fromm Hansjörg, (1989): Qualität im Unternehmen, München, Wien: Carl Hansen

Haldemann, Theo, (1995): New Public Management: Ein neues Verwaltungs-Führungs-Konzept für den Bund?, Schriftenreihe des Eidgenössischen Personalamtes, Bd. 1, Bern: EDMZ

Hale, Sandra, (1993): Here's my chance: an SESer directs the NPR, in: The Public Manager - The New Bureaucrat, Fall 1993, S. 3 - 6

Handbuch des Rechnungswesens der öffentlichen Haushalte, (1981), Band I, hrsg. von der Konferenz der Kantonalen Finanzdirektoren, Bern, Stuttgart, Wien: Paul Haupt (zit. Handbuch FDK 1981)

Harrington, H. James, (1991): Business Process Improvement. The Breakthrough Strategy for Total Quality, Productivity, and Competitiveness, New York: McGraw-Hill

Harris, Thomas, (1982): Ich bin o.k. - Du bist o.k., Hamburg: Rowohlt

Hatry, Harry, (1993): The alphabet soup approach: You'll love it, in: The Public Manager, Vol. 21, No. 4, S. 8 - 12

Helbling, Carl/Boemle, Max/Glaus, Bruno U. (Hrsg.), (1988): Revision und Rechnungslegung im Wandel. Festschrift für André Zünd, Schriftenreihe der Schweizerischen Treuhand- und Revisionskammer, Band 83, Zürich: STRK

Hepworth, Noel P., (1994): Performance Measurement in Local Government in the United Kingdom, in: Buschor/Schedler 1994, S. 137 - 162

Hilb, Martin, (1995): Integriertes Personal-Management. Ziele - Strategien - Instrumente, 2. Aufl., Berlin: Luchterhand

Hill, Hermann, (1994): Staatskonzeption. Auf dem Weg zu einem neuen Staat, in: VOP Nr. 5/1994, S. 301 - 309

Hill, Hermann/Klages, Helmut (Hrsg.), (1993): Qualitäts- und erfolgsorientiertes Verwaltungsmanagement. Aktuelle Tendenzen und Entwürfe, Schriftenreihe der Hochschule Speyer, Band 112, Berlin: Duncker & Humblot

Literaturverzeichnis

Hill, Hermann/Klages, Helmut (Hsrg.), (1993a): Spitzenverwaltungen im Wettbewerb. Eine Dokumentation des 1. Speyerer Qualitätswettbewerbs 1992, Baden-Baden: Nomos
Hirschfelder, Raimund/Lessel, Edgar, (1994): Steuerung durch Qualität: Das Saarbrücker Total Quality Management-Programm, in: VOP 5/1994, S. 352 - 358
Hood, Christopher, (1991): A public management for all seasons?, in: Public Administration, Vol. 69 Spring 1991, S. 3 - 19
INTOSAI, (1992): Richtlinien für die Finanzkontrolle, hrsg. vom Normenausschuss für die Finanzkontrolle, Wien: 1992
Jans, Armin/Meili, Robert, (1988): Rationalisierung der öffentlichen Verwaltung in der Schweiz, Zürich: NZZ
Jasper, Herbert N./Alpern, Anita F., (1994): National Performance Review: The Good, the Bad, the Indifferent, in: The Public Manager, Spring 1994, Vol. 23 No. 1, S. 27 - 34
Jones, Rowan, (1994): An Indictment of Performance Measurement in the Public Sector, in: Buschor/Schedler 1994, S. 43 - 57
Jones, Rowan/Pendlebury, Maurice, (1988): Public Sector Accounting, 2nd ed., London: Pitman
KGSt, (1991): Arbeitshilfen für die Vergabe der Gebäudereinigung, Bericht Nr. 3/1991, Köln: Kommunale Gemeinschaftsstelle für Verwaltungsvereinfachung
KGSt, (1992): Wege zum Dienstleistungsunternehmen Kommunalverwaltung. Fallstudie Tilburg, Bericht Nr. 19/1992, Köln: Kommunale Gemeinschaftsstelle für Verwaltungsvereinfachung
KGSt, (1993): Das Neue Steuerungsmodell. Begründung. Konturen. Umsetzung, Bericht Nr. 5/1993, Köln: Kommunale Gemeinschaftsstelle für Verwaltungsvereinfachung
Klages, Helmut, (1995): Wie sieht die Verwaltung der Zukunft aus?, in: Verwaltungsrundschau. Zeitschrift für Verwaltung in Praxis und Wissenschaft, 41. Jg., Heft 1, S. 1 - 7
Klages, Helmut/Hippler, Gabriele, (1991): Mitarbeitermotivation als Modernisierungsperspektive. Ergebnisse eines Forschungsprojektes über "Führung und Arbeitsmotivation in der öffentlichen Verwaltung", Gütersloh: Bertelsmann Stiftung
Kleiner, Jean-Claude, (1992): Aufbruch zu einem ganzheitlichen Personalwesen. Von einer mechanistischen zu einer organismischen Betrachtung von Mensch, Unternehmung und Umwelt.
Knöpfel, Peter, (1994): Le "New Public Management": est-ce la panacée?, in: IDHEAP Bulletin no. 43, novembre 1994, éditorial
Koetz, Axel G., (1994): Organisationsentwicklung in der Finanzkrise: Ansatzpunkte und Abläufe - Kulturrevolution für den bürokratischen Super-Perfektionismus, in: Steger 1994, S. 123 - 143
Laux, Eberhard, (1993): Vom Verwalten. Beiträge zur Staatsorganisation und zum Kommunalwesen, Baden-Baden: Nomos
Laux, Eberhard, (1994): Die Privatisierung des Öffentlichen: Brauchen wir eine neue Kommunalverwaltung?, in: der gemeindehaushalt 8/1994, S. 169 - 174
Leibfried, Kathleen H.J./ McNair, Carol Jean, (1993): Benchmarking. Von der Konkurrenz lernen, die Konkurrenz überholen, Freiburg i.Br.: Haufe

Leu, Robert/Gemperle, Albert/Haas, Manuel/Spycher, Stefan, (1993): Privatisierung auf kantonaler und kommunaler Ebene. Fallbeispiele aus dem Kanton Bern, Berner Beiträge zur Nationalökonomie, Band 64, Bern, Stuttgart, Wien: Paul Haupt

Lüder, Klaus (Hrsg.), (1994): Öffentliches Rechnungswesen 2000. Vorträge und Diskussionsbeiträge einer wissenschaftlichen Arbeitstagung der Hochschule für Verwaltungswissenschaften Speyer, Schriftenreihe der Hochschule Speyer, Band 117, Berlin: Duncker und Humblot

Mäder, Hans, (1995): New Public Management: Der Kunde ist König. Oder: die Verwaltung ist tot, es lebe die Verwaltung!, in: Der Schweizer Treuhänder 1-2/95, S. 43 - 50

Mäder, Hans/Schedler, Kuno, (1994): Die Entwicklung des öffentlichen Rechnungswesens in der Schweiz vor dem Hintergrund der spezifischen nationalen Rahmenbedingungen, in: Lüder 1994, S. 49 - 68

Mair, Alfred/Meggeneder, Oskar/Schrattenecker, Johann, (1995): Controlling in der sozialen Krankenversicherung, in: VOP 1/1995, S. 12 - 20

Malik, Fredmund, (1981): Management-Systeme, Die Orientierung Nr. 78, Bern: Schweizerische Volksbank

Malik, Fredmund, (1993): Systemisches Management, Evolution, Selbstorganisation. Grundprobleme, Funktionsmechanismen und Lösungsansätze für komplexe Systeme, Bern, Stuttgart, Wien: Paul Haupt

Mastronardi, Philippe, (1987): Die Kontrolle der Wirksamkeit staatlichen Handelns durch die Geschäftsprüfungskommissionen, Cahiers de l'IDHEAP, no. 37A, Lausanne: IDHEAP

McMillan, John, (1986): Game Theory in International Economics, Chur: Harwood Academic Publishers

Meier, Alfred/Slembeck, Tilman, (1994): Wirtschaftspolitik. Ein kognitiv-evolutionärer Ansatz, München/Wien: Oldenbourg

Mellors, John, (1993): Australia, in: OECD Occasional Papers on Public Management, Market-Type Mechanisms Series No. 6, Internal Markets, Paris: OECD, S. 21 - 51

Mercer, John, (1994): The Performance Management and Budget System of the City of Sunnyvale, California, in: OECD 1994, S. 51 - 62

Ministerium des Innern, (1994): Modern & Bürgernah. Saarländische Kommunen im Wettbewerb, Dokumentation der Auftaktveranstaltung, hrsg. mit Bertelsmann Stiftung, Saarbrücken: SDV

Mueller, Dennis C., (1979): Public Choice, Cambridge: Cambridge University Press

National Audit Office, (o.J.): A framework for value for money audits, London: NAO

NEF 2000, (1994): Neue Verwaltungsführung 2000 des Kantons Bern, Basisbericht des Gesamtprojektausschusses vom 15. Dezember 1994

Neue Stadtverwaltung Bern, (1994): Mögliche Ausgestaltung eines modernen Verwaltungsmanagements in der Stadt Bern, Bern: Präsidialdirektion der Stadt Bern

New Zealand Treasury, (1989): Putting it simply. An explanatory guide to financial management reform, Wellington: The Treasury

Normenausschuss für die Finanzkontrolle der Internationalen Organisation der Obersten Rechnungskontrollbehörden, (1992): Richtlinien für die Finanzkontrolle, Wien: Juni 1992

North Health, (o.J.): Contracting with North Health. A Guide for Providers, Auckland, NZ

Literaturverzeichnis

NSW Treasury, (1993): Excellence in Financial Management. Budget Sector Reform, Sydney: NSW Treasury
OECD, (1993): Managing with market-type mechanisms, Paris: Organization für Economic Cooperation and Development
OECD, (1994): Performance Measurement in Government: Issues and Illustrations, Public Management Occasional Papers No. 5, Paris: OECD
Pallot, June, (1994): Specifying and Monitoring Government Performance in New Zealand, in: Buschor/Schedler 1994, S. 219 - 240
Parfit, Derek, (1986): Prudence, Morality, and the Prisoner's Dilemma, in: Jon Elster (Ed.), Rational Choice, Oxford: Basil Blackwell, pp. 34 - 59
Patterson, James G., (1995): ISO 9000. Globaler Qualitätsstandard, Wien: Ueberreuter
Pollitt, Christopher, (1993): Managerialism and the Public Services. Cuts or Cultural Change in the 1990s?, 2nd Ed., Oxford: Blackwell
Pollitt, Christopher/Cave, Martin/Joss, Richard, (1994): International Benchmarking as a tool to improve public sector performance: a critical overview, in: OECD 1994, S. 7 - 22
Price Waterhouse, (1990): Value for Money Auditing. The Investigation of Economy, Efficiency, Effectiveness, London: Gee & Co.
Pröhl, Marga, (1993): Zielsetzung und Methodik der Preisvergabe, in: Carl Bertelsmann-Preis 1993: Demokratie und Effizienz in der Kommunalverwaltung, hrsg. Bertelsmann Stiftung, Gütersloh: Bertelsmann Stiftung
Public Sector Committee der International Federation of Accountants, (1994): Proposed Study Performance Reporting by Government Business Enterprises, New York: IFAC
Pyhrr, Peter A., (1973): Zero-Base Budgeting. A Practical Management Tool for Evaluating Expenses, New York u.a.: John Wiley & Sons
Reichard, Christoph, (1992): Auf dem Wege zu einem neuen Verwaltungsmanagement, in: Verwaltungsmanagement. Handbuch für öffentliche Verwaltungen und öffentliche Betriebe, hrsg. von Jost Goller, Heinrich Maack, Bernd W. Müller-Hedrich, Loseblatt, Stuttgart: Raabe/Giesel, 1989, Nachlieferung 1992
Reichard, Christoph, (1993): Internationale Trends im kommunalen Management, in: Banner/Reichard 1993, S. 3 - 24
Revisionshandbuch der Schweiz, (1994): Neues Kapitel 6.7: Öffentliche Verwaltung, hrsg. Schweizerische Treuhand-Kammer, Zürich (zit. als Revisionshandbuch 1994)
Richli, Paul, (1995): Die Gleichstellung des Beamten mit dem Staatsbürger als Problem des Rechtsschutzes?, in: Hablützel et al. 1995 (im Druck)
Riklin, Alois, (1992): Politische Ethik, Beiträge und Berichte Nr. 193/1992, hrsg. Institut für Politikwissenschaft an der Hochschule St. Gallen
Saile, Peter, (1995): Das "Neue Steuerungsmodell" im Spannungsfeld zu den bestehenden gesetzlichen Grundlagen am Beispiel Kanton Zürich und Stadt Winterthur, Referat an der Jubiläumstagung der SGVW in Thun, Winterthur
Schedler, Kuno, (1993): Anreizsysteme in der öffentlichen Verwaltung, Schriftenreihe Finanzwirtschaft und Finanzrecht Nr. 68, Bern, Stuttgart, Wien: Paul Haupt
Schedler, Kuno, (1994): Leistungsabhängige Besoldungssysteme im öffentlichen Dienst, in: Emery, Yves (Hrsg.): Leistungslohn im öffentlichen Dienst, Schriftenreihe der Schweizerischen Gesellschaft für Verwaltungswissenschaften, Band 27, Bern: SGVW, S. 55 - 86

Schedler, Kuno, (1995): Wirkungsprüfung in der öffentlichen Verwaltung. Vor einem Umbruch im Verwaltungsmanagement, in: Der Schweizer Treuhänder 1-2/95, S. 37 - 42

Schedler, Kuno, (1995a): Der frustrierte Bürokrat - Bild der Vergangenheit, in: Schweizer Arbeitgeber, Nr. 6/1995, S. 291 - 294

Schwarz, Peter/Purtschert, Robert/Giroud, Charles, (1995): Das Freiburger Management-Modell für Nonprofit-Organisationen (NPO), Bern, Stuttgart, Wien: Paul Haupt

Seghezzi, Hans Dieter, (1994): Qualitätsmanagement, Stuttgart: Schäffer-Pöschel, Zürich: NZZ

Sensenbrenner, Joseph, (1991): Quality Comes to City Hall, in: Harvard Business Review, March-April 1991, S. 64 - 75

Sommer, Paul, (1995): Konsolidierung und konsolidierte Betrachtungsweise in der Staatswirtschaft. Überlegungen der Finanzkontrolle zur Situation im Kanton Bern, in: Der Schweizer Treuhänder, Nr. 1-2/95, S. 31 - 36

Stadler, Markus, (1994): Das harmonisierte Rechnungsmodell der Kantone und Gemeinden. Eine Standortbestimmung, Finanz- und steuerpolitische Mitteilungen Nr. 62, hrsg. Koordinations- und Beratungsstelle der kantonalen Finanzdirektoren für Fragen der Finanz- und Steuerpolitik, Luzern

Stäger, Luca, (1994): La riforma dell'organizzazione scolastica della scuola media nel Canton Ticino, Diss. St. Gallen

Stalder, Kurt, (1995): Neues Rechnungsmodell und Anforderungen der wirkungsorientierten Verwaltungsführung, Referat an der Fachtagung Verwaltungsmanagement des IFF-HSG vom 9. März 1995 in Zürich

Steger, Ulrich (Hrsg.), (1994): Lean Administration. Die Krise der öffentlichen Verwaltung als Chance, Frankfurt, New York: Campus

Streim, Hannes, (1994): Supreme Audit Institutions in an Agency-Theoretic Context, in: Buschor/Schedler 1994, S. 325 - 344

Thomas, Derek, (1993): Surrey County Council: Leistungssteigerung durch Strukturreform und Wettbewerb, in: Banner/Reichard 1993, S. 113 - 128

Thompson, Fred/Jones, L.R., (1994): Reinventing the Pentagon. How the New Public Management Can Bring Institutional Renewal, San Francisco: Jossey Bass Publishers

Tylkowski, Otto, (1990): Methodik und Wirkung der Gemeinkosten-Wertanalyse, in: Weber/Tylkowski 1990, S. 177 - 211

Ulrich, Hans, (1978): Unternehmungspolitik, Bern, Stuttgart, Wien: Paul Haupt

Ulrich, Hans/Probst, Gilbert, (1990): Anleitung zum ganzheitlichen Denken und Handeln. Ein Brevier für Führungskräfte, 2. Aufl., Bern, Stuttgart, Wien: Paul Haupt

Vallender, Klaus A., (1976): Grundzüge des Kausalabgabenrechts. Gebühren - Vorzugslasten - Ersatzabgaben, Schriftenreihe Finanzwirtschaft und Finanzrecht Nr. 20, Bern, Stuttgart, Wien: Paul Haupt

van Herpen, Max, (1992): Conceptual Models in use for Education Indicators, in: OECD (ed.), The OECD International Education Indicators. A Framework for Analysis, Paris: OECD, S. 25 - 51

Verwaltungsmangement, (1989), Handbuch für öffentliche Verwaltungen und Betriebe, hrsg. von Jost Goller, Heinrich Maack und Bernd W. Müller-Hedrich, Stuttgart: Raabe (Loseblatt)

Weber, Jürgen/Tylkowski, Otto (Hrsg.), (1990): Konzepte und Instrumente von Controlling-Systemen in öffentlichen Institutionen, Stuttgart: Poeschel

Wissenschaftliche Kommission "Öffentliche Unternehmen und Verwaltungen" des Verbandes der Hochschullehrer für Betriebswirtschaft, (1993): Empfehlungen für das öffentliche Rechnungswesen im Rahmen der Haushaltsreform, in: Brede/Buschor 1993, S. 287 - 296

Zimmermann, Gebhard, (1993): Die Leistungsfähigkeit von Kostenrechnungssystemen für den managementorientierten Informationsbedarf, in: Brede/Buschor 1993, S. 167 - 197

Zünd, André, (1982): Revisionslehre, Band 53 der Schriftenreihe der Schweizerischen Treuhand- und Revisionskammer, Zürich

Zundel, Frank, (1992): Outsourcing in Wirtschaft und Verwaltung, Magisterarbeit an der Hochschule für Verwaltungswissenschaften Speyer, Speyerer Arbeitshefte Nr. 94